Maskulinität in der höfischen Erzählliteratur

Hamburger Beiträge zur Germanistik

Herausgeber:
Wiebke Freytag, Nikolaus Henkel, Udo Köster,
Hans-Harald Müller, Jörg Schönert, Harro Segeberg

Band 40

PETER LANG
Frankfurt am Main · Berlin · Bern · Bruxelles · New York · Oxford · Wien

Susanne Hafner

Maskulinität in der höfischen Erzählliteratur

PETER LANG
Europäischer Verlag der Wissenschaften

Bibliografische Information Der Deutschen Bibliothek
Die Deutsche Bibliothek verzeichnet diese Publikation in der Deutschen Nationalbibliografie; detaillierte bibliografische Daten sind im Internet über <http://dnb.ddb.de> abrufbar.

Zugl.: Hamburg, Univ., Diss., 1999

Gedruckt auf alterungsbeständigem, säurefreiem Papier.

D 18
ISSN 0930-0023
ISBN 3-631-37056-3

Printed in Germany 1 2 3 4 5 7

www.peterlang.de

meinem Vater
diu in iemer weinet, daz bin ich

Inhaltsverzeichnis

Vorwort 9

1. Einführende Grundüberlegungen: Tristan, Maskulinität und die Unaussprechlichkeit der Liebe 11

2. Eneas und Sodomie 23
   2.1. Fragestellung 23
   2.2. Vergils Aeneas als *ille Paris*: Die phrygische Abstammung 27
   2.3. Exkurs: Halbmänner und Haarpflege 37
   2.4. Das Parisurteil im Roman d'Eneas 43
   2.5. Eneas der Feigling 51
   2.6. Eneas der Sodomit 56
   2.7. Sodomie als Prokreationsverweigerung 66

3. Gregorius und Inzest 77
   3.1. Fragestellung 77
   3.2. Der erste Inzest: Die Verführung des Bruders 84
   3.3. Der erste Inzest: Der Schmerz der Schwester 88
   3.4. Der zweite Inzest: Die Ehe Mutter/Sohn 96
   3.5. Die Wiedervereinigung in Rom 103

4. Iwein und der Wahnsinn 107
   4.1. Fragestellung 107
   4.2. Laudines Motivation zur Ehe 114
   4.3. Iweins Motivation zur Liebe 121
   4.4. Exkurs: Iwein in der bildenden Kunst 125
   4.5. Iweins Wahnsinn: *hirnsuht* und ihre Heilung 131
   4.6. Iweins Wahnsinn: Liebe und Selbst-Beherrschung 142

5. Gahmuret und Fetischismus 147
5.1. Fragestellung 147
5.2. Gahmurets erzwungene Ehe 149
5.3. Exkurs: Herzeloydes Hemd 155
5.4. Parzivals Geburt 164

6. Schlußbemerkung 169

7. Anhang 173
7.1. Abkürzungsverzeichnis 175
7.2. Literaturverzeichnis 177
7.3. Namen- und Werkregister 207

Vorwort

Das vorliegende Buch ist die überarbeitete Fassung einer Dissertation, die an der Universität Hamburg entstanden und im September 1999 abgeschlossen worden ist. Herzlich bedanken möchte ich mich bei den Mitgliedern meiner Prüfungskommission, besonders Prof. Dr. Wiebke Freytag, die das Zweitgutachten erstellte, sowie Prof. Dr. Hartmut Bleumer, Prof. Dr. Bernd-Ulrich Hergemöller und Prof. Dr. Barbara Naumann. Meine Beschäftigung als wissenschaftliche Mitarbeiterin des Germanischen Seminars der Universität Hamburg bot optimale Arbeitsbedingungen; das gute Arbeitsklima machte mir das Leben und Forschen leicht.

Prof. Dr. Claudia Klodt war stets eine verläßliche Gesprächspartnerin. In der Übung zu "Liebeselegie und Minnesang", die wir gemeinsam unterrichteten, habe ich viel von ihr und mit ihr gelernt. Ebenso im Oberseminar Prof. Hergemöllers zu "Same-Sex Unions in the Middle Ages", in dem die Historiker viel Geduld mit mir hatten. Christine Mitomi war mir nicht nur eine gute Kollegin, sondern eine unschätzbare Hilfe in der Endphase der Promotion. Gleiches gilt für Daniela Richter in Austin und Galina Halmschlag in Hamburg, die mich bei der Erstellung der Druckfassung unterstützten. Besonderen Dank schulde ich Christine Putzo, die die Redaktion des Buchmanuskripts für mich besorgte und den texanisch-hanseatischen Informationsfluß reibungslos gestaltete.

Finanzielle Unterstützung erfuhr ich von der Koordinationsstelle Frauenstudien und Frauenforschung der Universität Hamburg, die mir durch einen Lehrauftrag ermöglichte, im Seminar meine Thesen zur Diskussion zu stellen. Ein Stipendium der Hanseschen Universitätsstiftung finanzierte mir eine Forschungsreise zur Newberry Library in Chicago. Ebenso gedankt sei der Herzog August Bibliothek in Wolfenbüttel für das Stipendium zur Teilnahme am 21. Internationalen Sommerkursus "Klassische Antike – Spätantike – Europa". Prof. Dr. Ulrike Kaunzner verdanke ich die Möglichkeit zu einem Forschungsaufenthalt in Forlì.

Nicht minder wichtig war die moralische Unterstützung meiner Familie und Freunde. Sie mögen mir verzeihen, daß ich sie nicht einzeln aufführen kann. Vier liebe Menschen muß ich jedoch ganz besonders erwähnen. Sie haben sich gefreut, wenn ich Zeit für sie hatte und es mir verziehen, wenn ich keine hatte. Bine, Klaus, Kathrin und Lukas: Danke!

1. Einführende Grundüberlegungen: Tristan, Maskulinität und die Unaussprechlichkeit der Liebe

MANN, *m. vir.*
II. Bedeutung.

1) *mann*, ohne hervorhebung der geschlechtlichen Bedeutung, im bloszen Sinne einer Person.
2) *mann*, [...] strict nur den männlichen Menschen bezeichnend; allgemein, so dasz auch der knabe darunter verstanden ist.
3) *mann*, mit betonung der ihn vor dem weibe auszeichnenden eigenschaften, der thatkraft, des mutes, der stärke, der kampflust.
4) die verlässlichkeit der zusage des mannes wird namentlich in der formel *ein mann ein wort* u. ähnl. hervorgehoben.
5) die streitbarkeit des mannes besonders wird durch die zusammengehörigkeit von *mann* und *waffe* angezeigt.
6) *mann*, der einzelne einer kriegerschar, eines heeres.
7) der alten sprache war *man* auch der lehnsmann, vasall.
8) *mann*, der stellvertreter im militärdienste zu der zeit, als man sich von demselben loskaufen konnte.
9) *mann*, in rücksicht auf seine rechtliche und politische stellung.
10) *mann*, in bezug auf sein geschlechtsleben.
11) *mann*, der ehemann.[1]

Dies sind, leicht verkürzt wiedergegeben, die Bedeutungen des Begriffes *Mann*, wie sie das Grimm'sche Wörterbuch in der Bearbeitung von 1885 auflistet. Konsultiert man den großen Duden von 1999, sind von dieser Bedeutungsvielfalt nur noch die *erwachsene Person männlichen Geschlechts* und der *Ehemann* als Bedeutung aufgeführt.[2] Diese Veränderungen reflektieren nicht nur unterschiedliche redaktionelle Kriterien, sondern auch den großen gesellschaftlichen Umbruch, der zwischen beiden Publikationen stattgefunden hat. Der philologische Hintergrund, der den Brüdern Grimm noch selbstverständlich war, ist zu Ende des Milleniums nicht mehr abrufbar: Das lateinische *vir* als Übersetzung, Stichwort Nr. 3, die "männlichen Eigenschaften", als Paraphrase von *virtus*, oder das Echo des Vergilzitats *arma virumque cano* in Stichwort Nr. 5 sind eliminiert. Ebenso verschwunden ist der Sexismus in Nr. 4 und vor allem in Nr. 5, wo der

1 Vgl. Jacob und Wilhelm Grimm, Deutsches Wörterbuch. Bd. 6. Bearbeitet v. Moriz Heyne. Leipzig: Hirzel, 1885: 1553–1569. Die im Anschluß aufgeführten Worterklärungen 12–17 sind als Spezialwortschatz hier nicht von Bedeutung.

2 Vgl. Duden. Das große Wörterbuch der deutschen Sprache. Bd. 6. Hg. v. Wissenschaftlichen Rat der Dudenredaktion. Mannheim et al.: Dudenverlag, [3]1999: 2506f.

Mann definiert wird durch die "ihn vor dem weibe auszeichnenden eigenschaften".

Diese postmoderne Aktualisierung, wie sie der Duden hier stellvertretend darstellen soll, ist in ihrer Verkürzung jedoch nicht Ausdruck eines eindeutigeren Menschen- und Männlichkeitsbildes. Ganz im Gegenteil: Die heutigen Unsicherheiten sind weit substantiellerer Natur. Sowohl Suhrkamp als auch Metzler haben sich in den letzten Jahren an eine Definition nur noch in Interrogativform gewagt und mit Was sind Frauen? Was sind Männer?[3] und Wann ist der Mann ein Mann?[4] Aufsatzsammlungen zum Thema *gender* und Maskulinität vorgelegt.

Die neue Diskussion um Maskulinität und ihre Definition speist sich vorrangig aus zwei unterschiedlichen Quellen. So hat vor allem die Dekonstruktionstheorie unsere Wahrnehmung dafür geschärft, daß auch die Kategorie *Geschlecht* keine feste Größe ist, sondern vielmehr eine historisch, geographisch und kulturell eingebundene. Biologisch determiniert ist lediglich das physiologische Geschlecht (*sex*),[5] konstruiert hingegen die Geschlechterrolle (*gender*). Damit fällt die Determination der Kategorie *gender* in den Bereich der Geistes- und besonders der Literaturwissenschaften. So meint auch Rüdiger Schnell: "Wenn das Geschlecht (gender) von Mann und Frau keine ontische Größe ist, sondern von wechselnden Funktionen des Redens abhängt, dann gilt es – will man die Geschichte der Geschlechterentwürfe verstehen –, die Geschichte dieser Redefunktionen

---

3 Christiane Eifert et al., Hgg., Was sind Frauen? Was sind Männer? Geschlechterkonstruktionen im historischen Wandel. Frankfurt/M.: Suhrkamp, 1996.

4 Walter Erhart und Britta Herrmann, Hgg., Wann ist der Mann ein Mann? Stuttgart und Weimar: Metzler, 1997.

5 Auch dies wird durch neuere Forschungsprojekte zunehmend zu differenzieren sein. Intersexualität, d. h. die Diskrepanzen zwischen chromosomalem Geschlecht, inneren Determinanten und äußeren Geschlechtsmerkmalen, wurde bis vor wenigen Jahren möglichst schnell nach der Geburt eines "Hermaphroditen" chirurgisch korrigiert zu einer eindeutigen Geschlechtszugehörigkeit. Mit Sicherheit läßt sich deshalb bislang nur konstatieren, daß viele der so Umoperierten traumatisiert und mit dem ihnen willkürlich zugewiesenen Geschlecht unglücklich sind. Forschungsprojekte zu Erwachsenen, die biologisch intersexuell aufgewachsen sind, und zu deren Selbstverständnis sind erst im Entwicklungsstadium. In Deutschland bespielsweise wurde die Studie zu "Störungen der somatosexuellen Differenzierung und Intersexualität" des Bundesministeriums für Bildung und Forschung am 1. Juli 2003 begonnen; die DFG-Forschergruppe "Von Gen zu Geschlechtsidentität" begann ihre Arbeit 2002. Vgl. hierzu das Netzwerk Intersexualität. ViSdP: Eva Hampel. http://www.netzwerk-is.de/index.htm. (Mai 2004.) Zuletzt aufgerufen: 1. Mai 2004.

aufzuarbeiten. Die Frage, welche Faktoren und welche Mechanismen dieses oder jenes Männerbild/Frauenbild produzieren, gehört somit nicht in erster Linie in die Sozial- oder Kulturgeschichte, sondern in die Literatur- und Diskursgeschichte."[6]

Die zweite formative Kraft ist die feministische Literaturkritik und ihre differenzierte Fortentwicklung. Daß diese innovativen Forschungsrichtungen vor allem in den Vereinigten Staaten vorangetrieben worden sind, hat (bildungs-)politische Gründe: *Affirmative action* und eingeforderte Minoritätenquoten an den amerikanischen Universitäten schufen nicht nur den notwendigen geistigen Freiraum, sondern ganz konkret die Professuren und Publikationsmöglichkeiten innerhalb der *women's studies*, *gay and lesbian studies* oder *gender studies*, die diese Forschung fördern konnten. Gerade die in Deutschland weit weniger rezipierten *gay, lesbian, bisexual and transgender studies,* häufig subsummiert unter dem Begriff *queer studies,*[7] haben hierbei den Blick für Fragen von Geschlecht und Identität geschärft.

Bislang war es vor allem die Randgruppenforschung, die sich dieses Ansatzes intensiv angenommen hat. Behandelt wurden vor allem Minoritäten, die sich wegen ihrer Alterität gut isoliert betrachten lassen. Um einige mittelalterspezifische Beispiele zu nennen, erschienen so in den letzten Jahren auffallend viele Publikationen, die sich mit religiösen Randgruppen beschäftigen wie Juden, Sarazenen oder Häretikern,[8] mit ethnischer Alteri-

---

[6] Rüdiger Schnell, "Geschlechtergeschichte, Diskursgeschichte und Literaturgeschichte. Eine Studie zu konkurrierenden Männerbildern in Mittelalter und Früher Neuzeit." Frühmittelalterliche Studien 32 (1998): 307–364; hier: 309.

[7] In dem von Bußmann/Hof herausgegebenen, einen "umfassenden Überblick" versprechenden Handbuch (so der Klappentext) zu den *gender studies* kommt diese Kategorie beispielsweise gar nicht vor. Vgl. Hadumod Bußmann und Renate Hof, Hgg., Genus. Zur Geschlechterdifferenz in den Kulturwissenschaften. Stuttgart: Kröner, 1995.

[8] Aus der Fülle der Publikationen seien einige repräsentative Beispiele genannt: Louise Mirrer, "Representing 'Other' Men: Muslims, Jews, and Masculine Ideals in Medieval Castilian Epic and Ballad." In: Clare Lees, Hg., Medieval Masculinities. Regarding Men in the Middle Ages. Minneapolis und London: University of Minnesota Press, 1994 (Medieval Cultures, 7): 169–186; Bernd-Ulrich Hergemöller, Krötenkuß und schwarzer Kater. Ketzerei, Götzendienst und Unzucht in der inquisitorischen Phantasie des 13. Jahrhunderts. Warendorf: Fahlbusch, 1996; Lynn Tarte Ramey, Christian, Saracen and Genre in Medieval French Literature. New York: Routledge, 2001 oder Edward Wheatley, "Blind Jews and Blind Christians:

tät wie Hautfarbe, Rasse oder halb-menschlicher Monstrosität (Wunderwesen des Ostens)[9] oder mit Abweichungen von einer durch *sex* und *gender* definierten Norm: Amazonen, Sodomiter, Transvestiten.[10] In ihrer oppositionellen Divergenz konnten diese Randgruppen die Norm, von der sie sich abgrenzen, deutlicher herausarbeiten. Die breitgestreute Vielfalt der mittelalterlichen Literatur wurde so deutlicher in das Bewußtsein der Wissenschaft gerückt, die lange vorrangig vom klassischen Kanon determiniert war und sich erst in den letzten Dekaden auch anderen Texten gegenüber öffnete.

Diese Konzentration auf die "Exoten" kann jedoch nicht darüber hinwegtäuschen, daß die Protagonisten der mittelalterlichen Literatur in der Regel nun einmal Männer sind, Christen, 'Weiße' und 'heterosexuell'.[11] Mittlerweile ist der *gender*theoretische Ansatz aber so weit ausgearbeitet, daß er auch auf die Norm und die Mehrheit Anwendung finden kann. Auch über die männlichen Hauptfiguren der höfischen Epik lassen sich

---

Metaphorics of Marginalization in Medieval Europe." Exemplaria 14 (2002): 351–382.

9 Einige repräsentative Beispiele: Kathleen Ann Kelly, "'Blue' Indians, Ethiopians, and Saracens in Middle English Narrative Texts." Parergon 11 (1993): 35–52; Gregory S. Hutcheson, "The Sodomitic Moor: Queerness in the Narrative of Reconquista." In: Glenn Burger und Steven F. Kruger, Hgg., Queering the Middle Ages. Minneapolis: University of Minnesota Press, 2001: 99–122; oder Timothy S. Jones und David A. Sprunger, Hgg., Marvels, Monsters, and Miracles: Studies in the Medieval and Early Modern Imaginations. Kalamazoo: Western Michigan University Press, 2002.

10 Vgl. Valerie Hotchkiss, Clothes Make the Man: Female Cross Dressing in Medieval Europe. New York: Garland Press, 1996; Claudia Brinker-von der Heyde, "Ez ist ein rehtez wîphere: Amazonen in mittelalterlicher Dichtung." PBB 119 (1997): 399–424; Christa Tuczay, "'femina armata – armis feminae': Zum Amazonenmythos im Lichte der mittelhochdeutschen Literatur." In: Christa Tuczay, Ulrike Hirhager und Karin Lichtblau, Hgg., Ir sult sprechen willekomen: Grenzenlose Mediävistik. Festschrift für Helmut Birkhan zum 60. Geburtstag. Bern: Peter Lang; 1998: 307–329 oder James Penney, "Confessions of a Medieval Sodomite." In: Molly Anne Rothenberg, Dennis Foster und Slavoj Zizek, Hgg., Perversion and the Social Relation. Durham: Duke University Press, 2003: 126–158.

11 Die hier verwandten Begriffe werden einführend zunächst undifferenziert gebraucht. Eine Problematisierung erfolgt in den Teilabschnitten zum jeweiligen Thema.

aus einer *gender*orientierten Perspektive wichtige Erkenntnisse gewinnen.[12] Darum soll es in dieser Arbeit gehen.

Was aber können *gender studies* spezifisch leisten? Oder, anders gefragt: Welche Erkenntnisse ermöglicht eine *gender*orientierte Fragestellung, die anders nicht zu erreichen sind? Ich möchte die Möglichkeiten dieses Ansatzes anhand eines Beispiels erläutern, das zudem die zeitgebundene Subjektivität jeglicher Interpretation aufzeigen kann: dem *Tristan* Gottfrieds von Straßburg. Zu keiner Zeit war in der Forschung umstritten, daß das Verhältnis König Markes zu Tristan besonders inniger Natur ist. Wie aber hat man sich die Beziehung der beiden Männer zueinander genau vorzustellen? Sie sind nah verwandt, sie lieben einander, sie lieben jedoch auch beide Isolde, die Königin.[13] Die Möglichkeit einer homosexuellen/homoerotischen/homosozialen (die Terminologie ist ein separates Problem) Beziehung der beiden Männer ist immer wieder erwogen worden, zum ersten Mal 1964 von Rainer Gruenter.[14] Ohne eine These direkt zu formulieren, betont Gruenter das seiner Meinung nach Unangemessene, überzogen Emotionale der Gefühle Markes für den jungen Mann, das dem Liebeswerben um eine Frau gleichkommt:

> Der Dichter macht uns mit einem Akt königlicher Schwärmerei bekannt, der seine Gefühle in einer Aufwallung allzu großer Vertraulichkeit und seine Anordnungen,

---

12 Grundlegend hierzu: Clare Lees, Hg., Medieval Masculinities. Regarding Men in the Middle Ages; Jeffrey Jerome Cohen und Bonnie Wheeler, Hgg., Becoming Male in the Middle Ages. New York und London: Garland, 1997; Karma Lochrie et al., Hgg., Constructing Medieval Sexuality. Minneapolis und London: University of Minnesota Press, 1997 (Medieval Cultures 11) und Ruth Mazo Karras, From Boys to Men: Formations of Masculinity in Late Medieval Europe. Philadelphia: University of Pennsylvania Press, 2003.

13 Für einen Forschungsüberblick zum Text sei verwiesen auf die Arbeiten von Rosemary Picozzi, A History of Tristan Scholarship. Bern und Frankfurt: Peter Lang, 1971 (Kanadische Studien zur deutschen Sprache und Literatur 5); Beatrice Margaretha Langmeier, Forschungsbericht zu Gottfrieds von Straßburg Tristan mit besonderer Berücksichtigung der Stoff- und Motivgeschichte für die Zeit von 1759–1925. Zürich: Juris, 1978; Waltraud Fritsch-Rößler, Der Tristan Gottfrieds von Straßburg in der deutschen Literaturgeschichtsschreibung (1768–1985). Frankfurt/M. et al.: Peter Lang, 1989 (Europäische Hochschulschriften. Reihe 1. Deutsche Sprache und Literatur 119) sowie Rüdiger Schnell, Suche nach Wahrheit. Gottfrieds "Tristan und Isold" als erkenntniskritischer Roman. Tübingen: Niemeyer, 1992 (Hermaea N.F. 67), bes. 3–56.

14 Rainer Gruenter, "Der Favorit. Das Motiv der höfischen Intrige in Gotfrieds Tristan und Isold." Euphorion 58 (1964): 113–128.

> die der Besonnenheit entbehren, der mäßigenden Kontrolle entzieht. Wo Marke als Mann zu weich und beeindruckbar ist, [...] da ist Marke als König zu unbedachtsam. [...]
>
> Der König [...] entsagt gern allen Gatten- und Familienfreuden. Als Gegenleistung verlangt er nur die Gegenwart, die Gesellschaft Tristans, der dem König die Frau ersetzen kann.[15]

Diese Idee arbeitet Rüdiger Krohn in einem 1977 konzipierten und 1978 publizierten Vortrag aus. Er wirft die Frage auf, von ihm selbst als "ketzerisch" bezeichnet,

> ob das emphatische Verhältnis von Marke zu Tristan, dessen ungewöhnliche Intensität natürlich auch der früheren Forschung nicht verborgen blieb, etwa nicht ausschließlich vom völlig unverdächtigen Gefühl väterlich-freundschaftlicher Zuneigung getragen ist, sondern durch eine Komponente von unausgesprochener (und ich füge hinzu: notwendigerweise unausgesprochener) Homophilie in einen gänzlich anderen, für das Verständnis des Werkes entscheidenden neuen Wertungsbereich abgedrängt wird.[16]

Krohn hat Angst vor der eigenen Courage und steht seiner These selbst kritisch gegenüber, wie die apologetische Rhetorik seines Artikels zeigt.[17] Die für ihn deutlich angelegte Homosexualität Markes ist "eine Art Rufmord",[18] die die Figur diffamieren, jedoch nicht gänzlich diskreditieren soll. Geglaubt hat man ihm diese Behauptungen nicht. Die Höflichkeit, die ihm von seinen Fachkollegen erwiesen wird, zeigt sich in den folgenden Jahren in der Kritik, die ausbleibt: Das *innominandum* der "unausgesprochenen Homophilie" bleibt undiskutiert. Erst 1989 greift C. Stephen Jaeger Gruenters und Krohns Thesen erneut auf:

> The present study aims at extending Gruenter's insights and adjusting Krohn's by sketching in an aristocratic ideal of non-erotic male friendship common in medieval courts and religious communities that gives us the immediate background to the representation of Mark's and Tristan's friendship. [...]
>
> The kiss, the embrace, the expression of fervent love, either written, spoken or versified, comprised a language of favor at court that is distorted when described as

---

15 Gruenter, "Der Favorit": 116 und 117.

16 Rüdiger Krohn, "Erotik und Tabu in Gottfrieds Tristan: König Marke." In: Ders., Hg. Stauferzeit: Geschichte, Literatur, Kunst. Stuttgart: Klett, 1978: 362–376; hier: 363.

17 Vgl. z. B. Krohns einführende Bemerkung, die "Anstößigkeit" seines "riskanten Vorgehens" wolle nur Experiment sein. Vgl. Krohn, "Erotik und Tabu": 362, Anm. 1.

18 Krohn, "Erotik und Tabu": 376.

> 'homosexual,' that in fact is distorted when regarded with modern sensibilities altogether, which have no words that do not place a false construction on it.[19]

Die Äußerungen aller drei Wissenschaftler sind zeitgebunden. Den *amor mollis* des schwachen Königs umschreibt Gruenter 1964 als *innominandum*. 1977 nennt Krohn das "emphatische Verhältnis" offen beim Namen; *Homophilie* ist hier wohl synonym mit *Homosexualität* zu verstehen. Während Gruenter die Schwärmerei Markes jedoch als inhärente Charakterschwäche versteht, sieht Krohn sie vorrangig als gezielte Beleidigung von außen. Beiden Autoren gemeinsam ist jedoch die undifferenzierte Psychologisierung der Figuren nach den linguistischen und kulturellen Kriterien des 20. Jahrhunderts. Und das ist es, wogegen sich Jaeger emphatisch wendet, wenn er die Alterität des Mittelalters betont – und die Gefahr, die in der Übertragung neuzeitlicher Wertvorstellungen liegt. Unsere heutige automatische Erotisierung des Liebesbegriffs ist, so Jaeger, dem Mittelalter völlig unangemessen.

Nach den Kriterien Lochries, McCrackens und Schultz'[20] möchte ich die drei Interpretationen kurz betrachten nach *gender*, *body* und *identity* als Hauptkonstituenten von Sexualität; all dies unter Berücksichtigung der Spannung zwischen Mittelalter und Moderne.[21] Danach läßt sich bei Gruenter eine klare Vorstellung von Geschlechterrollen festmachen, denen zufolge Marke sich nicht unmännlich, aber unangemessen verhält, da er Tristan bevorzugt. Gruenter trennt zwischen der Regierungsverantwortung, der Marke den Vorzug geben sollte, und einem emotionalen Diskurs, der die Oberhand gewinnt und Marke agieren läßt wie einen verliebten Flitterwöchner. Wichtig ist Gruenter jedoch die Abgrenzung vom mora-

---

19 C. Stephen Jaeger, "Mark and Tristan: The Love of Medieval Kings and their Courts." In: Winder McConnell, Hg., In hôhem prîse. A Festschrift in Honor of Ernst S. Dick. Presented on the Occasion of his Sixtieth Birthday. Göppingen: Kümmerle, 1989 (GAG 480): 183–197; Zitate: 184 und 190.

20 Karma Lochrie, Peggy McCracken und James A. Schultz, Hgg., Constructing Medieval Sexuality. Minneapolis und London: University of Minnesota Press, 1997 (Medieval Cultures 11).

21 "First, when we address ourselves to sexuality we always consider it in relation to gender; second, we consider medieval constructions of the body as integral to the medieval construction of sexuality; third, we situate sexuality in relation to medieval constructions of identity and 'otherness'; and finally, we acknowledge the effect of the present on our readings of the past and invite a consideration of the implications of medieval constructions for modern theories of sexuality." Lochrie et al., Hgg., "Introduction." In: Constructing Medieval Sexuality: IX–XVIII; hier: X.

lisch Verwerflichen: "Solche Ermattungen und Entspannungen eines allzu gefügen Gefühls müssen nicht zugleich auch Aufweichung des moralischen Sinns bedeuten, jene Entwicklung, die bei der Toleranz beginnt und bei der sittlichen Gleichgültigkeit endet. [...] Moralisch kann der Empfindsame durchaus einem althergebrachten Härte-Ideal huldigen, das, weil es alt ist, nicht überaltert sein muß."[22]

Was Gruenter völlig fehlt, ist ein Bewußtsein für die zeitliche und kulturhistorische Distanz zwischen Gottfrieds Text und seinen, Gruenters, Ausführungen; er scheint sich vielmehr selbst in Markes *ingesinde* einzureihen. Davon abgesehen ist seine Interpretation ausgesprochen subtil. Weder versteht er Sexualität und Identität als deckungsgleich – er unterscheidet zwischen Marke dem Mann und Marke dem König – noch bezeichnet er Marke als homosexuell.[23] Es ist Gruenter wichtig zu betonen, daß Marke trotz seiner Schwärmerei kein Weichling ist. Gruenters Dilemma ist der Fluch der "frühen Geburt": 1964 stand ihm die Terminologie, die er für seine Interpretation gebraucht hätte,[24] noch nicht zur Verfügung: das *innominandum* der Liebe Markes und Tristans ist nicht unbenannt, sondern – noch – unbenennbar.

Rüdiger Krohn hingegen stellt kategorische Syllogismen auf: Die Liebe eines Mannes zu einem anderen Mann ist definiert als homosexuell. Marke liebt Tristan, also ist Marke schwul. Homosexualität wurde im Mittelalter immer als verwerflich betrachtet, Marke ist homosexuell, demzufolge wird Marke durch seine Liebe abqualifiziert. Die Marke unterstellte Homosexualität soll also dazu dienen, ihn zu diskreditieren, nicht ihn als tatsächlich schwul darzustellen. Auch wenn diese Interpretation in ihrer Simplifi-

---

[22] Gruenter, "Der Favorit": 114.

[23] Albrecht Diem meint dazu, daß Gruenter unter sorgsamer Vermeidung des Begriffs doch "in Gottfrieds Beschreibung Markes den klischeehaft effeminierten Homosexuellen finden will." Albrecht Diem, "'nu suln ouch wir gesellen sîn' – Über Schönheit, Freundschaft und mann-männliche Liebe im Tristan Gottfrieds von Straßburg." Tristania 19 (1999): 45–95; hier: 49. Ich würde Gruenters Ansatz vielmehr mit der Diskussion um Dido vergleichen, die ebenfalls Geschlechterrolle und Regierungsverantwortung nicht in Einklang bringen kann. Vgl. hierzu zentral Marilynn J. Desmond, Reading Dido: Gender, Textuality, and the Medieval Aeneid. Minneapolis: University of Minnesota Press, 1994.

[24] Der Begriff, der Gruenter hier weitergeholfen hätte, ist *Homosozialität*. Ursprünglich einem soziologischen Kontext entstammend wurde er von Eve Kosofsky Sedgwick in ihrem vielbeachteten *Between Men: English Literature and Male Homosocial Desire* (New York: Columbia University, 1985) in die *gender*-Diskussion eingeführt.

zierung dem Text Unrecht tut, so ist die Kritik Albrecht Diems dennoch unangemessen, die Krohn "wenig subtile Homophobie" unterstellt und seinen Artikel "zur schwer erträglichen Lektüre"[25] erklärt. Die Schlüsselereignisse für die deutsche Schwulenbewegung, der Stonewall-Aufstand in New York und die Liberalisierung des §175 StGB, der gleichgeschlechtlichen Sex unter Erwachsenen nicht länger unter Strafe stellt, hatten sich erst 1969 ereignet. Die ersten öffentlichen Diskussionen über Homosexualität begannen Mitte der Siebziger, und unter diesen Vorzeichen ist Krohns Vortrag von 1977 ein beachtenswerter erster Versuch. Er denkt in neuen Kategorien, erprobt neue Begriffe und diskutiert ein legitimes Thema, auch wenn es – noch – an Nuancierung fehlt. Homophobie läßt sich aus seinen Ausführungen keinesfalls ableiten; Krohn spricht nicht für sich, sondern aus der konstruierten Perspektive des Hofs zu Cornwall.

Stephen Jaeger kommt zu völlig anderen Schlußfolgerungen: *Amor* und das Idiom der Liebe gehören zum gemeinsamen semiotischen Code des Hofes. Dieses Vokabular hat emotionalen Gehalt, jedoch keinen erotischen. Wenn Marke Tristan liebt, hat dies also nichts mit Sexualität zu tun, sondern ist Ausdruck einer intensiven Männerfreundschaft, für die es im 20. Jahrhundert kein Äquivalent mehr gibt und die sich daher einer griffigen Bezeichnung entzieht. Jaegers Rekurs auf das *innominandum*, "a language of favor at court [for which] modern sensibilities [...] have no words"[26] entlarvt unsere Hilflosigkeit: Wir können nur über *Liebe* sprechen, eine Alternative haben wir nicht.

Unerwähnt läßt Jaeger jedoch die zweite Hälfte der Gleichung. Marke liebt nicht nur Tristan oder Riwalin; Marke liebt auch Isolde, Riwalin liebt Blanscheflur, und Tristan liebt ebenfalls Isolde. Für diese Beziehungen verwendet Gottfried dieselbe Sprache, dieselbe Metaphorik, dieselben rhetorischen Stilmittel – und daß hier mehr als nur emotionale Beziehungen gemeint sind, ist unbestritten. Dies bedeutet, in Fortführung der Überlegungen Jaegers, daß dieselben Wörter nicht dasselbe meinen. Männer untereinander haben einen anderen Diskurs als Männer im Umgang mit Frauen.

Zudem sind Marke und Tristan eingebunden in komplexe Beziehungsgeflechte, die über (un)verbindliche Freundschaft weit hinausgehen: Verwandtschaft (Oheim und Schwestersohn), das Lehensverhältnis (König und Vasall), und das Altersgefälle (Tristan ist eine Generation jünger als

[25] Diem, "'nu suln ouch wir gesellen sîn'": 51.
[26] Jaeger, "Mark and Tristan": 190.

sein Onkel). Alle diese Faktoren spielen eine Rolle für die Sprachzeichen der Liebe zwischen den beiden Männern.

James Schultz dreht in einer Publikation von 1997 die Perspektive um: Nicht das Subjekt, sondern das Objekt der Liebe bestimmt den Ausdruck.

> Although [Gottfried] is committed to exploring the effects of passion on the individual, he does not locate the origin of desire within the individual but outside, in the sight of a beautiful body or in the effects of a love potion. And although Gottfried differentiates kinds of desire, he does not distinguish between heterosexual desire for the other sex and homosexual desire for the same sex, "other" and "same" being defined in relation to the sex of the *subject*, but between desire for the man and desire for the woman, "man" and "woman" describing the gender of the *object*.[27]

Schultz löst die herkömmliche Opposition von Homo- und Heterosexualität auf, indem er sexuelle Identität objektgebunden definiert. In Bezug auf Marke und Tristan heißt das, daß nicht Marke Tristan liebt, sondern Tristan Marke lieben macht. Diese Morphologie des Begehrens[28] ist nicht über die biologisch fixierten primären Geschlechtsmerkmale determiniert, sondern über äußere Auslöser. Die Beispiele, die Schultz hierbei nennt, sind der Liebestrank und vor allem die Kleidung: "Clothes create gender in Gottfried's Tristan not because of their materials or their cut or their close fit, nor on account of the sexed body parts they reveal. Gender is created rather by the differential relation that clothes sustain with the body. If they clothe the body and disclose it at the same time, they create a woman. If they harmonize with the body and reveal the leg, they create a man."[29]

Die Tatsache, daß vier namhafte Wissenschaftler in vier Jahrzehnten über die besondere Qualität des Verhältnisses von Marke und Tristan nachdenken, zeigt, daß dieses Verhältnis von einer besonderen zwischenmännlichen Innigkeit geprägt ist, die immer wieder zum Nachdenken anregt. Das Problem ist, das Wesen dieser Liebe in Worte zu fassen. Gruenter und Krohn konnten noch nicht auf die wichtigen Arbeiten zu mann-männlichen Beziehungen im Mittelalter zurückgreifen, die in der Zwischenzeit entstanden sind, und auch Jaeger mußte noch wesentliche

---

27 James A. Schultz, "Bodies that Don't Matter: Heterosexuality before Heterosexuality in Gottfried's Tristan." In: Karma Lochrie et al, Constructing Medieval Sexuality: 91–110; hier: 103.

28 Vgl. Schultz, "Bodies that Don't Matter": 91.

29 Schultz, "Bodies that Don't Matter": 98. Vgl. hierzu meine Ausführungen zu Lavines *braies* und Herzeloydes Hemd.

Grundlagenarbeit leisten. Was James Schultz neu in die Diskussion einbringen konnte, ist die Vorstellung von *gender* und Identität als Signifikanten, die erst mit Bedeutung besetzt werden müssen. Bedeutungsträger im höfischen Diskurs ist häufig der Körper: dessen Aussehen, Kleidung, Gesten.

Maskulinität definiert sich aus einem komplizierten Beziehungsgeflecht, dessen Komponenten nur in ihrer Relation zueinander Aussagekraft annehmen. Ausgangspunkt meiner Überlegungen ist jeweils die Sexualität des Protagonisten, und diese verstehe ich als objektgebunden definiert: Wen er liebt, macht den Mann zum Mann. Als Auswahlkriterium hierbei diente die fehlgeleitete *libido*: Die Liebe zum *falschen* Objekt. Heinrichs von Veldeke Eneas begehrt, so zumindest der Vorwurf, Männer; die beiden Protagonisten des Gregorius nahe Verwandte; Iwein die Witwe des Mannes, den er gerade unritterlich erschlagen hat; und Gahmuret begehrt Herzeloyde, die für ihn perfekte Frau, gerade eben nicht. Bei Parzivals Eltern sind die Geschlechterrollen vertauscht: Die schönen Beine Gahmurets lösen Herzeloydes Liebe aus. Als Gegenbeispiel kann hier Tristan dienen: Die Tragik der Handlung beruht darauf, daß Tristan und Isolde füreinander geschaffen sind. Isolde ist die richtige Frau unter den falschen Umständen.

Wie aber entsteht diese Liebe? Die tertiären Geschlechtsmerkmale, die so auch von Schultz betont wurden, haben sich in meiner Arbeit als zentrale Signifikanten erwiesen. Im Zusammenhang mit dem Sodomievorwurf im Eneasroman hat sich die Bedeutung von Kleidung, Schuhen und vor allem der Haarpflege herauskristallisiert, und hier sind es die Attribute des Mannes als Liebesobjekt. Auch den bereits erwähnten *gender*spezifischen Unterschieden in der Kleidung, des Männer- bzw. Frauenhemdes und den nur von Männern getragenen "Unterhosen" (*braies*) bin ich im Zusammenhang mit dem Eneasroman und Wolframs Parzival nachgegangen. Um diese Signale wahrnehmen zu können, bedarf es der körperlichen Nähe: Sie wird den unbeaufsichtigten Geschwistern im Gregorius zum Verhängnis. Iwein andererseits ist zu weit von seiner Frau entfernt, so weit, daß er sie vergißt. Beim "Kampf der Geschlechter" zwischen Gahmuret und Herzeloyde ist die Nähe bzw. Ferne beim allmonatlichen Turnier Verhandlungsgegenstand.

Befreien aus dieser Liebe kann sich der Protagonist durch das korrelierende Antidot: dem An- oder Ablegen der erotisierenden Kleidung, der Zerstörung des schönen Körpers der Geliebten wie bei der Mutter des Gregorius, oder dem Entzug durch Exil in der Ferne, das ihr Bruder finden muß. Gahmuret, der feminisierte Held, tut beides: Er zieht ins heilige Land und wird dort beerdigt. Iwein ändert die Ausgangssituation: Durch den Lernprozeß seines zweiten Kursus wird er Laudine ebenbürtig. Eneas muß sich nicht "entlieben", da der Sodomievorwurf von vornherein unberechtigt war.

Der höfische Held ist also einem Pawlov'schen Hund nicht unähnlich. Sexualität, Liebe und Begehren unterliegen einem Reiz-Reaktionsschema, das in seiner mechanischen Grundkonstellation vorhersagbar ist. Dem zugrunde liegt die Vorstellung vom männlichen Körper als hermetischem System, dessen Humoralhaushalt sein Wohlbefinden und seinen Geisteszustand bestimmt. Die Liebeskrankheit, *amor hereos*, als pathologischer Befund, und insbesondere der Wahnsinn, sind im Mittelalter Männerkrankheiten. Auch der Liebestod durch Auszehrung, den der Vater des Gregorius erleidet, ist humoralpathologisch zu erklären und wird von Hartmann deutlich abgegrenzt von der Reaktion der Mutter auf Inzest und Trennung. Ähnlich mechanisch dargestellt ist die Entstehung von Liebe, die durch äußere Reize ausgelöst wird: der Pfeil Amors, der Anblick von Schönheit, zu große körperliche Nähe. Maskulinität ist nicht das Spiegelbild von Femininität: Männer lieben anders als Frauen.

Diese Vorstellung von "Liebe auf Knopfdruck" mag vielleicht die romantisierende Vorstellung vom minneseligen Ritter im Dienst seiner Dame ernüchternd relativieren. Die mittelalterliche Literatur wird dadurch aber nicht ärmer. Statt dessen aber tut sich dem heutigen Leser ein facettenreiches Bild der höfischen Erzählliteratur auf. Gerade die Variationen innerhalb einer Stofftradition erhellen, wie sehr diese Problematik auch das Publikum der damaligen Zeit bewegt hat. Deshalb werde ich mich der Thematik des jeweiligen Textes sowohl synchron als auch diachron nähern. Zum einen stelle ich den mittelhochdeutschen Roman in den Kontext der anderen mittelalterlichen Versionen derselben Stofftradition, im Fall des Eneasromans zurückgehend bis zur Aeneis Vergils. Zum anderen versuche ich, durch einen Dialog mit anderen mittelalterlichen Texten gleichen Themas das Spezifische der jeweiligen Problematik im zeitgenössischen Kontext herauszuarbeiten. Ausgehend von klar begrenzten und innerhalb des jeweiligen Werkes relativ kurzen Passagen, die die Maskulinität des Protagonisten über seine Sexualität problematisieren, werde ich versuchen, herauszuarbeiten, was ein Mann in der höfischen Epik ist.

2. Eneas und Sodomie

2.1. Fragestellung

Der Vorwurf, Eneas[1] befleißige sich sodomitischer Handlungen mit anderen Männern und habe für Frauen nichts übrig, stammt aus dem Munde der Mutter Lavines. Sowohl in der altfranzösischen als auch in der mittelhochdeutschen Version versucht die Königin, die Verbindung Lavines mit dem Trojaner zu verhindern, zunächst in einer Auseinandersetzung mit ihrem Gatten Latinus, dann in zwei Gesprächen mit ihrer Tochter. Im Bestreben, ihren Wunschkandidaten Turnus durchzusetzen und sicherzustellen, daß Eneas als zukünftiger Schwiegersohn und König nicht in Frage kommt, sucht sie nach den stichhaltigsten Argumenten gegen diese Ehe, die sie aufbringen kann. Für das Fortschreiten der Romanhandlung ist der Sodomievorwurf irrelevant – an der Heirat von Eneas und Lavine besteht für das Publikum nie ein Zweifel. Umso interessanter ist seine Thematisierung an sich. Wieso ausgerechnet Sodomie?

Die Anschuldigung taucht zum ersten Mal im Roman d'Eneas auf, ohne einen eindeutigen Bezugspunkt in Vergils Aeneis zu haben; sie läßt sich aber auf vergleichbare Versuche, Aeneas als Mann zu diskreditieren, in den vorausgehenden Fassungen der Aeneasgeschichte zurückführen. Deshalb erachte ich es zunächst als sinnvoll, die relevanten Passagen der Aeneis anzusprechen und ihre sich wandelnde Rezeption im fortschreitenden Mittelalter zu skizzieren. Als besonders ertragreich haben sich hierfür die Kommentare des Servius und Donat, das Excidium Troiae, der Policraticus des Johannes von Salisbury und die drei Versionen der Trojaerzählung des Simon Aurea Capra erwiesen; auf andere Textzeugen der Aeneisrezeption wird gelegentlich ebenfalls Bezug genommen.[2] Für meine Fragestellung ist dabei von sekundärer Bedeutung, ob die angesprochenen Aeneisfassungen oder -kommentare tatsächlich als direkte Vorlage für den Autor des Ro-

---

1 Nachdem viele der konsultierten Texte gleiche oder ähnliche Titel, gleichnamige Protagonisten oder identische Autoren haben, werden im Interesse der Eindeutigkeit alle Werke mit Autornamen (falls bekannt) und Kurztitel zitiert. Die Namen der Figuren werden entsprechend der jeweiligen Fassung aufgeführt, also Aeneas für den Protagonisten Vergils, Eneas für die mittelalterlichen Helden, Yvain für Chrétiens Figur, Iwein für Hartmanns etc.

2 Eine kurze Übersicht über "Trojastoff und historisches Bewußtsein von der Antike bis zur frühen Neuzeit" bietet Petra Fochler, Fiktion als Historie. Der trojanische Krieg in der deutschen Literatur des 16. Jahrhunderts. Wiesbaden: Reichert, 1990. (Wissensliteratur im Mittelalter 3): 1–10.

man d'Eneas oder Heinrich von Veldeke gedient haben. Wichtig scheint mir aber zu sein, Klarheit über den stoffgeschichtlichen Hintergrund zu schaffen und die literarischen Vorgaben Vergils eindeutig auszumachen.[3] Wie sich zeigen wird, versteht Vergil die Herabsetzung seines Protagonisten zum *semivir,* die er den Gegnern des Aeneas in den Mund legt, ausschließlich als Schmähung der Kampfeskraft des Protagonisten. Das Sexualverhalten des Kriegers als Gradmesser für dessen Maskulinität ist für das augusteische Zeitalter ohne Belang. Schon im frühen Mittelalter jedoch erfuhren die vergilianischen Passagen eine dahingehende Uminterpretation. Genauso wichtig ist der beständige Verweis auf Aeneas als phrygischen Ausländer, der als *alter Paris* die trojanische Unsitte des gewaltsamen Brautraubs ins Land bringt und damit einen zweiten trojanischen Krieg zu provozieren sucht.

Die großangelegte Neukonzeption der Aeneishandlung in der höfischen Literatur des Mittelalters, die erstmals im Roman d'Eneas ausgearbeitet wird, hat in der Forschung häufig dazu geführt, die beiden volkssprachigen Texte gemeinsam in Abgrenzung zur lateinischen Quelle zu diskutieren.[4] Diese Betrachtungsweise hat bisweilen den Blick für die Unterschiedlich-

---

[3] Neuere Kommentare zu dieser Passage zeichnen sich durch vorsichtige Formulierungen aus, die eine gewisse Skepsis ob der Quellensituation zum Ausdruck bringen. Vgl. z. B. den Stellenkommentar Kartschokes zu 10648: "Der Vorwurf der Homosexualität ist [...] wohl auf Aen. XII,97ff. zurückzuführen" (Heinrich von Veldeke, Eneasroman. Hg. und übers. v. Dieter Kartschoke nach dem Text von Ludwig Ettmüller. Stuttgart: Reclam, 1986: 809), Bein: "[...] mag zurückgehen auf die Aeneis" (Thomas Bein, "Orpheus als Sodomit. Beobachtungen zu einer mhd. Sangspruchstrophe mit (literar-)historischen Exkursen zur Homosexualität im hohen Mittelalter." ZfdPh 109 [1990]: 33–55; hier: 45), Fisher: "[...] presumed to go back to Vergil" (Rodney W. Fisher, Heinrich von Veldeke, 'Eneas': a Comparison with the Roman d'Eneas and a Translation into English. Bern et al.: Peter Lang, 1992: 70) oder Gaunt zu den Sodomiepassagen im Roman d'Eneas: "These speeches are not in Virgil, though it has been suggested that what they say is inferred from a few lines in the Aeneid taken out of context." (Simon Gaunt, "From Epic to Romance: Gender and Sexuality in the Roman d'Eneas." Romanic Review 83 [1992]: 1–27; hier: 19; wieder in: Gender and Genre in Medieval French Literature. Cambridge: Cambridge University Press, 1995: 78).

[4] Vgl. hierzu Marie-Luise Dittrich, Die 'Eneide' Heinrichs von Veldeke. 1. Teil: Quellenkritischer Vergleich mit dem Roman d'Eneas und Vergils Aeneis. Wiesbaden: Franz Steiner Verlag, 1966 sowie Nikolaus Henkel, "Vergils 'Aeneis' und die mittelalterlichen Eneas-Romane." In: Claudio Leonardi und Birger Munk Olsen, Hgg., The Classical Tradition in the Middle Ages and the Renaissance. Spoleto: Centro Italiano di Studi Sull' Alto Medioevo, 1995: 123–141.

keit dieser Texte voneinander verstellt. Ein Vergleich der Sodomiepassage in Veldekes Version mit ihrer altfranzösischen Vorlage kann jedoch zeigen, wie planvoll der deutsche Autor mit seiner Quelle umgeht. Durch gezielte Auslassungen und Umstellungen erreicht er eine völlig andere Aussage: Die Königin im Roman d'Eneas will ihrer Tochter vor allen Dingen ein Leben in beständiger Konkurrenz zu Eneas' männlicher Entourage ersparen, in dem sie in ihrem Werben um seine Aufmerksamkeit, Liebe und sexuelle Zuwendung stets das Nachsehen haben würde. Heinrich von Veldeke dagegen greift die sexuell expliziten Beispiele sowie auch die namentliche Bezeichnung der Sodomie aus seiner Vorlage gar nicht auf. Was er beibehält, sind der Verweis auf Dido als Beispiel – dies verweist bereits auf einen Kontext, der über den Rahmen mann-männlicher Liebe hinausgeht – sowie das Argument, daß der Fortbestand der Menschheit durch einen sodomitischen Lebenswandel ernsthaft bedroht sei. In diese – neue – Reihenfolge gebracht ergibt sich so die Uminterpretierung der Didofigur zum Prototyp der verlassenen und kinderlosen Frau. Als Eneas sie verläßt, ohne ein "kindelîn"[5] zu zeugen, sind Dido, ihre Dynastie und in letzter Konsequenz auch Karthago selbst zum Untergang verurteilt. Der direkte Vergleich, den die Königin zwischen Dido und Lavine anstellt, enthüllt den wahren Grund ihrer Sorge: Eneas der Sodomie zu bezichtigen kommt der Anklage gleich, er sei nicht willens, den Fortbestand der Dynastie zu sichern und sich fortzupflanzen.

Bei meiner Textdiskussion möchte ich mich leiten lassen von zwei Grundfragen, nämlich: Was? und Wozu? Was ist unter (der als *innominandum* belassenen) Sodomie bei Heinrich von Veldeke zu verstehen und welche Funktion hat dieses Motiv für die Eneashandlung? *Sodomie* ist dabei für mich ein historischer, vorrangig theologischer Begriff, der konstant negativ, dabei aber semantisch höchst unterschiedlich besetzt ist. Für eine ausführliche Diskussion der relevanten Bibelstellen sowie deren Exegese sei auf die Monographie Mark D. Jordans[6] verwiesen. Er kann im Laufe seiner detaillierten begriffsgeschichtlichen Diskussion ausführen, daß gerade die

---

5 Heinrich von Veldeke, Eneasroman: 2192.

6 Mark D. Jordan, The Invention of Sodomy in Christian Theology. Chicago und London: University of Chicago Press, 1997. Eine weitere Übersicht, die knapper, dafür aber auf das deutsche Mittelalter ausgerichtet ist, findet sich bei Brigitte Spreitzer, Die stumme Sünde. Homosexualität im Mittelalter. Göppingen: Kümmerle, 1988 (GAG 498): 5–74.

Kirchenväter noch eine Reihe anderer, nicht sexueller, Sünden als Vergehen der Sodomiter identifizieren. Jordan resümiert:

> There is no text of the Christian Bible that determines the reading of Sodom as a story of same-sex copulation. On the contrary, there is explicit scriptural evidence that the sin of the Sodomites was some combination of arrogance and ingratitude. This evidence was not ignored by patristic exegetes writing in Latin. Indeed, many Latin theologians continue to speak of the inhospitality of Sodom, of its pride and arrogance, even as they speak of its association with forbidden sex.[7]

Wie Jordan ausführt, ist der Terminus *sodomia* eine Neuschöpfung des Petrus Damiani, ein Gräzismus analog entwickelt zu *blasphemia,* und erstmals Mitte des 11. Jahrhunderts als Abstraktum gebraucht.[8] Trotz einer zunehmenden Bedeutungsverengung auf mann-männlichen Analverkehr beinhaltet der Ausdruck zu jeder Zeit derart Unterschiedliches, daß die einzig solide Begriffsdefinition aus dem jeweiligen Text erarbeitet werden muß. Sodomie als literarhistorisches Phänomen hat höchst artifiziellen Charakter und reflektiert damit bestenfalls sekundär historische Realitäten. Von Homosexualität im Eneasroman zu sprechen wäre daher mehrfach problematisch. Nicht nur erweckt die Wortschöpfung des 19. Jahrhunderts irreführend-anachronistische Assoziationen;[9] die Homosexualität in ihrer definitorischen Fixierung auf gleichgeschlechtliche Objektwahl wird selbst zunehmend als sozialhistorisches Konstrukt entlarvt. Gerade in den letzten Jahren konnte eine Reihe von geistes- und kulturgeschichtlichen Arbeiten überzeugend darlegen, daß der Terminus *Homosexualität* für die Darstellung zwischenmenschlicher Beziehungen in vielen Kulturen unbrauchbar ist.[10]

---

7 Jordan, The Invention of Sodomy: 32.

8 Die Endung ist nicht genuin lateinisch, sondern dem Griechischen entlehnt. Vgl. Jordan, The Invention of Sodomy: 40–44.

9 Zum Terminus *Homosexualität* vgl. Bernd-Ulrich Hergemöllers Übersicht im Lexikon des Mittelalters: 5, 113–114 sowie sein Kapitel "'Homosexuelle' im Mittelalter? Grundfragen zur Terminologie." In: Ders., Sodom und Gomorrha. Zur Alltagswirklichkeit und Verfolgung Homosexueller im Mittelalter. Hamburg: MännerschwarmSkript, 1998: 15–36.

10 Stellvertretend für die unterschiedlichen Positionen der Essentialisten bzw. Konstruktivisten seien genannt John Boswell, "Revolutions, Universals, and Sexual Categories" und David M. Halperin, "Sex before Sexuality: Pederasty, Politics, and Power in Classical Athens", beide in: Martin Duberman et al., Hgg. Hidden From History: Reclaiming the Gay and Lesbian Past. New York: Meridian, 1990: 17–36 bzw. 38–53. Einen ausgezeichneten, wenn auch in der Formulierung tendenziösen

2.2. *Vergils Aeneas als 'ille Paris': Die phrygische Abstammung*

Bei Vergil ist – wie auch immer geartete – Sodomie kein Thema. Vordergründig läßt sich diese Feststellung durch den einfachen Sachverhalt erklären, daß der christliche Terminus und dessen biblischer Hintergrund dem paganen Autor unbekannt waren. Die Passage, die den Grundstein legen sollte für die späteren sodomitischen Interpretationen der Aeneis, läßt sich jedoch durchaus identifizieren. Sie gehört in den Kontext der Vorbereitungen des Turnus vor dem entscheidenden Zweikampf mit Aeneas. Turnus beschwört die eigene Stärke, indem er seine Ausrüstung – Waffen, Pferde, Rüstung – überprüft und dabei gleichzeitig Aeneas und dessen Maskulinität zu diffamieren sucht. Er ruft seine Lanze an:

> [...] 'nunc, o numquam frustrata vocatus
> hasta meos, nunc tempus adest: te maximus Actor,
> te Turni nunc dextra gerit. da sternere corpus
> loricamque manu valida lacerare revolsam
> semiviri Phrygis et foedare in pulvere crinis
> vibratos calido ferro murraque madentis.'[11]

Turnus umgibt sich mit Symbolen der männlichen Kampfeskraft: Was ihm am Vorabend des Entscheidungskampfes gegen Aeneas wichtig ist, ist seine kriegerische Ausrüstung. All seine Waffen sind Familienerbstücke und haben eine eigene Geschichte, die er in Anspielungen aufruft. Diese Stichworte, "Mikrostrukturen der Sinnstiftung",[12] verweisen auf ein textexternes Hintergrundwissen, das über diese Abbreviaturen aufgerufen und eingebracht werden kann. Was ihnen gemeinsam ist, ist der Bezug auf den größeren Handlungszusammenhang, hier: den Konflikt zwischen Turnus und Aeneas, den sie exemplifizieren, kommentieren, aber auch konterkarieren können. Der Bezug, den Turnus dabei herstellt, ist genealogisch-retrospektiv. Vater und Großvater werden aufgerufen, das Geschlecht wird

---

Überblick über die Geschichte der gleichgeschlechtlichen Liebe bieten Warren Johansson und William A. Percy, "Homosexuality." In: Vern L. Bullogh und James A. Brundage. Hgg., Handbook of Medieval Sexuality. New York und London: Garland, 1996: 155–189.

11 Vergil. Aeneis. Lateinisch und deutsch. Hg. v. Johannes und Maria Götte, München: Ernst Heimeran, ²1965: XII,95–100.

12 Zum Terminus vgl. Nikolaus Henkel, "(Sprach-)Zeichen der Liebe: Mikrostrukturen der Sinnstiftung in den mittelalterlichen Tristan-Romanen", bes. 2 und 14–15. Ich danke Prof. Henkel, der mir sein noch unveröffentlichtes Manuskript zur Verfügung gestellt hat.

eingegliedert in das Pantheon römisch-griechischer Gottheiten und mythologischer Figuren. Besonders wichtig ist Turnus darüber hinaus der konstante Verweis auf die Duplizität der Ereignisse: Für ihn ist der Kampf um Lavinia eine Wiederholung des trojanischen Krieges. Er selbst ist der Vertreter der griechischen Partei, Aeneas ein zweiter Paris und das eigentliche Thema des Konflikts ein gewaltsamer Brautraub.

Die Pferde des Turnus[13] beispielsweise sind ein Geschenk der Orithyia an Pilumnus, den römischen Schutzgott der Ehe und des Kindersegens, den Vergil zusätzlich zum Großvater des Turnus macht. Orithyia war dem römischen Publikum bekannt als die Tochter des athenischen Königs Erechtheus, die von Boreas entführt und zur Frau genommen wird.[14] So wird durch diese Anspielung auf Pilumnus die Fruchtbarkeit geradezu in Turnus' Erbgut eingeschrieben, eine Eigenschaft, die den Latinern zur Erhaltung ihrer Herrscherdynastie von zentraler Bedeutung sein mußte. Die Figur der Orithyia verweist auf die trojanische Praxis der gewaltsamen Brautwerbung nach dem Muster Helenas, die Aeneas sowohl von Jarbas im Zusammenhang mit Dido als auch von Turnus zum Vorwurf gemacht wird.[15] Vor allem aber ist die Beziehung Orithyias zu Pilumnus gewaltlos und freundschaftlich, den Frieden durch Geschenke konsolidierend und steht somit in krassem Gegensatz zu den unruhestiftenden Trojanern.

Das Schwert des Turnus[16] ist ebenfalls ein Erbstück; es wurde – wie die Rüstung des Aeneas – vom Gott des Feuers, Vulkan, für seinen (Turnus') Vater Daunus geschmiedet. Und auch die Lanze,[17] die Aeneas im Anschluß durchbohren soll und an die die Apostrophe gerichtet ist, hat eine Geschichte. Sie stammt vom Aurunker Aktor, dem Großvater des Patroklus. Dieser ist als Freund des Achilles vor Troja gefallen. Achilles tötet

---

[13] Vgl. Vergil, Aeneis: XII,82–84.

[14] Vgl. v. a. Ovid. Metamorphosen. Hg. und komm. v. Rudolf Ehwald nach den Kommentaren v. Moriz Haupt und Otto Korn, ergänzt v. Michael von Albrecht, Bd. 1: Zürich und Dublin: Weidmann, [10]1966. Bd. 2: Zürich und Dublin: Weidmann, [5]1966: VI,677–721.

[15] Die Präsenz dieses Hintergrundwissens bei Vergils Publikum zeigt der Kommentar des Servius, der sich im Verweis auf einen geographischen Widerspruch auf den *raptus* bezieht: "a Borea in Thraciam rapta sit, quemadmodum potuit Pilumno, qui erat in Italia, equos dare?" (Servii Grammatici qui Feruntur in Vergilii Carmina Commentarii. Hg. v. Georgius Thilo et Hermannus Hagen. Lipsiae et Berolini: in Aedibus B. G. Teubneri, 1923: Bd. 2, 583.)

[16] Vgl. Vergil, Aeneis: XII,90–91.

[17] Vgl. Vergil, Aeneis: XII,92–100.

daraufhin aus Rache Hektor und schleift dessen Leiche durch den Staub.[18] Über diese Lanze wird also der trojanische Krieg fortgesetzt: zuerst in der Hand des Griechen Aktor, dann in der Hand des Turnus – immer jedoch gerichtet gegen Aeneas. Turnus will Aeneas die gleiche Behandlung zukommen lassen wie sie Hektor durch Achilles widerfuhr, nämlich, dessen Haare durch den Staub zu schleifen. Turnus, von Vergil als *alter Achilles* konzipiert[19] und von der Sibylle als solcher prophezeit ("alius Latio iam partus Achilles"; Vergil, Aeneis: VI,89[20]), sieht sich zurecht in der Nachfolge seines griechischen Vorbilds, verkennt jedoch die veränderten Vorzeichen. "Turnus convinces himself that he plays the role of the Greeks taking revenge of the wife-stealing Trojans; our realization of his mental darkness is reinforced by the narrative models in the Iliad which show him, even at this stage in the fighting, cast in the role of Hector rather than Achilles."[21]

Turnus entstammt einer Familie, die über Generationen hinweg verläßlich heldenhaft ist und die ihre Kämpfe im Gegensatz zum landflüchtigen Aeneas nicht aufgibt. Vom Großvater zum Vater zum Sohn werden Tradition, Kampfeskraft und Ausrüstung weitergegeben. Bei seiner Selbststilisierung in dieser Rolle ist Turnus aber einseitig auf die Vergangenheit fixiert, die ihn, wie er meint, positiv von seinem Gegenspieler abhebt. Der Teil seiner Ausrüstung jedoch, den er ausgerechnet nicht in seine Aufzählung miteinbezieht, sollte ihm zum Verhängnis werden: das Wehrgehenk des Pallas, das letztendlich seinen Tod herbeiführt, als Aeneas es erkennt. Auch darauf ist bildlich ein fehlgeschlagener Brautraub dargestellt: Die

18 Vgl. Homer, Ilias. Kritische Ausgabe. Hg. v. Helmut van Thiel. Hildesheim und New York: Olms, 1996: XXII,319–405.

19 Vgl. hierzu Franz Josef Worstbrock, Elemente einer Poetik der Aeneis. Untersuchungen zum Gattungsstil vergilianischer Epik. Münster: Aschendorff, 1963: 91–98; Philip Hardie, Hg., Virgil. Aeneid. Book IX. Cambridge: University Press, 1994: 7 und 22 sowie Lee Patterson, "Virgil and the Historical Consciousness of the Twelfth Century: The Roman d'Eneas and Erec and Enide." In: Ders., Negotiating the Past: The Historical Understanding of Medieval Literature. Madison: University of Wisconsin Press, 1987: 157–183; hier: 162–170.

20 Im selben Zusammenhang stellt die Sibylle auch die Brautwerbung des Aeneas als Wiederholung der Parishandlung dar: "causa mali tanti coniunx iterum hospita Teucris / externique iterum thalami." (Vergil, Aeneis: VI, 93–94)

21 Hardie, Hg., Virgil. Aeneid. Book IX: 7.

blutige Rache der Danaiden, die in ihrer Hochzeitsnacht ihre ungewollten Bräutigame ermorden.[22]

Die genealogische Linie des Turnus, kunstvoll durch knappste Allusionen aufgebaut, wird jedoch abrupt unterbrochen. Seine männlichen Vorfahren und die Tradition des trojanischen Krieges betonend, hat sie sich überlebt und findet mit Turnus ein Ende.[23] Aeneas' Perspektive hingegen ist zukunftsorientiert, mit Blickrichtung auf die Gründung Roms und seine Nachkommen. Ebenso programmatisch wie die Retrospektive des Turnus ist Aeneas' zukünftiges Schicksal über seine Ausrüstung in seine Person inkorporiert. Das Bildprogramm auf seinem Schild, ihm selbst noch unverständlich, spannt den Bogen von seiner göttlichen Abkunft bis zur Jetztzeit Vergils.[24]

Von der Selbstdarstellung des Turnus nun zu seiner Diffamierung des Gegners. Drei Eigenschaften werden Aeneas vom ihm zur Last gelegt: Die Tatsache, ein "Halbmann" (*semivir*) zu sein, seine phrygische Abstammung und seine ondulierten und pomadisierten Haare. Der effeminierende Hang zu übertriebener Haarpflege, bald schon Klischee,[25] wurde jedoch von den frühen Kommentatoren durchaus differenziert betrachtet. So

---

22 Vgl. Vergil, Aeneis: X,495–498: "[...] et laevo pressit [Turnus] pede talia fatus / exanimem, rapiens inmania pondera baltei / inpressumque nefas: una sub nocte iugali / caesa manus iuvenum foede thalamique cruenti". Der vermeintliche Rächer eines *raptus* macht sich selbst eines genauso bezeichneten Vergehens (hier: Spoliierung) schuldig.

23 Zu ähnlichen Schlußfolgerungen gelangt Baswell im Hinblick auf den Roman d'Eneas: "Turnus [...] offers the danger of a history that could easily run backward" (Christopher Baswell, "Men in the Roman d'Eneas. The Construction of Empire." In: Clare Lees, Hg., Medieval Masculinities. Regarding Men in the Middle Ages. Minneapolis und London: University of Minnesota Press, 1994 [Medieval Cultures, 7]: 149–168; hier: 157). Er interpretiert die Turnusfigur als Negativbeispiel eines archaischen Rittertyps, dessen Konfliktlösungen mittels Fehden und Kleinkriege durch die Zentralisierungs- und Kodifizierungsbestrebungen des angevinischen Königtums abgelöst werden sollten (vgl. Baswell, "Men in the Roman d'Eneas": 156–160).

24 Vgl. Vergil, Aeneis: VIII,729–731.

25 Vgl. z.B. Ovid, Ars Amatoria: "Sed tibi nec ferro placeat torquere capillos, / nec tua mordaci pumice crura teras; / ista iube faciant, quorum Cybeleïa mater / concinitur Phrygiis exululata modis." (Ovid, Ars Amatoria: Liebeskunst. Hg. und übers. v. Michael von Albrecht. Stuttgart: Reclam, 1992: I, 505–508). Wenn Ovid den Männern hier von übertriebener Haut- und Haarpflege abrät, muß er jedoch Anlaß dazu haben; sprich: sich von gängiger Praxis distanzieren.

meint Servius unter dem Stichwort "Vibratos Calido Ferro" (Vergil, Aeneis: XII,100):

> Crispatos calamistro: nam calamistrum est acus maior, quae calefacta et adhibita intorquet capillos. unde etiam Cicero calamistram comam appellat frequenter, quae etiam vituperationi est: unde etiam e contra ad laudem est positum ab Horatio hunc et incomptis Curium capillis.[26]

Die Haare mit Myrrhenöl zu behandeln und aufzudrehen, tut der Heldenhaftigkeit eines Mannes also nicht zwingend Abbruch.[27] Trotzdem setzt Vergil die Trias der Vorwürfe – Haarpflege, Phrygier, Halbmann – beide Male ein, wenn ein verschmähter Brautwerber von Aeneas aus dem Wettbewerb geworfen wird. Auch Jarbas, der erfahren muß, daß sich seine Hoffnungen auf eine Ehe mit Dido zerschlagen haben, greift zu denselben Argumenten:

> et nunc ille Paris cum semiviro comitatu,
> Maeonia mentum mitra crinemque madentem
> subnixus, rapto potitur [...].[28]

In dieser Passage werden die *crines madentes* zusätzlich geziert mit der mäonischen Mitra, einer orientalisierenden, exotischen Kopfbedeckung, die die Trojaner schon visuell als Fremdlinge ausweist. Mäonien, im westlichen Kleinasien gelegen, wird in der Forschung häufig in Verbindung gebracht mit dem oströmischen Reich und dessen Eunuchentum,[29] um den

---

[26] Servii Grammatici qui Feruntur in Vergilii Carmina Commentarii. Hg. v. Georgius Thilo et Hermannus Hagen. Lipsiae et Berolini: in Aedibus B. G. Teubneri, 1923: Bd. 2, 585.

[27] Dares Phrygius äußert sich z. B. über Achilles: "Achillem pectorosum ore venusto membris valentibus *et* magnis iubatum bene crispatum clementem in armis acerrimum vultu hilari largum dapsilem capillo myrteo." (Dares Phrygius, De Excidio Troiae Historia, Rec. Ferdinandus Meister. Lipsiae: in Aedibus B. G. Teubneri, 1873: 16). Als Beispiel für die erotische Wirkung männlicher Locken vgl. die Odyssee: Hier legt Athene dem schiffbrüchigen, salzverkrusteten Odysseus die Haare in so schöne Locken, daß Nausikaa ihn spontan zum Gatten begehrt. (Homer, Odyssea. Kritische Ausgabe. Hg. v. Helmut van Thiel. Hildesheim und New York: Olms, 1991: VI,229–245.) Zu männlichem Haupthaar als (homo-)erotischem Reiz vgl. Saara Lilja, Homosexuality in Republican and Augustan Rome. Helsinki: Societas Scientiarum Fennica, 1983: 70 und 72.

[28] Vergil, Aeneis: IV,215–217.

[29] Vgl. z. B. die Enciclopedia Virgiliana: "fa riferimento o a sola una virilità realmente perduta (4,215 ille Paris cum semiviro comitatu) o a presunti costumi di effeminatezza del popolo cui appartiene il personaggio così definito (12,99 semiviri

Ausdruck *semivir* zu erläutern.[30] Vorrangig geht es aber in beiden Vergilpassagen darum, den einheimischen Brautwerber vom ausländischen, fremden Konkurrenten abzugrenzen. Jarbas verbalisiert dabei besonders deutlich, was den Ruf der Trojaner in der Welt ausmacht: Aeneas kommt als *ille Paris* in sein Land, um als Neuauflage der Helena-Entführung nunmehr ihm, Jarbas, die Frau zu rauben, auf die er einen Anspruch zu haben meint, und Aeneas tut dies gewaltsam, durch einen *raptus*. Dieser Vorwurf ist von vornherein durch den Kontext entkräftet; Jarbas ist als Nebenbuhler in der Aeneis nicht ernstzunehmen. Die Unzulässigkeit seiner Vorwürfe stellt auch Donat eindringlich heraus. Dido ist nicht verheiratet wie Helena und wählt Aeneas aus freien Stücken.[31]

Trotz dieser Einsicht führt Donat in seinem Kommentar die Perspektive des Jarbas in extenso aus, und in seinen Erläuterungen findet sich zum ersten Mal die Interpretation des vergilianischen *semivir* als halb Mann, halb Frau, die sich in zunehmendem Maße einbürgern sollte:

> Ecce iam maledictorum iniuria non Aenean solum, sed in omnis Troianos extenditur. semiviros quippe appellavit universos, hoc est duos praeferentis sexus, ambos ex semissibus constantis, quibus nihil est deterius, utpote qui corpore praeferant virum, animo tamen et corruptione, cultu quoque feminas imitentur. dat quoque coniecturale argumentum, quo probet infamis et ipsum praecipue ad eiusmodi crimen detineat, in quo omnis cardo doloris et causa constabat: *Maeonia*, inquit, *mentum mitra crinemque madentem subnixus*: quem, cum videas, ait, censeas esse mulierem, mitra illi quippe et usque ad mentum, crines oleo madentes ut feminis.[32]

Die gleiche Interpretation des *semivir* als äußerlich männlichem, von der innerlichen Disposition her jedoch weiblichem Wesen führt Donat an in seiner Erläuterung zu Turnus' Schmährede "da sternere [...] murraque madentis" (Vergil, Aeneis: XII,97–100):

Phrygis, cioè Enea)" [Enciclopedia Virgiliana, hg. v. Istituto della Enciclopedia Italiana. Roma: Istituto della Enciclopedia, 1985: 763]. Zum Cybelekult und den Eunuchenpriestern vgl. auch Grace Starry West, "Chloreus and Camilla." Vergilius 31 (1985): 22–29.

30 Zum Begriff *semivir* und seiner Bedeutungsgeschichte vgl. Kapitel 2.3.

31 "Per originalis hominis inlicitum factum crimen inventum est, cuius Aeneas adficeretur invidia, cum non sit similis causa, quando ille alieni matrimonii rapuit feminam, Aeneas autem viduae videbatur esse coniunctus et ei quae nubendi et eligendi quem vellet liberum habuisset arbitrium" (Tiberi Claudi Donati ad Tiberium Claudium Maximum Donatianum Filium Suum Interpretationes Vergilianae. Hg. v. Henricus Georgii. Lipsiae: in Aedibus B. G. Teubneri, 1906: Bd. 1, 381–82).

32 Donat, Interpretationes Vergilianae: I,382.

> Praesta, inquit, sternamus hostem nec metuas eum qui virili corpore est et animis femina; denique gerit crinis muliebri more conpositos, crispatos ferro candenti et madidos murra. turbemus igitur quod ille cum feminis diligit, sternamus campo funus eius et multo pulvere turpemus unguenta et quicquid ad virorum infamiam ars ludibriosa conposuit obscuret terra tenuis et harena confundat. pereat cui displicet esse quod natus est, pereat qui non se virum cupit apparere, sed feminam, pereat criminosum studium quod contra naturam rerum nititur, ut maculato sexu quem indigne sortitus est feminas potius contendat superare quam viros.[33]

Für den Autor des 4./5. Jahrhunderts ist nicht mehr der intertextuelle Bezug zu Homers Darstellung von Hektors Tod vor den Mauern Trojas relevant. Die Haarpracht des Aeneas ist für Donat eindeutig als weibliches Geschlechtsmerkmal definiert, wenn er die vergilianischen *crines vibratos* bzw. *crispatos* und *madentis* ergänzend interpretiert als *muliebri more conpositos.*[34] Die tonangebende Voranstellung dieses Kommentars macht zusätzlich deutlich, daß für Donat Brenneisen und Haaröl nur Frauen zustehen. Deshalb gilt es für seine Turnusfigur, durch den Kampf im Männerterritorium der Arena die naturgegebene Ordnung – die effeminierenden Locken sind "contra naturam" aufgedreht – wiederherzustellen. Turnus' Phantasien zielen auf die Wiederherstellung der beschädigten, durch Haaröl befleckten Männlichkeit ("maculato sexu") seines Gegners, indem diese Locken, zerzaust und vom Staub verklebt, ihre feminin-erotische Attraktivität wieder verlieren sollen.

Aeneas wird von Turnus herabgesetzt, indem er verweiblicht wird. Dieser unterstellt ihm, das äußere Erscheinungsbild einer Frau anzustreben und mit den Frauen auf deren Gebiet, der Schönheitspflege, wettzueifern. Was fehlt, ist eine Erweiterung dieses Gedankens ins Sexuelle: Der Vorwurf, Aeneas identifiziere sich soweit mit dem weiblichen Geschlecht, daß er auch Männer lieben will, findet sich bei Donat nicht.

Umso beeindruckender ist Donats Unterscheidung zwischen *sex* und *gender*, den biologischen Gegebenheiten, mit denen Aeneas geboren ("quod natus est"), aber angeblich unzufrieden ist, und den wandelbaren Geschlechtsmerkmalen, die sich – in diesem Falle "contra naturam" – verändern lassen. Diese Unterscheidung findet sich an zahlreichen anderen

---

33 Donat, Interpretationes Vergilianae: II,564.

34 *Crinis*, das Haar, ist etymologisch verwandt mit *criso*, den Bewegungen, die die Frau beim Beischlaf mit den Schenkeln ausführt. Die semantische Verbindung ist das Fließende, Vibrierende. So ist auch sprachlich die Haarlocke der weiblichen Sexualität zugeordnet. Zu Donats Gebrauch des Verbums vgl. Adams, The Latin Sexual Vocabulary: 136–137.

Stellen seines Werkes, wenn es darum geht, *vir* oder *virtus* näher zu definieren. Donats Erläuterungen demonstrieren ein beeindruckend differenziertes Bewußtsein von Geschlechterrollen, die nicht automatisch an die rein anatomische Geschlechtszugehörigkeit gekoppelt sind, sondern vielmehr kontextbezogen den jeweiligen Situationen angepaßt werden. So kommentiert Donat beispielsweise Dares' Forderung nach dem Preis des Siegers bei den Kampfspielen ("cuncti simul ore fremebant / Dardanidae reddique viro promissa iubebant"[35]): "Quod ait viro reddi, non sexum significare, sed meritum voluit; quippe viro dixisse cognoscitur tantorum meritorum, tantae virtutis, tantae artis, tot pollenti victoriis, ad extremum quem tanta multitudo pertimuit."[36] Diese Trennung zwischen biologischem *sexus* und angemessenem Geschlechtsverhalten stellt den Begriff *vir* wieder zur Disposition: Nicht jeder Mann ist ein Mann, sondern nur der männlich handelnde.

Auch die Vorwürfe in Vergils Aeneis selbst zielen letztlich auf die männliche bzw. weibliche Geschlechterrolle, nicht auf die biologischen Befindlichkeiten selbst. Frauen und ihre äußerlichen Attribute dienen als *tertium comparationis*; Aeneas und den Trojanern wird vorgeworfen, sich wie Frauen zu benehmen, nicht, solche zu sein.[37] Ihrer Männlichkeit tut das zu keiner Zeit Abbruch, da alle Sprecher – Jarbas, Turnus und, wie folgt, Numanus – durch den Text disqualifiziert und widerlegt werden. Ihre Aussagen sind von vornherein ironisch gebrochen und fallen auf die

---

35 Vergil, Aeneis: V,385–386.

36 Donat, Interpretationes Vergilianae: I,467. Vgl. auch: "viros non propter sexum dixit, sed propter acumen ingenii et artis industriam" (I,479); "dixit viros, quoniam inbelles et timidi nullis hortatibus commoventur. viros ergo fortis debemus accipere, non ad sexus discretionem" (I,530); "hic est, inquit, vir cuius inter maxima spei tuae ornamenta promittitur decus, ipse est Augustus Caesar. incipit dicere quid sit quod ait vir; non enim sexum eius significare voluit, sed facta" (I,608); "est vir acer cui volo arma fieri. virum dixit, qualem in themate posuit dicens 'arma virumque cano'; viro enim etiam hoc loco dixit, non ut sexum significaret, sed meritum laborum eius et corporis" (II,179).

37 In einem Vergleich Vergils und seiner Zeitgenossen mit der griechischen Literatur kommt Saara Lilja zu dem Schluß, "effeminate males had been frequent in Greek comedy of all periods, [but] effeminacy is not described by Plautus or Terence." (Lilja, Homosexuality in Republican and Augustan Rome: 48) Gleichgeschlechtlich orientierte Figuren wie der Miles Gloriosus sind im Gegenteil exzessiv viril (vgl. Lilja, Homosexuality in Republican or Augustan Rome: 27). Obwohl der Topos in anderen Genres bisweilen auftaucht, gehört der effeminierte Päderast nicht zu den Standardklischees wie in der griechischen Literatur.

Sprecher selbst zurück. Vergils Publikum soll die Vorwürfe von Anfang an als nicht stichhaltig entlarven, was den Umkehrschluß möglich macht: Nicht die Haare machen den Mann, an einer trojanischen Herkunft ist nichts auszusetzen und Aeneas ist mehr Mann als seine Gegenspieler.

Unter denselben Vorzeichen ist auch die Schmährede des Numanus zu lesen. Er ist als Schwager des Turnus offensichtlich parteiisch und nutzt die Belagerung des trojanischen Heeres zu einer Demoralisierungskampagne:

> "non pudet obsidione iterum valloque teneri,
> bis capti Phryges, et morti praetendere muros?
> en qui nostra sibi bello conubia poscunt!
> quis deus Italiam, quae vos dementia adegit?
> non hic Atridae nec fandi fictor Ulixes:
> durum a stirpe genus natos ad flumina primum
> deferimus saevoque gelu duramus et undis,
> venatu invigilant pueri silvasque fatigant,
> flectere ludus equos et spicula tendere cornu.
> at patiens operum parvoque adsueta iuventus
> aut rastris terram domat aut quatit oppida bello.
> omne aevom ferro teritur, versaque iuvencum
> terga fatigamus hasta nec tarda senectus
> debilitat viris animi mutatque vigorem:
> canitiem galea premimus, semperque recentis
> comportare iuvat praedas et vivere rapto.
> vobis picta croco et fulgenti murice vestis,
> desidiae cordi, iuvat indulgere choreis,
> et tunicae manicas et habent redimicula mitrae.
> o vere Phrygiae – neque enim Phryges – ite per alta
> Dindyma, ubi adsuetis biforem dat tibia cantum!
> tympana vos buxusque vocat Berecyntia Matris
> Idaeae, sinite arma viris et cedite ferro!"[38]

Numanus verweist, wie zuvor Jarbas, auf die Parallelität der Ereignisse zum trojanischen Krieg. Er vergleicht die Umzingelung der Trojaner durch die Truppen des Turnus mit der griechischen Belagerung vor den Mauern der Stadt ("bis capti": IX,599). Wieder geht es um die phrygische Sitte, sich die Ehefrauen gewaltsam zu erstreiten; wieder werden die Trojaner charakterisiert als die Brauträuber "qui nostra sibi bello conubia poscunt" (IX,600). Dann aber führt er aus, was die Rutuler von den Phrygiern unterscheidet: Die kriegerische Härte sei es, die Abhärtung vom Säugling bis

---

[38] Vergil, Aeneis: IX,598–620.

zum Greise.[39] Die Trojaner hingegen pflegen den Körperkult und den Müßiggang. Dies ist es, was sie verweichlicht und verweiblicht, und dies ist es, was für Numanus den Unterschied zwischen den Geschlechtern ausmacht.[40] Donat kommentiert: "Nihil enim inter vos et vestras mulieres distat, unus vobis est cultus, una debilitas corporis, una dissolutio mentis. certamen vobis est maximum ut turpitudinis studio feminas vestras nitendo superetis."[41] Per analogiam genüge schon die maskuline Namensform, um diese Assoziationen hervorzurufen: "Hoc gentis nomen pro convicio posuit quasi enervati, molles, inbelles ac feminis proximi et captivitatibus crebris addicti."[42] Donat selbst jedoch distanziert sich deutlich von dieser Meinung durch ein wiederholtes "inquit", das das Zitat aus fremdem Munde unterstreichen soll.

Männlichkeit wird bei Vergil definiert als die Kampfeskraft des Mannes.[43] Was er dem altfranzösischen Übersetzer in seiner Vorlage anbietet, ist die

---

39 Vgl. Vergil, Aeneis: IX,603–613.

40 Reinhold Glei verweist in seinen Ausführungen auf das Modell in der Ilias, das für diese Passage Pate stand: die Schmähungen des Thersites, der die Achaier als "Achaierinnen" (Homer, Ilias: II,235) beschimpft und dafür von Odysseus geschlagen wird. Die von Glei getroffene Unterscheidung zwischen dem literarischen Vorbild Homers und der Aeneis kann ich jedoch nicht nachvollziehen: "Im Gegensatz zur Bezeichnung 'Achaierinnen' ist die Anspielung auf die Unmännlichkeit der Phrygier keine bloße Redensart." (Reinhold F. Glei, Der Vater der Dinge: Interpretationen zur politischen, literarischen und kulturellen Dimension des Krieges bei Vergil. Trier: Wissenschaftlicher Verlag, 1991 [Bochumer Altertumswissenschaftliches Colloquium 7]: 349). Die Abhängigkeit Vergils von Homer, gerade bei derartigen Parallelkonstruktionen, ist unbestritten. Römische Assoziationen mit dem Cybelekult der Phrygier und deren Eunuchenpriestern, wie etwa in dem von Glei zitierten Attisgedicht Catulls, fügen sich zusätzlich gut ins Bild, treffen aber nicht den Kern der Aussage: Unterschieden wird zwischen Männlichkeit und Weiblichkeit, nicht zwischen 'vollwertiger' und kastrierter Männlichkeit. Die paradox komplementäre Fragmentierung der Geschlechterrollen des Eunuchen Chloreus, des Cybelepriesters, und der amazonenähnlichen Camilla arbeitet Grace Starry West, "Chloreus and Camilla" überzeugend heraus. Grundsätzlich zu Homer als literarischem Vorbild: Georg N. Knauer, Die Aeneis und Homer: Studien zur poetischen Technik Vergils, mit Listen der Homerzitate in der Aeneis. Göttingen: Vandenhoeck und Ruprecht, 1964, ²1979.

41 Donat, Interpretationes Vergilianae: II,268.

42 Donat, Interpretationes Vergilianae: II,265.

43 So versteht auch Fulgentius in seinem metaphorischen Deutungsverfahren den Anfang der Aeneis "arma virumque cano" (I,1), wenn er die Waffen mit *virtus*, *vir* jedoch mit *sapientia* gleichsetzt und beide in ein attributives Verhältnis bringt: "uiri

Herabsetzung des Protagonisten durch eine Herabwürdigung dieser Männlichkeit. Der *semivir* im Sprachgebrauch Vergils ist dabei nicht zu verstehen als eine Reduktion der Maskulinität von Aeneas im Austausch für – minderwertigere – weibliche Eigenschaften, sondern als dessen Unfähigkeit, sein Männlichkeitspotential voll auszuschöpfen: Die Trojaner werden von ihren Gegnern rhetorisch reduziert zu fünfzigprozentigen, halben Männern. Schon früh jedoch erkannte man die Möglichkeit, diese monologische Defizienz – ein Trojaner ist weniger Mann als ein Rutuler – umzudeuten auf eine in binären Oppositionen denkende Differenzierung dessen, was man heute als *sex* und *gender* bezeichnet, und wie Donat den Phrygiern zu unterstellen, sie seien zwar biologisch Männer, *cultus* und *animus* jedoch seien weibisch.

Ebenso wichtig ist Vergils intertextueller Bezug auf die Ilias als sein Modell und sein beständiger Verweis auf die Dopplung der Vorgänge und den Kampf um Latium als einen zweiten trojanischen Krieg. Aeneas, "ille Paris", trägt nach Meinung seiner Gegner die trojanische Nationaltradition des *raptus* weiter nach Karthago und Latium, wo er den einheimischen Brautwerbern, wie sie ihm unterstellen, die rechtmäßige Gattin gewaltsam entreißt. Die Parallelität der Argumente der beiden Nebenbuhler, Jarbas und Turnus, ebenso wie die Gleichartigkeit der Situationen, legte einem Bearbeiter zusätzlich nahe, auch die umworbenen Frauen und die dazugehörigen Liebeshandlungen analog zu gestalten und Lavinias Rolle entsprechend aufzuwerten. Dies sollte die bedeutendste Innovation im Roman d'Eneas darstellen.

2.3. Exkurs: Halbmänner und Haarpflege

In den voraufgehenden Ausführungen habe ich versucht, die Semantik des Begriffs *semivir* innerhalb der Aeneis Vergils und ihrer Kommentare zu umreißen. In den einschlägigen Wörterbüchern ist ein wesentlich früherer Gebrauch dieses Wortes nicht nachgewiesen.[44] Die Benutzung des Ausdrucks in der Aeneis gehört zu den frühesten Textzeugen überhaupt. Ovid verwendet den Begriff ebenfalls einmal – in den Metamorphosen, um ei-

---

uocabulum significatio sexus sit, non honoris; si uiri primum nomen ponerem: multi uiri sunt, non tamen omnes laudandi; ergo uirtutem primum posui, pro qua uirum laudandum" (Fulgentius, Fabius Planciadus. Opera. Hg. von Rudolfus Helm. Lipsiae: Teubner, 1908: 88).

[44] Konsultiert über The Perseus Digital Library: http://www.perseus.tufts.edu.

nen Hermaphroditen als "gepfropftes"[45] Doppelwesen beiderlei Geschlechts zu beschreiben. Wie ein Blick in Eicherts Wörterbuch zeigt, benutzte Ovid zahlreiche analoge Konstruktionen zu *semivir* und *semimas*,[46] wie etwa *semicaper* (Pan ist gemeint: halb Mensch, halb Bock), *semihomo* (der Zentaur: halb Mensch, halb Pferd) oder *semifer* (der Zentaur aus entgegengesetzter Perspektive: halb Tier, halb Mensch).[47] Für den Kontext der Metamorphosen war also die Vermischung der Gattungen relevant, nicht die Sexualität per se oder die Kampfeskraft wie bei Vergil.

Grundsätzlich ist keine häufige Verwendung des Begriffs *semivir* festzustellen. Eine gewisse Vorsicht ist bei dieser Schlußfolgerung jedoch geboten, da die in den Wörterbüchern aufgeführten Textbeispiele einem relativ eng definierten Basiscorpus entnommen sind. Nicht alle mittelalterlichen lateinischen Texte konnten bei der Erstellung der Schlagworte berücksichtigt werden.[48] Auch Spezialstudien wie etwa Saara Liljas Homosexuality in Republican and Augustan Rome oder John Boswells Christianity, Social Tolerance, and Homosexuality[49] erheben in ihren Ausführungen keinen Anspruch auf Vollständigkeit. Es ist also durchaus wahrscheinlich, daß es weitere *semivir*-Passagen im Mittellateinischen gibt. Eine umfassende Studie steht noch aus. Wegen der Unübersichtlichkeit des Materials ist es zum gegenwärtigen Zeitpunkt nicht möglich, systematisch alle in Frage kommenden Texte zu sichten; dennoch können die folgenden Beispiele als repräsentativ gelten. Im Zusammenhang mit den Überlegungen zu Aeneas als *semivir Phrygus* scheint mir vor allem die Feststellung wichtig, daß sich keine durchgängige Tradition in der Rezeption beobachten läßt – abgesehen von direkt kommentierenden Bemerkungen, wie sie bei Servius oder Donat zu konstatieren sind, wurde der Begriff im Mittelalter nicht zitiert. Die Offensichtlichkeit des Kompositums läßt vielmehr den

---

45 Vgl. Ovid, Metamorphosen: IV,375.

46 Ovid, Metamorphosen: IV,386 bzw. IV,381.

47 Diese und weitere Beispiele bei Otto Eichert, Wörterbuch zu den Verwandlungen des Publius Ovidius Naso. Elfte, verbesserte Auflage besorgt von Franz Fügner. Hannover und Leipzig: Hahn, 1904: 315–316.

48 Der Thesaurus Linguae Latinae beispielsweise begrenzt seine Stoffsammlung auf den Zeitraum bis zum siebten nachchristlichen Jahrhundert und ist zudem in der Publikation noch nicht beim Schlagwort *semivir* angelangt. Das Mittellateinische Wörterbuch bis zum ausgehenden 13. Jahrhundert ist leider erst bis zum Buchstaben D publiziert.

49 John Boswell, Christianity, Social Tolerance, and Homosexuality. Chicago und London: University of Chicago Press, 1980.

Schluß zu, daß es sich um von Vergil unabhängige, aus der Diskussion um die Stellung des Sodomiten entstandene Neuschöpfungen handelt.

Eine der wenigen mittelalterlichen Quellen für den Gebrauch des Begriffs *semivir* ist der Contemptus Mundi Bernards von Cluny.[50] Für Bernard, einen belesenen *litteratus*, der unter anderem Horaz, Persius, Juvenal – auch Vergil – namentlich zitiert, ist der Ausdruck eindeutig besetzt: Ein *semivir* oder *semimas* ist das Gegenteil eines *totus homo*, der das Ehebett befleckt, indem er gleichgeschlechtlichen Umgang pflegt. Der Sodomievorwurf ist explizit formuliert und durch Vergleiche mit Ganymed und der aus den Bestiarien als sodomitisch bekannten Hyäne[51] exemplifiziert. In einem legalen Kontext, es geht um Ehebruch im Zusammenhang mit einem *stuprum cum masculo*, verwendet Ausonius den Begriff.[52] Ein Zeitgenosse Heinrichs von Veldeke, Petrus von Eboli, diskreditiert 1196 den Konkurrenten der Staufer um den sizilianischen Thron als *semivir*. Dieser Tankred von Lecce ist als illegitimer Sohn des Herzogs von Apulien nur halb von königlichem Geblüt und daher ein *monstrum* aristotelischer Prägung: erzeugt durch die unwürdige Materie der Mutter, die das hochwertige väterliche Erbgut abstößt. Petrus nutzt das gesamte semantische Spektrum; Tankred der *semivir* ist als Bastard nicht nur lediglich halb adlig, sondern darüber hinaus auch nur halb menschlich (er ist ein Affe, *simia*) und halbhoch gewachsen (er ist ein Zwerg, *nanus*).[53]

---

50 Bernard of Cluny, De Contemptu Mundi. The Latin Text with English Translation and Introduction. Hg. v. Ronald E. Pepin. East Lansing: Colleagues Press, 1991: 3,177–216.

51 Vgl. Nikolaus Henkel, Studien zum Physiologus im Mittelalter. Tübingen: Niemeyer, 1976 (Hermaea 38): 175–176; Boswell, Christianity, Social Tolerance, and Homosexuality: 137–145; Bernd-Ulrich Hergemöller, Krötenkuß und schwarzer Kater. Ketzerei, Götzendienst und Unzucht in der inquisitorischen Phantasie des 13. Jahrhunderts. Warendorf: Fahlbusch, 1996: 268–269 sowie Jordan, The Invention of Sodomy: 119–123.

52 Vgl. die Epigramme 91 und 93 des Ausonius in: Carolvs Schenkl, Hg., D. Magni Avsoni Opvscvla. Berlin: Weidmann, 1883; repr. 1961 (MGH auct. antiqu. 5): 220. Zum problematischen Hintergrund der *Lex Scantinia* vgl. Boswell, Christianity, Social Tolerance, and Homosexuality: 65–70 und Lilja, Homosexuality in Republican and Augustan Rome: 112–121.

53 Vgl. Particulae VII-IX in Petrus de Ebulo, Liber ad Honorem Augusti sive de Rebus Siculis. Codex 120 II der Burgerbibliothek Bern. Hg. v. Theo Kölzer und Marlis Stähli. Sigmaringen: Thorbecke, 1994: 52–54.

Im Zusammenhang mit den ondulierten Locken des Aeneas läßt sich hingegen ein Vergilzitat im Mittelalter ausmachen. In den Klagen über die Dekadenz der Jugend in der Kirchengeschichte des Ordericus Vitalis (ca. 1130) geißelt der Autor den Exzeß: die zu spitzen Schuhe, die zu langen Ärmel, die zu üppigen Kleider[54] und die unangebrachte Haarpracht: "Nam capillos a uertice in frontem discriminabant, longos crines ueluti mulieres nutriebant [...] Sincipite scalciati sunt, ut fures. occipitio autem prolixas nutriunt comas ut meretrices. [...] Crispant crines calamistro, caput uelant uitta siue pilleo."[55] Für Ordericus Vitalis ist es vor allem die Aufhebung der Eindeutigkeit der Bezüge, der kulturellen Signifikanten, die verurteilenswert ist: Während man früher den Stand einer Person an deren Haar- und Barttracht erkennen konnte,[56] geben sich die jungen Männer zu seiner Zeit wie Frauen, Diebe oder Prostituierte. Die soziale Einordung zu den *viri curiales* einerseits oder diversen wenig erstrebenswerten Randgruppen andererseits ist sein Thema; so kann er im selben Argument die modesüchtigen jungen Männer als *effeminati* und sodomietreibende Katamiten bezeichnen, um sie dann zu bezichtigen, ihre *femineae mollities* dazu zu benutzen, bei den Damen Eindruck zu machen. Seinen Vorwurf untermauert er mit einem Zitat aus dem oben aufgeführten Kommentar des Servius zu Turnus' Schmährede: "crispant crines calamistro". Ordericus hatte also in den Jahren um 1130 das Argumentationspotential der Aeneispassage erkannt und die von Vergil ursprünglich anders intendierte Aussage in den Kontext von höfischer Dekadenz und effeminierter Sodomie gestellt. Dennoch geht es ihm nicht um die Darstellung einer sexuellen Identität; die von ihm angeprangerte Jugend geht ihren ungezügelten Lüsten auf alle möglichen Arten nach.

Auch Johannes von Salisbury beklagt im Policraticus (1159) die Eitelkeit und Dekadenz der Jugend am englischen Hof, die er ausdrücklich der Sodomie bezichtigt[57] und – verächtlich im Diminutiv – als "calamistratus comatulus",[58] onduliert und langhaarig, bezeichnet.[59] Der Biograph des hl.

---

54 Vgl. auch den Exkurs zu Herzeloydes Hemd (Kapitel 5.3.).

55 Ordericus Vitalis, Historia ecclesiastica. Hg. und übers. v. Marjorie Chibnall. Oxford: Clarendon, 1973; repr. 1983: 4,188.

56 Alle indirekten Zitate vgl. Ordericus Vitalis, Historia ecclesiastica: 4,188.

57 Vgl. John of Salisbury, Policraticus I-IV. Hg. v. Katherine S. B. Keats-Rohan. Turnholti: Brepols, 1993. [=CChrist. CXVIII]: 3,13.

58 John of Salisbury, Policraticus 3,13. Sowohl Keats-Rohan als auch Clemens Webb in seiner Ausgabe von 1909 geben als Quelle für diese Äußerung einen Hieronymusbrief an. Vgl. Keats-Rohan, Hg. sowie: Ioannis Saresberiensis episcopi Carno-

Anselm von Canterbury, Eadmer, erwähnt in seiner Historia Novorum die Aschermittwochsaktion des Heiligen (ca. 1096), in deren Verlauf er die *crines juvencularum more* der Höflinge in einen männlichen Haarschnitt zurechtstutzt:

> Eo tempore curialis juventus ferme tota crines suos juvencularum more nutriebat; et quotidie pexa, ac irreligiosis nutibus circumspectans, delicatis vestigiis, tenero incessu, obambulare solita erat. De quibus cum in capite jejunii sermonem in populo ad missam suam et ad cineres confluente idem Pater habuisset, copiosam turbam ex illis in pœnitentiam egit, et attonsis crinibus, in virilem formam redegit.[60]

Die Willkürlichkeit bzw. kulturelle Determiniertheit einer Assoziation von künstlich aufgedrehten Locken mit einer effeminierten Männlichkeit läßt sich aber auch an Gegenbeispielen aufzeigen. So bezichtigt Alanus ab Insulis, ein Zeitgenosse des Ordericus Vitalis und Johannes von Salisbury,

---

tensis Policratici sive de nugis curialum et vestigiis philosophorum libri VIII. Hg. v. Clemens Charles Julian Webb. London: [ohne Verlagsangabe], 1909; repr. Frankfurt/M.: Minerva, 1965: 3,13. Diese Schlußfolgerung halte ich nicht für zwingend. Hieronymus benutzt zwar beide Vokabeln, diese aber in unterschiedlichen Satzgefügen und in einem anderen Kontext. Im fraglichen Abschnitt von "De viduitate servanda" rät er den Witwen, sich von den Verlockungen der Welt fernzuhalten, um ihren guten Ruf zu wahren, und weder "comatuli, compti, atque lascivi" noch, an späterer Stelle, den "procurator calamistratus, nec formosus collactaneus, nec candidus et rubicundus assecla" in ihr Haus zu lassen. Der Kontext ist definitiv heteroerotisch – die Unterstellung ist, daß die Keuschheit der Witwe auch bei Besuchen von Amtspersonen bereits in Gefahr ist. Vgl. "Sancti Hieronymi Epistola LIV,13." In: Isidor Hilberg, Hg., Sancti Eusebii Hieronymi Epistulae, 1910/1918. Repr. editio altera supplementis aucta. Wien: Verlag der Österreichischen Akademie der Wissenschaften, 1996 (CSEL Bd. 54).

59 Weitere Beispiele vgl. John Boswell, Christianity, Social Tolerance, and Homosexuality: 229–233. Über die Funktion dieser Anklagen als "socially acceptable way to belittle one's political enemies" vgl. William Burgwinkle, "Knighting the Classical Hero: Homo/hetero Affectivity in Eneas." Exemplaria 5 (1993): 1–43; hier: 7–10.

60 Eadmeri Cantuariensis Monachi Historia Novorum. In: PL 159: 347–558; hier: 376. Zu dieser Passage vgl. E. Jane Burns, "Refashioning Courtly Love: Lancelot as Ladies' Man or Lady/Man?" In: Karma Lochrie et al. Hgg., Constructing Medieval Sexuality. Minneapolis und London: University of Minnesota Press, 1997 [Medieval Cultures 11]: 111–134; bes. 117. Burns geht auch auf den möglichen Einfluß des Paulusbriefes ein: "Nec ipsa natura docet vos, quod vir quidem si comam nutriat, ignominia est illi: mulier vero si comam nutriat, gloria est illi: quoniam capilli pro velamine ei dati sunt." (I Cor 11,14–15; vgl. Burns, "Refashioning Courtly Love": 132.)

im Planctus Naturae (ca. 1165/70) die Jugend ähnlicher Geckenhaftigkeit in Bezug auf Kleidung, Schuhe und Körperpflege. Sein Vorwurf zielt jedoch auf den übermäßigen Gebrauch von Kämmen, die das Haar nicht nur bändigen, sondern auch fixieren: "Alii uero sua corpora femineis comptionibus nimis effeminant, qui suorum capillorum concilium pectinis subsidio in tanta pace conciliant, ut nec lenis aura in eis possit suscitare tumultum."[61] In der mittelhochdeutschen Literatur wird glattes Haar ebenfalls mit Unmännlichkeit und Feigheit, gelocktes Haar hingegen mit Schönheit gleichgesetzt. So beschreibt der Ritterspiegel des Johannes Rothe (um 1412/16) die Haare des schönen Mannes als "gel, schone und gar cruz".[62] Im Willehalm Wolframs von Eschenbach hingegen beschuldigt der Titelheld einige seiner Mitstreiter, die angesichts einer überwältigenden feindlichen Übermacht umkehren wollen, sie seien Feiglinge, die die Liebe ihrer Frauen nicht verdient hätten. Die Situation ist also durchaus vergleichbar der der Aeneis, das Schimpfwort, das Willehalm, der "manlich unverzagte"[63] wählt, zielt jedoch auf das glatte Gegenteil ab: Die Fliehenden werden bezeichnet als "harslihtære",[64] solche, die sich das Haar glattfrisieren. Der beiden Vorwürfen gleiche Grundgedanke ist der einer übertriebenen Körperpflege. Wichtig ist hierbei die Betonung des Unangebrachten, denn wie zahlreiche Beispiele[65] belegen, bedeutet *daz hâr slihten* zunächst nichts weiter als *sich frisieren*, und dies gleichermaßen für Mann und Frau und ohne pejorativen Beigeschmack.

---

61 Alan of Lille, "De Planctu Naturae." Hg. v. Nikolaus M. Häring. In: Studi Medievali, Serie Terza, Anno 19/2. Spoleto: Centro Italiano di Studi sull' alto Medioevo, 1978: 797–879; hier: 860. Vgl. auch Hergemöller, Krötenkuß und schwarzer Kater: 194–207 sowie Jordan, The Invention of Sodomy: 67–91.

62 Johannes Rothe, Ritterspiegel. Hg. v. Hans Neumann. Halle/Saale: Niemeyer, 1936: 159.

63 Wolfram von Eschenbach, Willehalm. Hg. v. Werner Schröder und übers. v. Dieter Kartschoke. Berlin und New York: de Gruyter, 1989: 322,1.

64 Wolfram von Eschenbach, Willehalm: 322,21.

65 Siehe hierzu die Textpassagen in BMZ II,2: 395–396. Als Beispiel für die Haar- und Körperpflege als Zeichen höfischer Kultur, negativ, jedoch nicht sexistisch dekodiert, sei genannt die Schmährede des Fischers gegenüber Gregorius. Nicht nur sei dessen Haar "sleht und unzevüeret" (2926), auch die "schenkel sint sleht", anstatt Schrammen und blaue Flecken aufzuweisen (vgl. 2914–2921), und "[die] arme und [die] hende / stânt âne missewende: / die sint sô sleht und sô wîz" (vgl. 2929–2931). Zitiert nach: Hartmann von Aue, Gregorius. Hg. v. Hermann Paul. 14. Aufl. v. Burghart Wachinger. Tübingen: Niemeyer, 1992 (ATB 2).

Ähnlich gelagert ist der Fall in der Kreuzfahrt des Landgrafen Ludwigs des Frommen von Thüringen. Auch hier dient der Vorwurf des "hârslihtens"[66] der Abgrenzung der eigenen, tapferen Mannen vom feigen Gegenüber, in diesem Fall der Franzosen, die den Kreuzrittern die Unterstützung versagen. Nachdem Ludwig die *zagen Walhen* nicht zum Aufbruch bewegen kann, meint er zynisch, sie mögen ruhig im Zeltlager bleiben und sich mit Haarbändern die Frisur ordnen: " 'sît hie', sprach her Ludewic, / 'ûwer hâr daz slihtet, / in die snûre daz berihtet!' "[67] Auch in diesem Text sind es nicht die Wörter selbst, sondern nur der Kontext, der die negative Interpretation beinhaltet. Der anonyme Autor benutzt dieselben Reimwörter im Prolog, um sein Vorhaben in geläufigen rhetorischen Metaphern zu definieren als das Ordnen, Glätten, gefällig Arrangieren der Erzählung: "mir ist geboten, daz ich sol / ein rede zu rehte berihten, / in wârem rîm verslihten, / ordenlich zûbringen sie."[68]

2.4. Das Parisurteil im Roman d'Eneas

Wie in Vergils Aeneis hat auch im Roman d'Eneas der Rekurs auf Paris als Negativbeispiel zentrale Bedeutung. Anders als im römischen Nationalepos ist es aber nicht der Raub der Helena, sondern das vorhergehende Parisurteil, das als Denkmodell zugrundeliegt.[69] Bei Vergil nur kurz gestreift als Grund für Junos Haß auf die Trojaner ("manet alta mente repostum / iudicium Paridis spretaeque iniuria formae"[70]), wird im Roman d'Eneas die Handlung ausführlich in insgesamt 89 Versen[71] rekapituliert. Juno verspricht Paris "qu'el li donreit / plus que ses pere nen aveit, / et molt par le fereit riche ome"[72] Pallas bietet "hardement / et tel pris de chevalerie, /

---

[66] Hans Naumann, Hg., Die Kreuzfahrt des Landgrafen Ludwigs des Frommen von Thüringen. Berlin: Weidmann, 1923; repr. München: MGH, 1980 (Monumenta Germaniae Historica 4,2): 2616.

[67] Die Kreuzfahrt des Landgrafen Ludwigs des Frommen von Thüringen: 4032–4034.

[68] Die Kreuzfahrt des Landgrafen Ludwigs des Frommen von Thüringen: 4–7.

[69] Gegenteiliger Meinung ist Lee Patterson, der die ovidianischen Einschübe für "digressions from the narrative rather than integral parts of the *histoire* that is being recounted" hält. Vgl. Patterson, "Virgil and the Historical Consciousness of the Twelfth Century": 171–173.

[70] Vergil, Aeneis: I,26–27.

[71] Vgl. Roman d'Eneas: 93–182.

[72] Roman d'Eneas: 139–141.

ne trovera ja en sa vie / nul meillor de sei ne son per, / ja nel porra oem sormonter;[73] Venus kurz und knapp "la plus bele femme del mont".[74]

Wie Simon Gaunt überzeugend ausführt, korrelieren diese drei göttlichen Versprechungen mit den Etappen in Eneas' Entwicklung und liegen dem Roman als Grobstruktur zugrunde:

> The inclusion of the details of the Judgement of Paris establishes from the outset three categories which will appear to structure the romance: Juno standing for power and riches, Pallas standing for war and glory, and Venus standing for love. The three female characters of the text then parallel the three goddesses: Dido is linked to Juno, Camille to Pallas and Lavine to Venus. [...] Eneas has to progress and evolve through the narrative by discarding in turn the attractions of wealth and glory for the ultimate joy of being in love with Lavine."[75]

Als Beispiele, die zur Untermauerung von Gaunts Identifikation der Frauenfiguren mit den Göttinnen dienen können, seien nur genannt: Didos Tempel für Juno, die Schutzgöttin Karthagos,[76] Camilles Epitaph, das mit den identischen Reimen *chevalerie/vie* auf die Versprechungen der Pallas zurückverweist,[77] oder Amor als Vertreter seiner Mutter Venus, der Lavines Liebesqualen entfacht.[78] Obwohl ich Gaunts Erweiterung des Strukturmodells auf "three male counterparts"[79] nicht nachvollziehen kann, finde ich die Gliederung der Eneashandlung nach den Versprechungen der drei Göttinnen bestechend. Die Bedeutung des Parisurteils zu Beginn des Romans wird dabei nicht nur dadurch deutlich, daß es eine Innovation gegenüber der Vorlage darstellt, sondern auch durch seine Stellung innerhalb des Handlungsablaufs. Der französische Autor, ansonsten darauf bedacht, den *ordo artificialis* Vergils umzustellen in eine chronologisch-lineare Darstellungsweise, durchbricht an dieser Stelle im Text den *ordo naturalis*, um das Parisurteil einzufügen.[80] So wird der Interpolation zusätzliche Betonung verliehen.

---

73 Roman d'Eneas: 150–154.
74 Roman d'Eneas: 161.
75 Gaunt, "From Epic to Romance": 10.
76 Vgl. Roman d'Eneas: 515–523.
77 Vgl. Roman d'Eneas: 7663–7668.
78 Vgl. den Liebesmonolog im Roman d'Eneas: 8158–8334.
79 Vgl. Gaunt, "From Epic to Romance": 10.
80 Vgl. hierzu Raymond J. Cormier, "The Structure of the Roman d'Eneas." Classical Folia 26 (1971): 107–113; hier: 107 und Michelle A. Freeman, "The Roman d'Enéas: Implications of the 'Prologue'." Medioevo Romanzo 8 (1981–1983): 37–45; hier: 40–41.

Eine Dreiergliederung des Roman d'Eneas ist in der Forschung häufiger postuliert worden. Sowohl Raymond J. Cormiers Strukturmodell als auch der Vorschlag Mary Paschals lassen sich vereinfachen auf eine Unterteilung in 'Dido – Mittelteil – Lavine', wobei für diese Aufteilung das Problem darin besteht, die heterogenen Ereignisse des Mittelteils in ein schlüssiges Konzept einzubinden. Auch von Gaunt wird Camille als 'Zentralfigur' des Mittelteils unverhältnismäßig viel Wichtigkeit zugewiesen. Ähnliche Überlegungen stellt Michelle Freeman an, die ebenfalls die Bedeutung des Parisurteils als "paradigm [for] the rest of the poem"[81] betont und Dido, Camilla und Lavine als "Vertreterinnen oder Projektionen"[82] der drei Göttinnen interpretiert.[83] Gleichermaßen zentral ist das Parisurteil für Barbara Nolans Interpretation. Wenn sie in Folge ein "moralisierendes Triptychon"[84] postuliert, bestehend aus dem Brand Trojas und Didos Feuertod als Beispielen von Verfehlungen, die ihrerseits Eneas als Positivbeispiel umrahmen, dann zieht sie jedoch weder die Chronologie noch die Wertigkeit der Ereignisse im Roman d'Eneas gebührend in Betracht. Auch Christopher Baswell geht von einer Dreiergliederung aus; er stellt jedoch die implizierte Geschlechterhierarchie auf den Kopf: Nach Baswell sind die Frauenfiguren flankierende Marginalien, der kriegerische Mittelteil hingegen – auch in seiner Gewichtung – das (Homo-)Zentrum des Romans.

Im Text stellt Turnus selbst den direkten Vergleich zwischen Troja und Latium an, ganz im vergilischen Sinne den Raub der Helena darstellend als *raptus* mit Todesfolge: "Plus chier nen acheta Paris / Heleine, dont il fu ocis, / que Eneas fera Lavine; / tolir la me vuelt par ravine".[85] Und schließlich wird der trojanische Bezugsrahmen auch geschlossen, indem der Autor uns am Ende des Romans, nach Hochzeit und Krönung, wieder auf Paris zurückverweist:

> Onkes Paris n'ot graignor joie,
> quant Eleine tint dedenz Troie,
> qu'Eneas ot, quant tint s'amie
> en Laurente; ne cuida mie

81 Freeman, "The Roman d'Enéas": 42.
82 Vgl. Freeman, "The Roman d'Enéas": 42.
83 Vgl. Baswell, "Men in the Roman d'Eneas": 165.
84 Vgl. Barbara Nolan, "The Judgment of Paris in the Roman d'Eneas: A New Look at Sources and Significance." Classical Bulletin 56 (1980): 52–56; hier: 55.
85 Roman d'Eneas: 4177–4180.

qu'onkes deüst aveir nus oem
en tot le mont tant de son buen.[86]

Die Parallelität wird bis in die Wortwahl durchgehalten: "Paris n'ot" – "qu'Eneas ot"; "quant Eleine tint dedenz Troie" – "quant tint s'amie en Laurente". Eneas hat denselben Endpunkt in seinem Entscheidungs- und Entwicklungsprozeß erreicht wie Paris, wobei aber mit dem Raub der Helena Krieg und Untergang erst ausgelöst werden, während die Ehe mit Lavine ein Königreich befriedet und sichert. Mit seiner Brautwerbung hat Eneas den trojanischen Schaden geheilt und einen Neuanfang geschaffen.

Die planvolle Ausarbeitung dieses Konzepts ist nicht zuletzt reflektiert in dessen ebenso planvoller Rücknahme durch Veldeke. Sein knapper Bericht über das Parisurteil umfaßt lediglich 13 Verse, geht nicht auf die Angebote der Göttinnen ein und ist im Tenor durchweg verurteilend, indem er auf die fatalen Folgen von Paris' Verhalten verweist:

dô was diu gotinne Jûnô
Ênêase vil gehaz
unde tetez umbe daz,
daz sin minnern wolde
dorch den apphel von golde,
den Pâris froun Vênûse gab.
dâ quam al der nît ab,
daz Troie wart zebrochen.
dâ mit wart daz gerochen,
daz saget uns Virgilîûs,
des gehalf frou Vênûs,
daz Pâris Elenam nam:
dâ grôz ubel vone quam.[87]

Kartschoke verweist – mit Bezug auf Dittrich – auf die gerade hier "unkorrekte"[88] Berufung auf Vergil als Gewährsmann für das im Roman d'Eneas neu interpolierte Parisurteil. Der Rückbezug auf Vergil an dieser Stelle scheint mir jedoch ein Beispiel für Veldekes direkte Aeneislektüre zu sein: Junos Zorn und ihre Rache an Troja sind die einzigen Informationen, die tatsächlich von Vergil stammen. Deshalb erscheint es mir logischer, "daz saget uns Virgilîûs" auf die vorhergehenden Verse zu beziehen und nicht, wie Ettmüllers Interpunktion vorschlägt, auf das Parisurteil im Anschluß.

86 Roman d'Eneas: 10109–10114.
87 Heinrich von Veldeke, Eneasroman: 156–168.
88 Kartschoke in: Heinrich von Veldeke, Eneasroman: 763.

Veldeke grenzt sich von seiner altfranzösischen Vorlage ab und übernimmt bewußt nicht den dort sinnstiftenden Einschub. Als "diu bûch",[89] Vergil und Roman d'Eneas nämlich, bei der Schilderung des Seesturms wieder übereinstimmen, gibt er die Rückkehr zu beiden Quellen an.[90]

Der Eliminierung der strukturierenden Funktion des Parisurteils, das so nicht wie im Roman d'Eneas als Leitfaden durch den Text führt, entspricht der ebenso fehlende Rekurs auf Helena am Ende des Eneasromans.[91] Welche Mittel Veldeke statt dessen zur Strukturierung seines Romans einsetzt, wird an späterer Stelle noch ausgeführt. Zunächst jedoch ein kurzer Verweis auf eine Aeneisfassung, die in etwa zeitgleich zum Roman d'Eneas am Hof von Champagne in lateinischer Sprache entstand: Die Ylias des Simon Aurea Capra. Ursprünglich als Nacherzählung des trojanischen Krieges mit besonderem Augenmerk auf Paris konzipiert, wurde sie vom Autor selbst grundlegend überarbeitet und erweitert.[92] Der neu hinzugefügte zweite Teil der späteren Versionen besteht dabei aus einer Nacherzählung der Aeneis, die als Antwort auf die trojanische erste Hälfte zu werten ist: Simon Aurea Capra verstand Aeneas als Spiegelung des Paris, dessen Erlebnisse in Relation zu setzen sind zu denen seines Gegenbilds.

---

89 Heinrich von Veldeke, Eneasroman: 177.

90 Vgl. hierzu Kartschoke in: Heinrich von Veldeke, Eneasroman: 763 sowie Karen Opitz, Geschichte im höfischen Roman. Historiographisches Erzählen im 'Eneas' Heinrichs von Veldeke. Heidelberg: Winter, 1998 (GRM Beihefte 14): 150–153.

91 Interessant sind in diesem Zusammenhang die ersten Bildseiten der Berliner Handschrift von Veldekes Eneasroman. Sie geben der trojanischen Vorgeschichte, die im Text erst später geschildert wird, unverhältnismäßig großen Raum (vgl. Nikolaus Henkel, "Bildtexte. Die Spruchbänder in der Berliner Handschrift von Heinrichs von Veldeke Eneasroman." In: Poesis et Pictura. Studien zum Verhältnis von Text und Bild in Handschriften und alten Drucken. Festschrift für Dieter Wuttke zum 60. Geburtstag. Hg. von Stephan Füssel und Joachim Knape. Baden-Baden: Valentin Koerner, 1989: 1–47; hier: 23). Auch die Spruchbänder, die in die Illustrationen zu Eneas' Erzählungen an Didos Hof (Fol. IX^{v} unten) eingegliedert sind, geben dem Schicksal des Paris besonderes Gewicht. Didos Frage nach dem Untergang Trojas und dem Tod des Paris ("Ih hort ivh gerne sagen. / von troie. und wî paris wurde erslagen.") hat in Veldekes Text keine wörtliche Entsprechung. Eneas' Antwort hingegen ("frowe des bin ih vil geræit. / vnd wil iv sagen die warhæit." (Henkel, "Bildtexte": 26) ist fast wörtlich dem Roman entnommen (vgl. Heinrich von Veldeke, Eneasroman: 913–914).

92 Alle Zitate beziehen sich auf die umfangreichste Version, hg. v. André Boutemy et al., "La Version Parisienne du Poème de Simon Chèvre d'Or sur la Guerre de Troie (MS. Lat. 8430)." Scriptorium 1 (1946/47): 267–288.

Paris hinwiederum wird in direkter Anrede vom Autor ermahnt, sich an seinem Bruder Hektor ein Beispiel zu nehmen und nicht zum verweichlichten Liebessklaven zu degenerieren:

> Sed cur degeneres totus generatus in armis?
> Non sic degeneres: Hectoris esto memor!
> Nonne, miser, reputas miserabile, nonne pudorem
> Te solum Veneris, Palladis esse tuos?
> Cedat mollis amor patrie uirtutis amori!
> Hectoreum fratrem non nisi tela decent.
> Bellica uota sequens animosi fratris et actus,
> Quod cupit, illud ames, quod facit, illud agas!
> Martis duricia confringe Cupidinis arcus,
> Te faciens, cum sis semipuella, uirum![93]
> Nec laus, nec probitas, nec honor superare puellam;
> Sed cordis uicium uincere laudis opus.[94]

Was im Roman d'Eneas als Steigerungskette zu verstehen ist, die göttlichen Offerten "Iuno decus, Pallas uires, Cytherea puellam"[95] wird vom Zeitgenossen ganz anders gewertet: Die *vires* der Pallas sind der Liebe zu Helena ganz eindeutig vorzuziehen. Die erotische Liebe wird sogar als *mollis* qualifiziert, also mit einem Adjektiv bedacht, das in seiner Semantik fließend vom Weiblich-weichen zum Weibisch-weichlichen übergeht[96] und zumeist den passiven Partner in einer mann-männlichen Beziehung meint. Hier jedoch ist es eine Frau, die den Mann in die submissive Rolle drängt. Sexuelles Verlangen hat grundsätzlich einen zerstörenden, degenerativen[97] Charakter: "Quem nimium mollem mollis amica facit."[98] Damit kann gemeint sein, daß eine Frau mehr Schaden anrichten kann als die gesamte restliche Gesellschaft, oder – ausgehend vom homoerotischen Asso-

---

93 Diese Verszeile ist eine Innovation der umfangreichsten Redaktion. Die kürzeren, in der Forschung früher angesetzten, Versionen scheinen weniger tendenziös. Dies hat jedoch vorrangig mit dem Fehlen deskriptiver Passagen zu tun.

94 Simon Aurea Capra, Ylias: 65–76.

95 Simon Aurea Capra, Ylias: 41.

96 Zur Ableitung von *mollis* aus *mulier* vgl. Isidor, Etymologien: X,179. Zitiert aus: San Isidoro de Sevilla, Etimologías. Edicion Bilingüe. Hg. und übers. v. José Oroz Reta et al. Madrid: Biblioteca de Autores Cristianos, 1982.

97 *de-generare* impliziert hier auch *vom Geschlecht abfallen.* Vgl. Simon Aurea Capra, Ylias: 65–66. Siehe auch die Beispiele in Lewis&Short zu *dê-gener* "that departs from its race or kind, degenerate, not genuine", bes. "II. Transf., mentally or morally degenerate, ignoble, base".

98 Simon Aurea Capra, Ylias: 168.

ziationsfeld von *mollis* – daß Paris nicht von einem Mann, wohl aber von einer Frau zum passiven Sexualobjekt korrumpiert worden ist.

Ähnlich zweideutig dargestellt ist die Macht, die Jupiter bezwingt. Sie verweist sowohl auf seine zahlreichen Liebschaften im Allgemeinen als auch auf den *amor mollis* für Ganymed im Speziellen.

> Et quem nemo potest uincere uincit amor.
> Pectus Pelyde nullo penetrabile ferro,
> Mollis amor penetrat ui penetrante Iouem.[99]

Vergils Idee vom *semivir* aufgreifend, geht Simon sogar noch einen Schritt über den Halbmann hinaus. Waffentragende Maskulinität im Dienste des Kriegsgottes wird korrumpiert zu liebeshöriger Femininität, die den ehemals tapferen Trojaner zum Halbmädchen ("semipuella") deformiert. Dadurch wird er besiegbar und verletzlich, "penetrierbar". Diese Gleichsetzung von Verwundbarkeit im Kampf beim Manne und der sexuellen Verwundbarkeit einer Jungfrau wird besonders deutlich durch die Anspielungen Simons auf Caenis.[100] Caenis wird von Neptun vergewaltigt, der ihr als Wiedergutmachung einen Wunsch freistellt. Was sie sich wünscht, ist, in einen Mann verwandelt zu werden, damit ihr nie mehr das Gleiche widerfahren könne. Neptun gewährt ihr diese Bitte,[101] macht sie aber zudem gleichzeitig unverwundbar. Damit ist Caenis auch als Mann nicht penetrierbar, von keinem Eisen zu durchbohren. Einer Frau Gewalt anzutun heißt, sie sexuell anzugreifen; das Äquivalent im maskulinen Diskurs ist der Kampf auf dem Schlachtfeld. Der Übergang vom *semivir* zur *semipuella* ist also nicht nur ein rhetorischer – Paris wird damit in einen Diskurs von Sexualität und Gewalt gestellt, der für einen Mann höchst beschämend ist.

Im Eneasteil der Ylias steht der Protagonist vor derselben Entscheidung zwischen Staatsraison und Liebe wie Paris im Trojateil zuvor. Seine Bemerkung dazu wiederaufgreifend ("Cedat mollis amor patrie uirtutis amori!"[102]), wandelt Simon sein Wortspiel jedoch ab: "Sic pietatis amor pietatem uincit amoris".[103] Eneas fällt die richtige Entscheidung, als er die Treue zur Liebe (Didos) der Liebe zur (Vaterlands-)Treue unterordnet.

---

99 Simon Aurea Capra, Ylias: 228–230.

100 Vgl. Ovid, Metamorphosen: XII,169–535.

101 Als Aeneas sie in der Unterwelt trifft, ist sie wieder in eine Frau zurückverwandelt. Vgl. Vergil, Aeneis: VI,478–479.

102 Simon Aurea Capra, Ylias: 69.

103 Simon Aurea Capra, Ylias: 627.

Wie knapp die Entscheidung jedoch ausfällt und wie gleichwertig die Argumente sind, demonstriert Simon durch seine Wortwahl.

Wie der Verfasser des Roman d'Eneas versteht Simon Aurea Capra Eneas als *alter Paris*, der in derselben Situation, vor dieselbe Wahl gestellt, im Gegensatz zu Paris jedoch die richtige Entscheidung trifft. Viel schärfer aber fällt seine Wertung aus: Die Liebe zu einer Frau ist für Simon kein Argument; im Gegenteil, sie degeneriert den Mann zum "Halbmädchen". Entsprechend knapp wird auch Lavine in nur zwei Verszeilen behandelt: "Sic datur Enee requies, Lauinia, regnum, / Cuius et orbis erit nobile Roma caput".[104] Ganz dem klassischen Vorbild verpflichtet, verläßt er in seiner Betrachtung nie die Perspektive des Kriegsschauplatzes, in der Maskulinität mit kriegerischer Tüchtigkeit, *uires*, gleichgesetzt wird und Frauen lediglich als Garantinnen für dynastische Kontinuität oder Mittel zur Erlangung von Herrschaft gesehen werden.

Ganz anders der Roman d'Eneas. Schon das Parisurteil ist weitgehend wertneutral geschildert, die Irrfahrten des Eneas jedoch sind geradezu daraufhin ausgerichtet, in die Liebeshandlung mit Lavine zu münden. Trotzdem durchläuft der Protagonist nicht einfach eine sich steigernde Episodenkette. Wie Gaunt erläutert, haben Juno und Pallas in den ihnen zugeordneten Textabschnitten das Heft in der Hand. Venus jedoch delegiert, sowohl bei Dido als auch bei Lavine, die eigentliche Aktivität an einen männlichen Gott, ihren Sohn Amor. Liebe ist keine Frauensache, auch auf der menschlichen Ebene nicht. Nicht Lavine selbst hat die Entscheidung über ihr Schicksal in der Hand (wie z.B. Dido oder Camilla, die gatten- bzw. vaterlos[105] sind), sondern ihr Vater.

> Rather than a reenactment of the Judgement of Paris, the Eneas is a redemption of Paris's error. At the end of the romance we are told that Eneas is more in love with Lavine than ever Paris was with Helen (10109–12). Significantly, the love of Eneas and Lavine displaces both the love of Dido and Eneas and that of Paris and Helen; this double displacement represents the triumph of a love which is authorized by a

---

[104] Simon Aurea Capra, Ylias: 993–994.

[105] Der Autor des Roman d'Eneas (wie auch später Veldeke) übernimmt nicht die Kindheitsgeschichte Camillas, wie sie von Vergil vorgegeben ist. Dadurch fehlt Camilla jegliche Familienbindung. Vgl. hierzu Ursula Schulze, "Sie ne tet niht alse ein wîp. Intertextuelle Variationen der amazonenhaften Camilla." In: Deutsche Literatur und Sprache von 1050–1200. Festschrift für Ursula Hennig zum 65. Geburtstag. Hg. von A. Fiebig und Hans.-J. Schiewer. Berlin: Akademie Verlag, 1995: 235–260.

male deity and more specifically by the father, over a love which has only the pseudo-authorization of the mother.[106]

Gaunt, der in einem parallelen Gedankengang zu Michelle Freemans Artikel deren Interpretation der Eneashandlung als "reparation of Paris' fault"[107] teilt, gelangt jedoch zu ganz anderen Schlußfolgerungen. Freeman versteht Venus als unbestritten handlungskontrollierende Siegerin des Göttinnenwettstreits, die in Lavine die Versprechungen Junos, Pallas' und ihrer selbst vereint und damit ihren eigenen Ehebruch mit Mars sühnt.[108] Gaunt hingegen rückt das Augenmerk von der göttlichen auf die menschliche Ebene. Hier ist nicht die Mutter, sondern der Vater der Ehe- und Harmoniestifter. Amata, im altfranzösischen und im mittelhochdeutschen Eneasroman namenlos, ist hingegen diejenige, die die Ehe zwischen Eneas und Lavine vereiteln will. Ihre Argumente gruppieren sich bei Vergil in die Reihe der bereits diskutierten Schmähreden ein und sind rein proportional gesehen eher knapp bemessen. Der Roman d'Eneas jedoch, und Veldeke auf seinen Spuren, weist der Amatafigur eine wesentlich pointiertere Rolle zu, mit schärferen Argumenten, gipfelnd in der Sodomieanklage.

2.5. Eneas der Feigling

Amata wird in Vergils Aeneis von Allecto angestachelt, die ihrerseits von Juno den Auftrag erhalten hat, den "Paris alter"[109] nur unter schweren Verlusten ein neues Troja aufbauen zu lassen. Um ihren Gatten von dem Plan abzubringen, seine Tochter mit Aeneas zu verheiraten, verweist Amata auf den Präzedenzfall, Helenas Entführung:

> nec [te] matris miseret, quam primo aquilone relinquet
> perfidus alta petens abducta virgine praedo?
> an non sic Phrygius penetrat Lacedaemona pastor
> Ledaeamque Helenam Troianas vexit ad urbes?[110]

Wenn Latinus schon dem Orakel seines Vaters Faunus gemäß einen Ausländer ("gener externa"[111]) als Schwiegersohn einsetzen möchte, warum

---

106 Gaunt, "From Epic to Romance": 14.
107 Freeman, "The Roman d'Enéas": 43.
108 Vgl. Freeman, "The Roman d'Enéas": 42–43.
109 Vergil, Aeneis: VII,321.
110 Vergil, Aeneis: VII,361–364.
111 Vergil, Aeneis: VII,367.

dann nicht Turnus, der ebenfalls ausländische Vorfahren, aus Mykene[112] nämlich, vorzeigen kann? Als Latinus den Weisungen seines Ahnherrn treu bleiben will,[113] ergreift Amata vollends die Raserei. Begleitet von den anderen Frauen Latiums stürzt sie im Rausch der Allecto in den Wald, um dort bacchanalische Orgien zu feiern und Lavinia in den Bergen zu verstecken. Den Zorn der Mutter[114] behielten die mittelalterlichen Autoren bei; nachdem sie aber sowohl Allecto als Auslöserin als auch Juno als Anstifterin dieses Wahns aus ihren Versionen verbannt hatten, ist diese extreme Handlungsweise der Mutter durch keine Externa mehr motiviert. Ihre Argumente sind größtenteils mit denen der Amata Vergils identisch, aber durch das Fehlen der göttlichen Ebene wird die Mutter in viel größerem Maße dämonisiert und werden deren Aussagen disqualifiziert. Zudem werden die diskreditierenden Anschuldigungen, bei Vergil – wie oben aufgezeigt – hauptsächlich formuliert vom kriegerischen Gegenüber, vollends ihr in den Mund gelegt: Die Figur des Jarbas fällt den mittelalterlichen Umarbeitungen zum Opfer, die Rolle des Numanus wird auf eine kurze Nennung beschränkt,[115] die die einschlägigen Verunglimpfungen nicht enthält, und ein Äquivalent zu Turnus' Monolog gibt es nicht.

Die Anklagen, die bei Vergil männlichen Sprechern in den Mund gelegt sind, finden sich in den volkssprachlichen Versionen gebündelt in der Rede der Mutter. Diese erhält dadurch ein völlig anderes Gewicht. Unter diesem Gesichtspunkt ist es geradezu frappant, wie konstant die einzelnen

---

[112] Die damit implizit hergestellte Verwandtschaft mit Agamemnon gesellt Turnus zwar zur Gruppe der griechischen Heerführer und Sieger, assoziiert ihn aber auch mit dem tragischen Schicksal seiner Familie und deren Untergang.

[113] Ursula Liebertz-Grün versteht Latinus als "alte[n] schwache[n] König", der "hofft, Turnus und die starke Königin mit Hilfe des Eindringlings zu entmachten." Vgl. Ursula Liebertz-Grün, "Geschlecht und Herrschaft. Multiperspektivität im Roman d'Enéas und in Veldekes Eneasroman." In: Thomas Kornbichler und Wolfgang Maaz, Hgg., Variationen der Liebe. Historische Psychologie der Geschlechterbeziehung. Tübingen: diskord, 1995: 51–93; hier: 57. Im Gegenteil wird Latinus typologisch in die Nähe des Simeon gerückt, der beim Anblick des Jesusknaben im Tempel sein Leben als erfüllt abschließt ("Nunc dimittis", Lk 2,29–35; vgl. Heinrich von Veldeke, Eneasroman: 3948–3957). Diesen Hinweis verdanke ich Nikolaus Henkel.

[114] Vgl. Roman d'Eneas: "correçose", 3282; "mal talent", 3357. Im Eneasroman wird die Unangemessenheit dieses Zornes, "ein ungefüge zorn" (4277) durch häufige Wiederholung besonders hervorgehoben; vgl. 4150, 4157, 4171, 4262, 4276, 4277, 4339.

[115] Roman d'Eneas: 5453–5478; Heinrich von Veldeke, Eneasroman: 7051–7057.

Motive in allen drei Versionen wieder auftauchen. Die jeweiligen Argumente soll die folgende Tabelle verdeutlichen:

Amatas Argumente	*Vergil*	*Roman d'Eneas*	*Eneasroman*
Aeneas wird nicht bleiben: "günstiger Wind".	"primo aquilone" (VII,361–362) Beispiel: Paris und Helena (VII,363–364)	"buen vent" (3302–3306) Beispiel: Dido (3307–3314)	"unser tohter lieze her zehant" (4237–4251) Beispiel: Dido (4222–4229)
Aeneas ist treulos.	"perfidus" (VII,362)	"point de fei" (3285–3289)	"ungetrouwe" (4177–4179)
Aeneas ist gesetzlos.		"il [die Trojaner] ne tienent nule lei" (3290) Beispiel: Paris und Helena	
Turnus ist vorzuziehen.	"consanguineus" (VII,366)	"il nel laira ja senz guerre" (3327–3330)	"daz du drume soldest sterben" (4199–4210)
Ausländer prophezeit.	"gener externa" (VII,367)	Götterverwandtschaft "prochains de lor ligniee" (3345–3350)	Götterverwandtschaft "geboren von den goten" (4304–4326)
Aeneas ist landlos.	—	"N'altre terre n'altre feu" (3319–3326)	"Der nie landes gewan" (4180–4183)
Aeneas ist feige.	—	"coart" (3361–3371) Beispiel: Flucht aus Troja (3361–3371)	"wander niht getorste vehten" (4211–4221) Beispiel: Flucht aus Troja (4211–4221)

Bei der großen Quellentreue der beiden mittelalterlichen Autoren gerade bei der Adaptation dieser Passage fallen die zwei Veränderungen, die sie durchführen, besonders ins Auge: Die Auswahl der Beispiele aus der trojanischen Vorgeschichte und der Vorwurf der Feigheit.

Die Argumentation Amatas bei Vergil rekrutiert sich völlig aus dem Kontext der trojanischen Vorgeschichte, also Junos Rachegelüsten und der Konzeption von Aeneas als zweitem Paris. Demzufolge ist das Beispiel Amatas für die Rastlosigkeit des Aeneas ein Vergleich mit der Entführung Helenas und dem Gram, den Leda, ihre Mutter, empfand, als man ihr die Tochter entriß. Im Roman d'Eneas übernimmt Dido als verlassene Braut die Rolle der zurückgelassenen Frauenfigur. Dies ist zum einen ein Beispiel für die Tendenz der mittelalterlichen Autoren, die pagane Götterwelt zu eliminieren. Leda war für die Handlung entbehrlich und gleichzeitig wurde so das Augenmerk vom Schmerz der Mutter auf das Liebesleid der Frau gelenkt. Zum anderen stützt diese Innovation im anglonormannischen Text erneut Gaunts These von der zentralen Bedeutung der Parishandlung: Obwohl Dido als das passendere Beispiel Helena ablöste, fügte der Autor des Roman d'Eneas den Verweis auf sie an anderer Stelle wieder ein. Hier geht es um den Mangel an Recht und Rechtsgläubigkeit, ein Kritikpunkt, der nicht bei Vergil zu finden ist und als einziges Motiv auch nicht von Veldeke übernommen worden ist:

> Que Troïën n'ont point de fei,
> ne il ne tienent nule lei.
> Bien as oï comfaitement
> Paris ala celeement
> enbler la femme Menelaus,
> dont il lor a puis fait tant maus:
> tant la tint cil en avoltire
> que tote Troie o son empire
> en fu destruite et essilliee.[116]

Betont wird dabei vor allem die Heimlichkeit der Entführung; sie ist beispielhaft für den Unwillen der Trojaner, Verpflichtungen einzuhalten. Ganz ähnlich argumentiert Dido, als Eneas sie verläßt: "Malvaise fei ont Troïan!"[117]

Noch bedeutender scheint mir die Anklage der Feigheit zu sein, die in beiden mittelalterlichen Texten durch den Verweis auf die Flucht des Ae-

---

[116] Roman d'Eneas: 3289–3297.

[117] Roman d'Eneas: 1700. Vgl. hierzu ausführlicher Kapitel 2.6.

neas aus Troja explizit thematisiert wird. Die Gegenüberstellung seiner *pietas* als Retter von Vater, Sohn und Penaten und seiner Feigheit als königlichem Schwiegersohn, der die brennende Stadt heimlich verläßt und dabei seine Frau Creusa "verliert",[118] wurde im Zusammenhang mit dem II. Buch der Aeneis von den Kommentatoren breit diskutiert.[119] Die Wertungen fielen dabei höchst unterschiedlich aus, je nachdem, ob der Loyalität des Protagonisten seiner trojanischen Verwandtschaft gegenüber oder der Verpflichtung zu Erhaltung und Wiederherstellung von Herrschaft größere Bedeutung beigemessen wurde. Gradmesser bleibt jedoch die kriegerische Grundeinstellung: Die Interpretationen unterscheiden letztlich danach, ob Aeneas nicht in Troja bleiben kann oder nicht in Troja bleiben will – ob er den Kampf einer wichtigeren Aufgabe unterordnet oder ob er sich vor ihm drückt. So ist es zu verstehen, daß eine Aeneisinterpretation, die zur selben Zeit, am selben Ort und für dasselbe Publikum verfaßt wurde wie der Roman d'Eneas, zu einer diametral entgegengesetzten Wertung gelangen kann. Johannes von Salisbury begann seinen Policraticus im Exil, stellte ihn aber 1159 nach seiner Rückkehr an den Hof des englischen Königs Heinrich II. fertig. Ihm geht die Staatsraison über alles – und die Mission eines Herrschers, der (vergleichbar den Plantagenets) seine Heimat verläßt, um an neuen Ufern ein neues Reich zu gründen:

> Senem namque Anchisem euersa Troia in humeris pii filii collocauit, parentis Aeneae dexteram dedit Ascanio, et marito coniunx Creusa cohaesit, antecedentium pro muliebri infirmitate legens uestigia. Compatriotis omnibus ducem dedit uirum armis et pietate praesignem. Alias enim dux esset inutilis, cum sine uiribus regna adquiri non ualeant aut sine iustitia retineri.[120]

---

[118] Die Flucht aus Troja wird in beiden Texten kurz zusammengefaßt (Roman d'Eneas: 48–60; Heinrich von Veldeke, Eneasroman: 115–142). Nur bei Veldeke findet sich ein kritischer Zusatz, der auch Eneas' trojanische Gattin als Opfer eines *raptus* darstellt, in diesem Fall verschuldet durch den unachtsamen Eneas: "dar umbe rûmde her daz lant, / daz her generete sînen lîb: / dâ verlôs her sîn wîb, / êr her ze schiffe quam. / ich ne weiz wer sime nam." (Heinrich von Veldeke, Eneasroman: 138–142) Bei Vergil spricht Creusas Schatten ihren Ehemann ausdrücklich von jedem Verschulden frei; im Roman d'Eneas kommt sie an dieser Stelle nicht vor (erst: Roman d'Eneas: 1180). Heinrichs Andeutung, ein anderer habe sie gestohlen, ist also deutlich kritisch zu werten.

[119] Einen Überblick bietet Hans Fromm, "Eneas der Verräter". In: Johannes Janota et al., Hgg., Festschrift Walter Haug und Burghart Wachinger. Bd. 1. Tübingen: Niemeyer, 1992: 139–163.

[120] John of Salisbury, Policraticus: 3,11.

Lavines Mutter hingegen stellt Eneas dar als feigen König einer Nation von Feiglingen, die sich an einen geschützten Ort zurückgezogen haben, als Troja fiel, um sich nicht zu gefährden.[121] Damit wäre er als Schwiegersohn für Latinus denkbar unqualifiziert. Darüber hinaus scheint diese Feigheit auch seiner Männlichkeit Abbruch zu tun, wie der Vergleich mit dem Policraticus zeigt: Herrschaft ("regna") und Recht ("iustitia"; vgl. das *lei* des Roman d'Eneas) basieren auf *vires,* die sich ihrerseits darin äußern, den Familienmitgliedern den rechten Platz zuzuweisen – den Vater zu ehren, den Sohn zu führen und die Frau folgen zu lassen.

2.6. Eneas der Sodomit

In ihrem Gespräch mit Latinus benutzt die Königin der volkssprachlichen Versionen Argumente, die für einen Landesherrscher wie ihn von Bedeutung sein müssen. Sie designieren Eneas in seiner Rolle als prädestiniertem Nachfolger, um ihn gleichzeitig abzuqualifizieren. Auch im sogenannten "Minnegespräch", in dem sie ihrer Tochter zu erklären versucht, was Minne denn sei und warum Eneas nicht als Objekt dafür tauge, betont die Mutter die Eroberungstaktik des Trojaners "par force"[122], der sich Land und Braut erobern will. Im Roman d'Eneas stellt sie die Figur des Turnus "ki forment t'aime"[123] der des Eneas "ki a force te claime"[124] antithetisch gegenüber und betont, daß Eneas sie dem Vater mit Gewalt entreißen will ("car ton seignor te vuelt tolir"[125]). Ähnlich im deutschen Roman, der Eneas' Interesse an Latium hervorhebt:

> [...] und in von rehte hazzen salt,
> wander dich mit gewalt
> hie wil erwerben
> unde wil erben
> dînes vater rîche.[126]

[121] Vgl. Roman d'Eneas: 3361–3369.
[122] Roman d'Eneas: 7865.
[123] Roman d'Eneas: 7883.
[124] Roman d'Eneas: 7884.
[125] Roman d'Eneas: 7886.
[126] Heinrich von Veldeke, Eneasroman: 9777–9785. Die von Kartschoke aufgeführte und von mir bevorzugte durchgehende Verszählung von Behaghel und Frings/Schieb weicht an dieser Stelle von der Textgrundlage nach Ettmüller ab. So erklären sich die hier scheinbar falschen Verszahlen.

Dies geschieht jedoch alles, bevor Lavine sich in Eneas verliebt. Die Königin, die versucht, Lavines Gefühle zu steuern, erreicht mit ihrem Manöver das genaue Gegenteil und lenkt erst Interesse und Gefühle in Richtung des Trojaners, zusätzlich ihre Tochter mit dem Vokabular ausstattend, das diese zur Verbalisierung ihres Zustandes benötigt. Nun muß die Mutter ihre Strategie ändern. Die Unterstellung eines *raptus*, bislang das dominante Thema aller Diskussionen, greift nicht länger. Ein gewaltsamer Brautraub wird nicht stattfinden, nachdem Lavine sich in Eneas verliebt hat. Die Mutter muß nun anders argumentieren, um seine Männlichkeit für Lavine in Frage zu stellen.[127]

Was die Königin der anglonormannischen Version jedoch beibehält, ist ihr antithetisches Argumentationsmuster, das der Konkurrenz. Diese ist nun viel existentieller geworden; die Frage ist nicht mehr: Turnus oder Eneas? sondern: Mann oder Frau? Auch die Perspektive hat sich verschärft, denn es geht nicht mehr um zwei Heiratskandidaten, die sich um Lavines Hand bewerben, sondern Lavine selbst befindet sich in einer Konkurrenzsituation, als Projektion einer königlichen Gattin, die sich gegen die Männer im Umkreis des Eneas behaupten muß.[128] Die Per-version dieser Situation verbalisiert die Mutter gleich zu Anfang ihrer Tirade: "ses tu *vers cui* tu t'es donee? / Cil *cuiverz* est de tel nature / qu'il n'a guaires de femme cure".[129]

Fünffach wird diese Behauptung ausgeführt:

---

[127] In ihrer Diskussion des *gendering* Didos kommt Monika Schausten zu ähnlichen Ergebnissen. Während Veldeke Dido zunächst geschlechtsneutral in ihrer Stellung als Herrscher(in) einführt, ändert sich ihre Darstellung radikal, nachdem sie sich in Eneas verliebt hat: "Denn die Liebe bringt in der 'Eneit' endgültig die Genderkategorie ins Spiel. Hier trennen sich die Geschlechter." (Monika Schausten, "*Gender*, Identität und Begehren: Zur Dido-Episode in Heinrichs von Veldeke 'Eneit'." In: Ingrid Bennewitz und Helmut Tervooren. Hgg., Manlîchiu wîp, wîplîch man. Zur Konstruktion der Kategorien 'Körper' und 'Geschlecht' in der deutschen Literatur des Mittelalters. Berlin: Erich Schmidt, 1999 [ZfdPh Beiheft 9]:143–158; hier: 158.) Ebenso führt die Königin zunächst sowohl bei Latinus als auch bei Lavine dieselben Argumente gegen Eneas ins Feld, die ihn unter der Kategorie "Herrschaft" beleuchten. Lavines Liebe erst ändert den Diskurs.

[128] Vgl. hierzu Susan Crane, Gender and Romance in Chaucer's Canterbury Tales. Princeton: Princeton University Press, 1993: 39–54.

[129] Roman d'Eneas: 8566–8568. Meine Hervorhebung.

1. Lieber als die Hirschkuh verfolgt Eneas (im Bezug zweideutig belassenes) männliches Fleisch: "il ne vuelt pas bische chacier, / molt par aime char de maslon" (Roman d'Eneas: 8570–8571).
2. Er weiß nicht, durch "das kleine Tor" einzudringen: "A femme ne set il joer, / ne passereit pas al guichet" (Roman d'Eneas: 8574–8575).
3. Er hat Dido Unrecht getan: "N'as tu oï comfaitement / il mena Dido malement?" (Roman d'Eneas: 8579–8580).
4. Er würde Lavine nur als Lockvogel benutzen, um Männer anzuziehen, die zuerst seine Frau besteigen dürften, um dann ihrerseits von ihm beritten zu werden:

   > Toz tens te clamereit il quite,
   > se il aveit alcun guadel;
   > ce li sereit et buen et bel
   > quel laissasses a ses druz faire;
   > s'il les poeit par tei atraire,
   > ne trovereit ja si estrange
   > qu'il ne feïst asez tel change,
   > que il feïst son buen de tei
   > por ce qu'il le sofrist de sei;
   > bien le laireit sor tei monter,
   > s'il repoeit sor lui troter.[130]

5. Wären alle Männer wie er, würde die Menschheit binnen hundert Jahren aussterben.

   > De cest siegle sereit tost fin,
   > se tuit li home ki i sont
   > esteient tel par tot le mont;
   > ja mais femme ne concevreit,
   > grant sofraite de gent sereit;
   > l'en ne fereit ja mais enfanz,
   > li siegles faldreit ainz cent anz.[131]

Das Argument ist durchweg verallgemeinernd. Eneas wird nicht eine Abneigung gegenüber Lavine persönlich unterstellt, sondern es geht um eine Konkurrenz zwischen den Geschlechtern, bei der die Männer stets die Oberhand gewinnen. Die einzelnen Argumente stellen die Geschlechter im direkten Vergleich einander gegenüber: "il prisereit mielz un *garçon* / que

[130] Roman d'Eneas: 8584–8594.
[131] Roman d'Eneas: 8596–8602.

tei ne altrë acoler" (Roman d'Eneas: 8572–8573) – "A *femme* ne set il joer / [...] molt aime froise de *vallet*" (8574–8576) – "que il feïst son buen *de tei* / por ce qu'il le sofrist *de sei*" (8591–8592) – "se tuit li *home* ki i sont / esteient tel par tot le mont; / ja mais *femme* ne concevreit" (8597–8599) – "les *homes* prent, les *femmes* lait" (8607).[132]

So sicher sich die Mutter in der Darstellung von Eneas als Feind aller Frauen ist, so unklar ist jedoch ihre Konzeption dessen, was sie ihm eigentlich zur Last legt. Obwohl sie ihn explizit als *sodomite* bezeichnet,[133] widersprechen sich ihre einzelnen Beispiele. Wenn sie von Eneas behauptet, "ne passereit pas al guichet",[134] unterstellt sie ihm, er habe keinen Vaginalverkehr. "Il n'aime pas pel de conin" (wörtlich: "Er mag kein Kaninchenfell")[135] kann diese These unterstreichen, läßt aber noch zwei weitere Deutungen zu. Eneas' Abscheu vor (zunächst, aber nicht ausschließlich, weiblicher) Schambehaarung könnte auch auf die Altersdifferenz als Unterscheidungskriterium verweisen oder auf ein Verständnis von Sodomie als Analverkehr, bei der das Geschlecht des Partners sekundär ist. Diese Schlußfolgerung wird nahegelegt durch die voraufgehenden Zeilen, in denen die Königin Eneas unterstellt, er würde Lavine als Lockvogel benutzen wollen. Die so angezogenen Männer dürften sich dann zunächst an ihr gütlich tun, bevor er an der Reihe wäre, nunmehr die Männer zu besteigen: "bien le laireit sor tei monter, / s'il repoeit sor lui troter".[136] Die Parallelformulierung dieser Anklage unterstreicht die Vergleichbarkeit der Akte,

---

[132] Meine Hervorhebungen. Vgl. auch Lavines Vergleiche in ihrem Monolog: "*de femme* li est molt petit, / il vuelt le deduit *de garçon*" (9132–9133) – "S'un *Ganimede a avuec sei*, / asez li est or *poi de mei*" (9135–9136) – "*as garçons* meine son deduit; / [...] *de nule femme* ne li chalt." (9138–9140) – "Buer sera or *la femme* nee / ki a *tel home* iert mariëe!" (9141–9142) – "Il a *asez garçons o sei*, / le peior aime *mielz de mei*" (9159–9160) – "Maldite seit hui tels nature / *d'ome* ki *de femme* n'a cure" (9165–9166) – "ki *femme lait* et *home prent*" (9170).

[133] Vgl. Roman d'Eneas: 8583, 8611.

[134] Roman d'Eneas: 8575.

[135] Roman d'Eneas: 8595. *Conin* (< lat. *cuniculus*) ist in seiner Hauptbedeutung das *Kaninchen*. In der altfranzösischen Literatur wird der Begriff zudem allgemein auf kleine Pelztiere und ihr Fell erweitert. Obwohl etymologisch keine Verwandtschaft zu *con* (< lat. *cunnus*) besteht, gab die lautliche Ähnlichkeit Gelegenheit zu Sprachspielen wie bei dieser Passage (vgl. Tobler-Lommatzsch 2,693). Am angemessensten übersetzt wird der Ausdruck mit den Äquivalenten, wie sie die deutsche oder auch die englische Umgangssprache analog im Zusammenhang mit der Hauskatze entwickelt haben. Vgl. Burgwinkle, "Knighting the Classical Hero": 39–40.

[136] Roman d'Eneas: 8593–8594.

die Austauschbarkeit der Sexualpartner und, in diesem Fall, auch der Geschlechter. Die Verworrenheit der Kategorien macht eine eindeutige Definition der mütterlichen Sodomievorstellung unmöglich – die Königin beschreibt sie ex negativo: nicht vaginal, nicht exklusiv, nicht mit ihrer Tochter.[137]

Noch diffuser wird die Vorstellung der Königin von Sodomie, wenn sie Dido als Exempel anführt, deren Liebesgeschichte an sich ein gutes Gegenbeispiel abgeben würde, stellt sie doch Eneas' heterosexuelle Performanz außer Frage. Das ausschlaggebende Definitionskriterium ist jedoch nicht ein sexuell definiertes, spezifisches Fehlverhalten, sondern der allgemein schädliche Einfluß, den Eneas auf alle Frauen ausübt:

> Onkes femme n'ot bien de lui,
> nen avras tu, si com ge cui,
> d'un traïtor, d'un sodomite.[138]

Gerade im Zusammenhang mit Dido wird der Vorwurf der Sodomie erstmals explizit formuliert, und dies gepaart mit der Anklage des Verrats. Wie Dieter Kartschoke ausführt,[139] ist die Vorstellung von Eneas als *traïtor* auf den Einfluß der Heroiden Ovids zurückzuführen,[140] die Vergils Vorgabe des *perfidus* in weltgeschichtlicher Mission[141] aufgreifen und zu-

---

[137] Vincent Lankewish, der von einem einseitigen Verständnis von Sodomie als mann-männlichem Analsex ausgeht, bezieht sich trotzdem auf die Gefahren, die für Lavine bestehen, vor allem aber auf den unrühmlichen Tod der Camille, die, so Lankewish, aus dem Hinterhalt überrumpelt wird. Demzufolge will er die Trojaner verstanden wissen als das Volk, das alles (und alle) 'von hinten nimmt'. (Vincent A. Lankewish, "Assault from Behind: Sodomy, Foreign Invasion, and Masculine Identity in the Roman d'Eneas." In: Sylvia Tomasch und Sealy Gilles, Hgg., Text and Terriory. Geographical Imagination in the European Middle Ages. Philadelphia: University of Pennsylvania Press, 1998: 207–244.) Lankewish liest nicht nur die Lavine-Passage selektiv, sondern mißversteht auch Camilles Tod: Arrons steht neben ihr und erschießt sie durch die linke Achselhöhle (vgl. Roman d'Eneas: 7197–7229).

[138] Roman d'Eneas: 8581–8583.

[139] Dieter Kartschoke, "Didos Minne – Didos Schuld." In: Rüdiger Krohn, Hg., Liebe als Literatur. Aufsätze zur erotischen Dichtung in Deutschland. München: Beck, 1983: 99–116; hier: 100–102.

[140] Die Tradition an sich ist wesentlich älter und geht auf griechische Quellen zurück, u.a. Lycophron und Menecrates von Xanthus sowie die Rezeption von Homers Ilias: XX,161–258.

[141] Didoepisode: Vergil, Aeneis: IV,305; 366 und 421; Lavinia: Vergil, Aeneis: VII,362.

spitzen auf eine böswillige Täuschung Didos als der *decepta.*[142] Der Einfluß des siebten Briefs der Heroiden ist sicherlich gegeben, auch wenn Kartschoke in diesem Fall die Innovationen Ovids überbetont. Kartschoke unterscheidet nicht zwischen der Apostrophe einerseits – alle Attribuierungen Aeneas' als *perfidus* stammen aus dem Mund der verlassenen Dido – und seiner Exkulpierung andererseits, die auf der Erzählerebene stattfindet: Auch wenn Aeneas aus einleuchtenden Gründen Dido hintergehen muß, so fühlt sie sich doch betrogen. Der Vorwurf der Untreue ist schon bei Vergil durchweg negativ besetzt, wenn auch aus der subjektiven Perspektive Didos. Analog wird der Ausdruck von der Königin gebraucht, wenn sie auf diese Passage Bezug nimmt. Die Amatafigur sieht Dido als Vertreterin des gesamten weiblichen Geschlechts, nicht als tragischen Einzelfall. Damit kann vom Schicksal der karthagischen Königin auf das der Königstochter geschlossen werden.

Der Roman d'Eneas bedient sich dreimal des Ausdrucks *traïson,*[143] wenn das Fehlverhalten von Eneas gegenüber Dido beschrieben wird, jedesmal in Zusammenhang mit der Heimlichkeit der Reisevorbereitungen. Mehr als den Abschied selbst wirft Dido Eneas vor, daß er sie hinterrücks verlassen will. Der Verrat besteht im heimlichen Davonschleichen:

> molt pensastes grant felonie
> et merveillose traïson,
> quant vos volsistes a larron
> de mei partir et desevrer.[144]

---

[142] Ovid, Metamorphosen: XIV,81. Vgl. Kartschoke, "Didos Minne – Didos Schuld": 100.

[143] Vgl. Roman d'Eneas: 1667, 1673, 1693. Auch Raymond Cormier verweist auf diesen wichtigen Zusammenhang zwischen Sodomie, Feigheit und Verrat. Problematisch ist allerdings sein Vorschlag einer "solution to a semantic problem which associates by analogy the Old French term *recreant* and the Old Testament word *abomination*". Beide Begriffe beinhalten das von ihm postulierte semantische Spektrum, kommen aber im Roman d'Eneas in diesem Kontext nicht vor. (Raymond Cormier, "Taming the Warrior: Responding to the Charge of Sexual Deviance in Twelfth-Century Vernacular Romance." In: Donald Maddox und Sara Sturm-Maddox, Hgg., Literary Aspects of Courtly Culture. Selected Papers from the Seventh Triennial Congress of the International Courtly Literature Society, Amherst, University of Massachusetts, 27 July–1 August 1992. Cambridge: Brewer, 1994: 153–160; Zitat: 153.)

[144] Roman d'Eneas: 1692–1695.

Der Bündnisbruch durch *traïson* ist eine rechtliche Angelegenheit, für die Dido juristische Termini wie *felonie*, *aliance* oder *fiance* gebraucht.[145]

Auch die zweite explizite Sodomienennung steht nicht für sich, sondern in Kombination mit einem weiteren Begriff, dem des Feiglings. Wie ihr trojanisches Beispiel im Gespräch mit Latinus zeigt, versteht Lavines Mutter auch darunter einen Mann, der seine (angeheiratete) Familie in einer Krisensituation im Stich läßt. Er nimmt seine männlichen Verwandten sowie seine Mannen mit aus dem brennenden Troja; die Frauen, sprich: Lavines Vorgängerin Creusa und deren Familie, läßt er dem Untergang geweiht zurück.[146] Ebenso ist ein Sodomit ein Mann, der sich aus seiner Verantwortung zur Familie zieht, indem er die Männer den Frauen vorzieht:

> les homes prent, les femmes lait,
> la naturel cople desfait.
> Guarde, nel me dies ja mais,
> ceste amistié voil que tu lais,
> del sodomite, del coart.[147]

Wie der Verräter im ersten Begriffspaar ist auch der Feigling definiert als ein Mann, der sich heimlich davonmacht, um seinen Vorteil zu suchen, und die Frau und deren Reich dem Untergang preisgibt: Creusa stirbt, Troja geht unter; Dido stirbt, Karthago ist erben- und herrenlos. Der Sodomit, im gleichen Atemzug genannt, ist ebenfalls ein Mann, der seinen dyna-

---

145 Vgl. Roman d'Eneas: 1705, 1715, 1716. Zur Bedeutung der "integration of legal rhetoric" siehe Christopher Baswell, "Men in the Roman d'Eneas": 155–160; hier: 155. Chrétiens Yvain benutzt dieselben Termini, um die (Rechts-)Verbindlichkeit einer Liebesbeziehung zu charakterisieren: "Qui Amor an gre ne requiaut, / Des que ele antor li l'atret, / Felenie et traïson fet, / Et je di (qui se viaut, si l'oie!) / Que n'an doit avoir bien ne joie." (Chrétien de Troyes, Yvain: 1444–1448. Zitiert nach: Chrestien de Troyes, Yvain. Übers. und eingel. v. Ilse Nolting-Hauff. München: Fink, ³1983 [Klassische Texte des Romanischen Mittelalters in zweisprachigen Ausgaben 2].)

146 Eine direkte Verbindung zwischen Aeneas' Maskulinität und der Aufgabe Trojas stellt der Bernardus Silvestris zugeschriebene Kommentar etymologisch her. Antandros, die Hafenstadt, von der aus die Trojaner die Heimat verlassen (vgl. Vergil, Aeneis: III,6) wird hergeleitet von *anti* + *andros*, "i. e. contrarium virilitatis, [...] inconstantia" (16,26–16,27). Damit ist sie das Gegenteil von "virilitas i. e. viri qualitas [...,] constantia" (16,23). Zitiert nach: The Commentary on the First Six Books of the Aeneid of Vergil Commonly Attributed to Bernardus Silvestris. Hg. v. Julian Ward Jones und Elizabeth Frances Jones. Lincoln: University of Nebraska Press, 1977.

147 Roman d'Eneas: 8607–8611.

stischen Verpflichtungen nicht nachkommt. Diese Verpflichtung hat insbesondere seiner neuen Familie zu gelten, seiner Frau und seinen Kindern. Deshalb wiegt der Vorwurf so schwer, daß die Menschheit aussterben würde, wenn alle Männer so unverantwortlich handeln würden wie Eneas:[148] Das Versagen im königlichen Ehebett wiegt genauso schwer wie Feigheit vor dem Feind.[149] Nicht zuletzt beklagt sich Dido in allen drei hier diskutierten Versionen, daß sie ohne ein "kindelîn"[150] zurückbleiben muß, das ihr trauriges Ende verhütet hätte.

Diese Vorgabe der anglonormannischen Quelle baut Heinrich von Veldeke gezielt aus. Anders als seine Vorlage sieht er das Thema der mütterlichen Tiraden nicht in einem Konkurrenzkampf zwischen Lavine und den Männern am Hof, in dem es darum gehen würde, Eneas' Liebesgunst zu erringen. Die Beschreibung der Sodomie als perverser Verirrung wird stark zurückgenommen; die drei explizit sexuellen Beispiele, ohnehin in ihren Kategorien nicht stimmig, werden eliminiert: 1) Hirschkuh, 2) *guichet* und 4) Lavine als Lockvogel sind ersatzlos gestrichen. Beibehalten hat Veldeke die Diskussion um 5) die Erhaltung der Menschheit und 3) das Schicksal Didos; allerdings in umgekehrter Reihenfolge, was die Bedeutung der karthagischen Vorgeschichte noch erhöht. Dido wird durch Veldekes Umstel-

---

[148] Die von Thomas Bein angeführte Passage aus dem Rosenroman, derzufolge die Menschheit nach 60 Jahren aussterben würde, falls "jamais ome n'engendraient" (Guillaume de Lorris und Jean de Meun, Le Roman de la Rose. Hg. v. Félix Lecoy. Paris: Champion, 1965–1970: 19586) taugt nicht als Beispiel dafür, daß "das üble Laster der Sodomie [...] gegen Orpheus ausgespielt wird." (Bein, "Orpheus als Sodomit": 53) Wie aus dem Kontext unzweifelhaft hervorgeht, ist Orpheus' Vergehen gegen die (hier personifizierte) Natur das der Enthaltsamkeit (vgl. Guillaume de Lorris und Jean de Meun, Le Roman de la Rose: 19505–19735, bes. 19583–19588). Beins Vergleich des Rosenromans mit Veldeke (vgl. "Orpheus als Sodomit": 53) kann zwar nicht die Darstellung Orpheus' näher erleuchten, aber die analoge Argumentation verweist auf die Konsequenz, die sodomitisches und keusches Verhalten gemeinsam haben, die der Unfruchtbarkeit.

[149] Auch der Vater in der Burg zum schlimmen Abenteuer stellt sofort diesen Zusammenhang her, als Iwein seine Tochter ablehnt: "irn wert iuch mîner tohter niht, / niuwan durch iuwern zagen muot" (Hartmann von Aue, Iwein. Hg. und übers. v. Thomas Cramer nach der siebenten Ausgabe von Benecke/Lachmann/Wolf. Berlin und New York: de Gruyter, ³1981: 6642–6643 bzw. bei Chrétien: "La bataille ne puet faillir / Ne remenoir an nule guise. / Mes je sai bien, que coardise / Vos fet ma fille refuser" (Chrétien de Troyes, Yvain: 5492–5495).

[150] Heinrich von Veldeke, Eneasroman: 2192; siehe auch Vergil, Aeneis: IV,328–329: "parvulus Aeneas"; Roman d'Eneas: 1739: "vos [Eneas] enfant".

lung zum Beispielfall für die Kinderlosigkeit der Frauen, die sich mit Eneas einlassen; und Lavine wird direkt mit ihr verglichen:

> phlâgen alle die man
> des bôsen sides des her phliget,
> den her vil unhôhe wiget
> der unsâlege Troiân,
> diu werlt mûste schier zergân
> inner hundert jâren,
> daz sage ich dir ze wâren:
> daz schadete vile sêre,
> sone worde nimmer mêre
> an wîbe kint gewunnen.
> wie mohte ich im dîn gunnen?
> ich gunde dir des tôdes baz.
> nû hâstû wol vernomen daz,
> wie unrehten lôn
> her gab der frouwen Dîdôn,
> diu ime gût und êre bôt:
> sie beleib dorch in tôt.
> von ime quam nie wîbe gût,
> tohter, noch ouch dir ne tût.
> her is aller tugende âne scholt.[151]

Durch den Paarreim verbunden fügen sich die zwei im Roman d'Eneas separat aufgeführten Argumente nahtlos aneinander. Das eigentliche Vergehen des Trojaners ist der Unwille zur Fortpflanzung; die zweifache Verallgemeinerung auf die "wîbe" setzt "kint" und "gût" in Beziehung zueinander: Beides kann Lavine von Eneas nicht erwarten. Statt dessen jedoch den Tod, ebenfalls doppelt aufgeführt. Die Konkurrenz, die Veldekes Königin in ihrem Diskurs aufbaut, besteht nicht zwischen den Geschlechtern, sondern zwischen Überleben und Untergang, der Sicherung der Dynastie oder einer Ehe mit Eneas.

Dieser selbst ist charakterisiert durch die Absenz aller positiven höfischen Eigenschaften ("her is aller tugende âne scholt"), die in Negation aufgeführt werden: *unhôhe, unsâleg, unrehte* und darüber hinaus "unreine".[152] Eine Ehe mit ihm beraubt auch Lavine der zentralen Werte, *saelde* und *êre*:

---

[151] Heinrich von Veldeke, Eneasroman: 10652–10671.

[152] Heinrich von Veldeke, Eneasroman: 10643. Dies ist vielleicht zu verstehen als Anspielung auf den Paulusbrief und die *immunditia contra naturam*. Vgl. I Rom, 24–27.

des mûzest dû unsâlich sîn
(sprach diu kuneginne),
daz dû dîne minne
an den man kêrest,
dâ du dich mite entêrest
und allez dîn geslehte![153]

Veldekes Eneas ist nur noch beiläufig Sodomit. Die Vorgaben der altfranzösischen Quelle stark zurücknehmend und die Sodomie zum *innominandum* entrückend ("ezn is ze sagenne niht gût, / waz her mit den mannen tût"[154]), stellt der deutsche Autor das dynastische Interesse der Königin klar in den Vordergrund. Eneas der "zage"[155] wird die Nachkommenschaft, auf die Latium dringend angewiesen ist, nicht zeugen, sondern Lavine genauso im Stich lassen wie Dido zuvor. Das *geslehte* wird aussterben und zudem vor aller Welt in Unehre fallen, weil sich der schlechte Ruf des Trojaners auf Lavine und ihre Familie ausdehnen wird.

Die Bedeutsamkeit des Sodomievorwurfs als Verstoß gegen das Reproduktionsdispositiv wird in der Literatur des deutschen Mittelalters besonders deutlich. In den zahlenmäßig insgesamt spärlichen Texten, die sich zur mann-männlichen Liebe äußern, findet dieser Aspekt auffallend häufig Erwähnung. So zum Beispiel als Sünde "in aller slahte huore in [...] demo mórtode des únsuângirtuomis"[156] in der Bamberger Beichte oder bei Hildegard von Bingen: "In sufflatu suo [antiqui serpentis] quoque habuit, ut processio filiorum hominum interiret, ubi viri in viros exarserunt turpia operantes."[157] Der Stricker läßt in seiner Klage die ungeborenen Kinder, die "versoumet von ir minne sint", zum Himmel aufschreien. Nach seiner Vorstellung boykottieren die Sodomiter die göttliche Vorsehung: "Si nement ir selber chinden / beidiu ir sele und ir leben / swaz in der got wolde geben, / die versument si mit den mannen."[158] Ähnlich argumentiert er in

153 Heinrich von Veldeke, Eneasroman: 10632–10637.

154 Heinrich von Veldeke, Eneasroman: 10647–10648.

155 Vgl. Heinrich von Veldeke, Eneasroman: 10639. Zur kontextbedingten Bedeutungsvielfalt von *verzagen* vgl. Wiebke Freytag, Das Oxymoron bei Wolfram, Gottfried und andern Dichtern des Mittelalters. München: Fink, 1972 (Medium Aevum 24): 116–117.

156 In: Elias von Steinmeyer, Hg. Die kleineren althochdeutschen Sprachdenkmäler. Berlin und Zürich: Weidmann, ²1963: 147.

157 Hildegard von Bingen, De Operatione Dei. In: PL 197: 910.

158 Wolfgang Wilfried Moelleken et al., Hgg. Die Kleindichtung des Strickers. 5 Bde. Göppingen: Kümmerle, 1973–1978; hier: V,207; v. 428 bzw. 444–447.

dem einzigen mittelhochdeutschen Text, der die Sodomie zum zentralen Thema hat, “Ditz ist von den menneleren”. Die *mænnelær*, eine Wortschöpfung des Strickers, die sich in ihrem diminutiv-pejorativen Charakter mit dem *semivir* Vergils vergleichen läßt, verletzen Recht und Gebot der Natur, wenn sie “verwrfen [sic] ir samen”.[159]

2.7. Sodomie als Prokreationsverweigerung

Die Königin der anglonormannischen Version sieht das Problem einer Ehe ihrer Tochter mit Eneas in der permanenten Konkurrenzsituation mit seinen Rittern. Nicht zufällig sind ihre sexuellen Metaphern aus Bereichen der vorrangig maskulin-ritterlichen Betätigung gewählt: Jagen, Erstürmen einer Festung, Reiten. Eneas zieht die Gesellschaft seiner männlichen Entourage vor; wovor die Königin ihre Tochter bewahren will, ist, die Nachfolge Creusas oder Didos antreten zu müssen: Eneas' Präferenzen waren beide Male klar zuungunsten der Frau festgelegt.

Lavine greift diese Überlegungen auf, als sie ihre Liebe für unerwidert hält.[160] Klar analysiert sie Eneas' ausbleibende Reaktion “qu'il me vit a la fenestre”[161] als seinen Unwillen, in einen femininen Diskurs einzutreten. Dieser beinhaltet für Lavine höfisches Benehmen, “bel confort / et bele amor et bel deport”.[162] Korrekter Umgang mit einer Dame ist nach ihrer Definition von erotischer Distanz geprägt, die durch den Blick, das Schau-

[159] Die Kleindichtung des Strickers: III,1,182; v. 49.

[160] Die gleiche Schlußfolgerung ziehen die verschmähten Königinnen in Lanval und Gilles de Chin. Als Lanval und Gilles, beide ihren Damen in Treue ergeben, die Avancen der jeweiligen Königin zurückweisen, schließen diese daraus auf eine Abneigung gegenüber dem gesamten weiblichen Geschlecht, die sie gleichsetzen mit Sodomie. Vgl. Marie de France, Die Lais. Übers. und komm. v. Dietmar Rieger unter Mitarbeit v. Renate Kroll. München: Fink, 1980 (Klassische Texte des Romanischen Mittelalters in zweisprachigen Ausgaben 19): 275–282 und Gautier de Tournay, L'Histoire de Gille de Chyn. Hg. v. Edwin B. Place. Evanston: Northwestern University Press, 1941: 3535–3562. Dieselbe Verallgemeinerung, unter anderen Prämissen, stellen die Pariser Prostituierten in der Historia Occidentalis des Jacques de Vitry an. Vorbeilaufende Kleriker, die sich nicht auf einen Liebeshandel einlassen, werden von ihnen als *sodomitae* beschimpft (Vgl. Jacques de Vitry, Historia Occidentalis. Hg. v. John Frederick Hinnebusch. Fribourg: University Press, 1972: 91).

[161] Roman d'Eneas: 9151.

[162] Roman d'Eneas: 9143–9144.

en und Betrachtet-Werden charakterisiert[163] und überbrückt wird. Diese Art der Kommunikation wird ihr von Eneas verweigert: "onc puis que sot que vols amer / ne deigna cele part guarder".[164] Eine Zukunftsprognose fällt noch schlimmer aus. Statt in höfische Hochstimmung zu verfallen, meint Lavine, würde Eneas von ihrem Anblick im Herzen schlecht werden:

> puis qu'il me vit a la fenestre,
> que li ai fait saveir mon estre,
> n'i esteüst il a nul fuer:
> de mei veeir ot mal al cuer.[165]

Bele amor ist für Lavine eine erotische Spannung, die sich aus einer Distanz und deren visueller Überbrückung speist.[166] Körperliche Nähe und Sexualität verweist sie in den maskulinen Diskurs,[167] in den Umgang, den Eneas mit seinen Vasallen pflegt, und gibt beidem den Ruch des Unritterlichen, Käuflichen: Die "masles putains", die männlichen Huren, die für ihren Heerführer die Hosen herunterlassen, verdienen sich so ihren Sold.[168] Die sexuelle Attraktivität ist dabei, wie schon in der Darstellung der Mutter, nicht an die biologische Geschlechtszugehörigkeit, sondern an kulturell determinierte Geschlechtsmerkmale gebunden, in diesem Fall an die Kleidung. Ein Eindringen in die Welt der Männer hält Lavine durch das Anlegen von Männerkleidern für möglich. Dies reicht ihrer Meinung nach aus, um sich den Knappen vergleichbar und ebenso sexuell attraktiv zu

---

163 Amors Pfeil trifft Lavine ins Auge vgl. Roman d'Eneas: 8160.

164 Roman d'Eneas: 9149–9150.

165 Roman d'Eneas: 9151–9154.

166 Nach ihrem Verzweiflungsmonolog wirft Lavine Eneas erneut einen "dolz reguart" (9229) zu, der erwidert wird und zu einem regen Blickaustausch führt (vgl. 9229–9267). Zum Kausalnexus Blick-Herz-Liebe vgl. Kapitel 4.3.

167 Anderer Meinung ist Liebertz-Grün: Nach ihrer Meinung "projiziert [Lavine] ihre Triebwünsche auf Eneas, der ihr Vater sein könnte, und verklärt sie zur leidenschaftlichen Verliebtheit." Liebertz-Grün, "Geschlecht und Herrschaft": 69.

168 Vgl. Roman d'Eneas: 9134–9164. Die Käuflichkeit oder Bestechlichkeit der Männer, die Eneas zu Willen sind, wird auch schon von der Mutter thematisiert, wenn sie als Voraussetzung für deren Verfügbarkeit ansetzt, daß Eneas sie zuerst zu Lavine lassen muß. Gegen dieselbe Unterstellung verwehrt sich das Carmen Buranum 95 "Cur suspectum me tenet domina?": "Licet multa tyrannus spondeat / et me gravis paupertas urgeat, / non sum tamen, cui plus placeat / id, quod prosit, quam quod conveniat. Tort a vers mei ma dama!" (Carmina Burana. Lateinisch/Deutsch, hg. und übers. von Günter Bernt. Stuttgart: Reclam: 1992: 158).

machen.[169] Eneas' Lustknaben sind charakterisiert durch ihr geschlitztes Hemd, "la chemise fendue" und ihre herabgezogenen Hosen, "lor braies avalees".[170] Entsprechend phantasiert Lavine:

> Molt me prisast mielz Eneas,
> se g'eüsse *fenduz les dras*
> et qu'eüsse *braies chalciees*
> et lasnieres estreit liëes.[171]

Obwohl Lavine den Sodomievorwurf ihrer Mutter deutlich wiederaufgreift, vor allem durch die Anspielung auf Ganymed,[172] wird deutlich, daß sie Eneas' Vorliebe für die Gesellschaft von Männern nicht als homosexuelle Neigung versteht. Das Geschlecht seiner Sexualpartner ist austauschbar, wichtig ist der homosoziale Diskurs. Ebenso behandelt auch Belakane die ihr lästige Anhänglichkeit der Knappen Gahmurets. Als sie darauf besteht, Gahmuret persönlich die Rüstung abzunehmen, geht es ihr nicht nur um das erotische Vorspiel zur bevorstehenden Liebesnacht, sondern auch darum, daß sie nun die Aufgaben der Knappen übernehmen und zu Gahmurets Gefährten werden will. Ganz bewußt benutzt sie das Maskulinum, um ihren Anspruch auf die *gesellеschaft* Gahmurets anzumelden: "sîne knappen niht vergâzen, / sine kêrten vaste ir hêrren nâch. / [...] / si erbeizt aldâ sis dûhte zît. / 'wê wie getriwe ir knappen sît! / ir waent verliesen disen man: / dem wirt ân iuch gemach getân. / nemt sîn ors unt füert ez hin: / sîn geselle ich hie bin.' "[173]

---

[169] Vgl. hierzu auch Crane, Gender and Romance in Chaucer's Canterbury Tales: 44–45.

[170] Vgl. Roman d'Eneas: 9116 bzw. 9163. Zu den *braies* als rein männlichem Kleidungsstück vgl. E. Jane Burns, "Ladies don't Wear Braies: Underwear and Outerwear in the French Prose Lancelot." In: William Kibler, Hg. The Lancelot-Grail Cycle: Texts and Transformations. Austin: University of Texas Press, 1994: 152–174 (mit reichlichen Literaturangaben zur Unterwäsche im Mittelalter). Ein Fehlen bzw. Herunterlassen der *braies* signalisiert nicht nur sexuelle Verfügbarkeit, sondern auch einen weiblichen bzw. feminisierten Körper.

[171] Roman d'Eneas: 9155–9158. Meine Hervorhebungen. Siehe hierzu auch Kapitel 5.3.

[172] Vgl. Roman d'Eneas: 9135.

[173] Wolfram von Eschenbach, Parzival: 44,6–16. Beständig zitiert nach der Ausgabe von Karl Lachmann; übers. v. Peter Knecht und eingel. v. Bernd Schirok. Berlin et al.: de Gruyter, 1998.

Simon Gaunt interpretiert dieses “model of masculinity based on the mythic unity of males with no significant engagement with femininity”[174] im Zusammenhang mit einem Paradigmenwechsel, der für ihn vor allem ein Gattungswechsel ist. Für Gaunt stellt der Roman d’Eneas das Bindeglied dar zwischen dem epischen Heldentum der *chansons de geste* und dem des sich neu formierenden höfischen Romans.

> It is as if Eneas is an epic hero, defined in relation to other men, up to and including to the end of the second part of the text; he then emerges as a romance hero, defined (along with his masculinity) through his relationship with a woman.[175]

Gaunt konstatiert eine absichtsvolle Thematisierung genau dieses Ablösungsprozesses in den frühen altfranzösischen Romanen, die die monologische Konstruktion von Maskulinität, wie sie in den *chansons de geste* die Regel ist, marginalisiert.[176] Während epische Helden sich in ihrer Gleichheit zu übertrumpfen suchen, definieren sich höfische Helden in ihrer Alterität zum anderen Geschlecht; sie brauchen die Frau, die Liebe zur Frau und die Rivalität um die Liebe der Frau, um sich selbst darzustellen: “Gender becomes constructed dialogically rather than monologically.”[177]

Ähnliche Überlegungen stellt Christopher Baswell an. Während Gaunt jedoch den Gattungswechsel in den Vordergrund seiner Interpretation stellt, sieht Baswell den Roman d’Eneas vor allem vor seinem zeitgeschichtlichen Hintergrund. Der von ihm konstatierte Ablösungsprozeß bringt vor allem ein neues Herrscherideal hervor, mit Eneas als “model of male heroism peculiarly apt to the kingship of Henry II, a strong ruler whose strength was expressed less in the martial violence of the feudal past than in the forms of patriarchal genealogy, centralized kingship, and judicial deliberation toward which the rule of his ancestors had been slowly moving.”[178] Der so von Baswell zum Alteritätskriterium erhobene Herrschaftsgedanke läßt den Frauenfiguren lediglich Raum in ihrer Funktion als Mutter: “Lavine, because of her genealogical role, is the one female character whose will, once acknowledged, must finally be integrated into the epic.”[179] Liebe ist, laut Baswell, vorrangig “the language of

---

174 Gaunt, “From Epic to Romance”: 7.
175 Gaunt, “From Epic to Romance”: 25.
176 Vgl. Gaunt, “From Epic to Romance”: 7.
177 Gaunt, “From Epic to Romance”: 26. Vgl. auch Gaunts Ausführungen in Gender and Genre: 71–75 und 83–85.
178 Baswell, “Men in the Roman d’Eneas”: 149.
179 Baswell, “Men in the Roman d’Eneas”: 164.

love",[180] ein spezifisch weiblicher Diskurs, der es Eneas ermöglicht, rhetorisch vermittelnd statt kriegerisch kämpfend Konflikte zu schlichten.

Den Abschied vom Monologischen, Homozentrischen der *chanson de geste* reflektiert der Text wie so oft durch Anspielungen auf die Vorgeschichte. Mit Pallas, dem Gefährten des Eneas (ihr Verhältnis ist nach dem homerischen Modell von Achilles und Patroklus gestaltet),[181] stirbt der Prototyp des epischen Helden. Im altfranzösischen Roman läßt Eneas ihn aufbahren, buchstäblich umhüllt von den Beispielen der gescheiterten Präzedenzfälle: Pallas ruht auf einem Bett, das Paris gebracht hat, ist gekleidet in ein Gewand, das von der verliebten Dido stammt, und ist bedeckt von einem Geschenk des Priamus an seine Tochter, Eneas' namenloser erster Frau.[182] "Desus", "desor", "d'orfreis"[183] und direkt am Körper: Pallas wird zum Monument der trojanischen Fehlschläge. Eneas' Selbstanklage "Malvaise guarde ai fait de tei, / quant tu senz mei recoillis mort"[184] ist anwendbar auf alle: Paris, die Creusa-Figur, Dido und auch Pallas.[185] Auch an dieser Stelle erkennt Heinrich von Veldeke die Bedeutung, die der trojanischen Vergangenheit durch seine Quelle eingeräumt wird. Und auch hier verwirft er sie zugunsten eines Verweises auf die Zukunft und auf die *translatio* der klassischen Tugenden in seine Gegenwart,[186] die Italienreise Barbarossas 1154/55. Mit Veldekes Pallas wird nicht ein abgeschlossenes Kapitel der Geschichte beerdigt wie in seiner Quelle, sondern ein Idealbild konserviert, das erst zergehen darf, als der würdige Nachfolger sich einfindet.

---

180 Baswell, "Men in the Roman d'Eneas": 165.

181 Zur Homoerotik der Männerfreundschaften vgl. Michael Courtney Jenkins Putnam, "Possessiveness, Sexuality and Heroism in the Aeneid." Vergilius 31 (1985): 1–21.

182 Vgl. Roman d'Eneas: 6117–6129.

183 Roman d'Eneas: 6117, 6127 und 6119.

184 Roman d'Eneas: 6149–6150.

185 Anders Liebertz-Grün, "Geschlecht und Herrschaft": 71–72, die hier die Beziehung von Eneas und Pallas zu eng als rein erotische faßt.

186 Vgl. hierzu Jean-Marc Pastré, "Die Auffindung des Pallas-Grabes in Veldekes Eneide und die Renovatio und Translatio Imperii." In: Danielle Buschinger und Wolfgang Spiewok, Hgg., Zum Traditionsverständnis in der mittelalterlichen Literatur. Funktion und Wertung. Amiens: Centre d'Etudes Médiévales de l'Université de Picardie, 1991: 107–116.

Mit Pallas wird ein Heldenideal zu Grabe getragen, das schon bei Vergil kritisch dargestellt wird,[187] im Roman d'Eneas aber programmatische Bedeutung hat. Wie Gaunt in seinen Publikationen herausarbeitet, sind *gender* und *genre* in ihrer Darstellung im Altfranzösischen untrennbar vernetzt. Die Mitte des 12. Jahrhunderts stellt sich dar als eine Zeit des Umbruchs, zu der es möglich ist, dem epischen – und auch vergilischen – Heldenideal und den *vires* den Vorzug zu geben, wie Johannes von Salisbury oder Simon Aurea Capra es tun, und Maskulinität über die Herrscher- und Kämpferqualitäten eines Mannes zu definieren. Oder aber den Helden einen neuen Weg gehen zu lassen: Sozialisation durch Liebe.

Womit die Königin nicht gerechnet hat, ist diese Macht der Liebe.[188] Lavine ist der Mann nicht mehr auszureden, und Eneas wird, anders als in der Dido-Episode, ebenso von Amors Pfeil getroffen, als er ihre Botschaft liest. Auch er stellt den Vergleich zu Dido her: Wenn er für sie das gleiche[189] bzw. nur ein Zehntel dessen[190] empfunden hätte wie nun für Lavine, hätte er sie nie verlassen können. Damit wird die Argumentation der Mutter in einem bestätigt und widerlegt: Sie hatte ursprünglich recht, doch nun nicht mehr. Der entscheidende Unterschied zwischen Dido und Lavine hat sich für Eneas deutlich herauskristallisiert: War es bisher nur die von den Göttern auferlegte Mission, Rom zu gründen, so ist es nun die Zwanghaftigkeit der Liebe, die ihn an Lavine bindet. Sie macht die Frau einzigartig und unaustauschbar.

> Passionate heterosexual love is to be viewed primarily as a prelude to social obligatons, including marriage, dynasty building and political alliance, [...] such love requires substantial outside instigation and support; [...] the Ovidian tropes of falling

---

[187] Vgl. hierzu Sarah Spence, "The Polyvalence of Pallas in the Aeneid." Arethusa 32 (1999): 149–163.

[188] Grundsätzlich hierzu: Renate Kistler, Heinrich von Veldeke und Ovid. Tübingen: Niemeyer, 1993 (Hermaea 71), bes. 129–166. Kistler verweist zutreffend auf den Unterschied zwischen *impetus* und *ars*, "einer Liebe, die unbezwinglich ist, die Menschen in den Wahnsinn treiben kann [...] und einer Liebe, die unter Anleitung zu einem gekonnten Spiel mit festen Regeln wird" (150). Die Nähe der ovidianischen Liebesmetaphorik zur pathologischen Liebeskrankheit führt zu Überlagerungen, die sich oft nicht auflösen lassen. Im Fall des Eneasromans lehnt Kistler jedoch zurecht allzu medizinhistorisch orientierte Interpretationen ab. Vgl. Kistler, Heinrich von Veldeke und Ovid: 158–161.

[189] Vgl. Roman d'Eneas: 9039–9045.

[190] Vgl. Heinrich von Veldeke, Eneasroman: 11180–11186.

> in love describe a basically unpleasant initiation in which one loses one's 'self' in return for a later reintegration into the larger community.[191]

Heinrich von Veldeke markiert die Bedeutsamkeit dieser Stelle erneut durch einen Bezug zu seiner Zeit. Just an dieser Stelle seiner Erzählung, "dâ hûb sich diu fruntschaft / allerêrest under in zwein",[192] wird er in seiner Arbeit durch den Diebstahl des Manuskripts unterbrochen. So wird die "Erfüllung"[193] verhindert; neun Jahre lang können weder Eneas und Lavine noch Heinrich und sein Text zueinander kommen. Vor allem stellt er seine Erzählung in den Kontext einer Hochzeit, einer dynastisch motivierten, politischen Allianz, wie sie Burgwinkle als Ziel der heterosexuellen Liebe beschreibt.[194]

Wie die bisherigen Ausführungen gezeigt haben, ist der Roman d'Eneas gekennzeichnet durch den beständigen Rekurs auf seine trojanische Vorgeschichte. Das Urteil des Paris, der Raub der Helena und als deren Folge der trojanische Krieg, das ist die (literatur)geschichtliche Erblast, die Eneas mittragen, neu durchleben und revidieren muß. Das von Friedrich Ohly in ähnlichem Zusammenhang verwendete Bild der Kontrafaktur[195] möchte ich variieren zu dem des Palimpsests: Der Roman d'Eneas, verfaßt vor dem Hintergrund der Trojahandlung, ersetzt deren Paris durch Eneas. Heinrich von Veldeke erkennt und verwirft diese Interpretation seiner Vor-

---

191 Burgwinkle, "Knighting the Classical Hero": 42.

192 Heinrich von Veldeke, Eneasroman: 10962–10963.

193 Vgl. Heinrich von Veldeke, Eneasroman: 13441. Die Notwendigkeit, seinen Text "vol[zu]machen", betont Veldeke durch vielfache Wiederholung vgl. 13470, 13472, 13475, 13480. Karen Opitz verweist im Zusammenhang mit dieser "Neigung zum Zuendeerzählen" auf die Wiener Handschrift w (ÖNB, Cod. 2861), die eine gekürzte Version des Eneasromans in den Kontext der Weihenstephaner Chronik einfügt. Vgl. Opitz, Geschichte im höfischen Roman: 107–109.

194 Lee Patterson formuliert die Verbindung zwischen Liebe und Politik, hier im Bezug auf den Roman d'Eneas, besonders eindringlich: "The Eneas poet collapses the historical and the individual: the foundation of Rome and the establishment of a love affair are not merely simultaneous but synonymous." Vgl. Patterson, "Virgil and the Historical Consciousness of the Twelfth Century": 179. Wie Noah Guynn herausarbeitet, ist diese Vereinigung nicht nur zeitgleich, sondern auch zeitlos. Vgl. Noah D. Guynn, "Eternal Flame: State Formation, Deviant Architecture, and the Monumentality of Same-Sex Eroticism in the Roman d'Eneas", GLQ 6:2 (2000): 287–319.

195 Vgl. Friedrich Ohly, "Ein Admonter Liebesgruß." ZfdA 87 (1956/57): 13–23; hier: 22.

lage. Die Geschlossenheit der Quelle, die erreicht wird durch die Vorabstellung des Parisurteils und dessen erneute Diskussion am Ende, bricht er auf. Seinen gezielten Kürzungen fallen die Offerten der drei Göttinen und der Rekurs auf Helena an sinntragenden Stellen zum Opfer. Sein Thema ist nicht die auch von Gaunt und Freeman konstatierte "redemption of Paris's error"[196] des altfranzösischen Textes. Statt dessen lenkt er den Blick auf die Zukunft, die *translatio* des römischen Herrschaftsideals in seine Gegenwart, und dessen Fortführung. Ohlys heilsgeschichtliche Interpretation spricht von "Verheißung" im Geschlechtsregister I und "Erfüllung" im Geschlechtsregister II:

> Die in der Unterwelt gesprochene Verheißung über das Äneasgeschlecht als den Ursprung des römischen Machtreichs unter Romulus (3674ff.) erweist sich im Epilog des christlichen Dichters als erfüllt im Sinne des Ursprungs des römischen Friedensreichs unter Augustus mit der Geburt Christi (13397ff.).[197]

Wie planvoll auch diese Darstellung Veldekes ist, erweist sich im Vergleich mit der Vorlage. Das Geschlechtsregister im Epilog ist in seiner Ausführlichkeit eine Innovation. Die erste genealogische Reihe, prophezeit von Anchises in der Unterwelt, erfährt ebenso eine wichtige Revision: Die Fortführung der Dynastie von Romulus über Caesar zu Augustus im Roman d'Eneas[198] übernimmt Veldeke nicht für diese frühe Stelle, sondern er spart sie auf bis zum Epilog. Den dortigen Weitblick über die Gründung Roms hinaus gesteht Heinrich so nicht dem Trojaner zu, sondern seinem erzählerischen *alter ego*. Dies ist umso wichtiger, als er auch in der Ahnenreihe selbst eine Umstellung vornimmt: Anchises, der trojanische Vater, tritt in den Hintergrund. Er wird abgelöst von Latinus, der Eneas an Sohnes Statt annimmt ("vor den sun sîn"[199]) und das zweite Geschlechtsregister anführt. Eneas hat sich von seiner trojanischen Vergangenheit gelöst und sich einer neuen Dynastie angegliedert.

Diese neue Dynastie mündet schließlich in die Figur des aktuellen Kaisers, Friedrichs I. Barbarossa. Zweimal löst eine Erwähnung Barbarossas einen Rückbezug des Roman d'Eneas auf die trojanische Vorgeschichte ab: Statt Pallas darzustellen als in trojanische Relikte gebettet und in einem ewig ausgeleuchteten Grab versenkt, stellt Veldeke dessen Neuentdeckung durch den frischgekrönten Kaiser in den Vordergrund. Auch Eneas' Hoch-

---

[196] Gaunt, "From Epic to Romance": 14.
[197] Ohly, "Ein Admonter Liebesgruß": 22.
[198] Vgl. Roman d'Eneas: 2957–2968.
[199] Heinrich von Veldeke, Eneasroman: 13288.

zeitsfeierlichkeiten überbieten nicht das Glück von Paris und Helena, sondern werden ihrerseits überboten vom Mainzer Hoffest von 1184. Diese Schwertleite ist nicht nur wegen ihrer Prunkentfaltung ein geeigneter Vergleichspunkt, sondern auch, weil sie erneut das Dynastische betont, die Initiation der Söhne Barbarossas.

Damit holt Heinrich von Veldeke die Eneashandlung in die Gegenwart.[200] Er spricht Ereignisse und Personen an, die seinem Publikum vertraut waren. Im zweiten Epilog, in dem er die Genese seines Eneasromans rekapituliert,[201] geht er noch ausführlicher auf die Familienverhältnisse einer Dynastie ein, der der Thüringer. Geradezu pedantisch beschreibt er Verwandtschaftsgrad und Stellung der einzelnen Personen:

> daz was der phalzgrâve Herman,
> des lantgrâven Lodewîges brûder
> von vater unde von mûder,
> und der grâve Friderîch,
> dem diende gerne Heinrîch.
> Ich hân gesaget rehte
> des hêren Enêê geslehte
> und daz kunne lobesam,
> daz sint von ime quam.[202]

Auch der abrupte Wechsel vom *geslehte* der Thüringer zu dem des Eneas zeigt die Verbindung, die Veldeke zwischen beiden sieht. Verbindungsglied zwischen ihnen ist er, Heinrich, und mit ihm sein Text. Sein Buch, das Graf Heinrich "nam" so wie "Pâris Elenam nam" oder ein Unbekannter Eneas' erste Frau ("ich ne weiz wer sime nam"[203]) ist ihm geraubt worden. Trotzdem ist der direkte Bezug nicht der eines unruhestiftenden *raptus*,[204] sondern eine Hochzeit, bei der "der lantgrâve [die Gräfin von Cleve]

---

200 Zum umfassenden Bezug auf Friedrich I. Barbarossa als *alter Aeneas* vgl. Jeffrey Ashcroft, "Renovatio Amoris – Translatio Imperii: Hausen und Aeneas." In: Thomas Cramer und Ingrid Kasten, Hgg., Mittelalterliche Lyrik: Probleme der Poetik. Berlin: Erich Schmidt, 1999: 57–84; bes. 78–84.

201 Zur Authentizitätsdebatte und der Problematik einer Identifikation der im Epilog enthaltenen Informationen mit historisch faßbaren Ereignissen, Daten und Personen, siehe Bernd Bastert, "Dô si der lantgrâve nam. Zur 'Klever Hochzeit' und der Genese des Eneas-Romans." ZfdA 123 (1994): 253–273 und Opitz, Geschichte im höfischen Roman: 57–70.

202 Heinrich von Veldeke, Eneasroman: 13486–13494.

203 Heinrich von Veldeke, Eneasroman: 13458, 167 und 142.

204 Vgl. hierzu Basterts Ausführungen. Er hält eine Täterschaft Heinrichs von Schwarzburg für wahrscheinlicher, gerade weil dessen erbitterte Fehde mit den

nam".[205] Weder der Diebstahl an sich erfährt ausgiebige Kritik noch der Dieb. Graf Heinrich, der Bücherdieb, ist zum Zeitpunkt der Epilogabfassung bereits tot[206] und fehlt so in der Liste der Gönner. Veldeke betont anderes: Nicht der Raub ist wichtig, sondern das glückliche Ende. Nicht die Handlungen in der Vergangenheit, sondern deren Fortführung in die Gegenwart.

Thüringern ein plausibles Argument wäre für den aggressiven Akt eines Diebstahls (vgl. Bastert, "Dô si der lantgrâve nam": 264).

205 Heinrich von Veldeke, Eneasroman: 13454.

206 Dies trifft zu für beide in der Forschung erwogenen Diebe: Heinrich Raspe, der Bruder Hermanns, Ludwigs und Friedrichs, starb 1180; Heinrich von Schwarzburg kam 1184 ums Leben. Zur Chronologie der Ereignisse siehe Bastert, "Dô si der lantgrâve nam": 255–265.

3. Gregorius und Inzest

3.1. Fragestellung

Gregorius, Hartmanns *guoter sündære*, ist durch den unauflöslichen Widerspruch der an ihm und durch ihn begangenen Sünde charakterisiert, die Voraussetzung ist für seine Erwählung zum Papst. Der Inzest seiner Eltern, die Bruder und Schwester sind, und den er mit seiner Mutter und Tante wiederholt, definiert ihn als Protagonisten. Anders als im zuvor diskutierten Eneasroman handelt es sich bei der sexuellen "Perversion"[1] des jeweiligen Protagonisten also nicht um eine kurze Episode, sondern um ein wesentliches, handlungskonstituierendes Motiv. Dabei sind die beiden Fälle von Inzest aber von grundsätzlich unterschiedlicher Natur: Der Bruder/Schwester-Inzest, wissentlich begangen und nur zwangsweise durch die Schwangerschaft der Schwester beendet, ist geschlechtsspezifisch differenziert dargestellt. Während im Vorfeld der Sünde die Verführbarkeit des Bruders und ihre Ursachen zum Thema gemacht werden, ist es nach der Trennung der Geschwister der Seelenzustand der Schwester, den Hartmann detailliert herausarbeitet. Der Mutter/Sohn-Inzest hingegen wird ganz im Sinne einer herkömmlichen höfischen Brautwerbung geschildert, die die Ehe vorrangig als Instrument zur Sicherung von Herrschaft versteht und in der Mutter und Sohn die ihnen zugewiesenen Rollen fatal vorbildhaft ausfüllen.

In meiner Diskussion möchte ich die Version Hartmanns einbetten in einen vergleichenden Dialog mit den anderen Gregoriusversionen des Mittelalters.[2] So konzentriert sich Hartmanns altfranzösische Quelle, die Vie du pape saint Grégoire, stärker auf den Kampf zwischen Gut und Böse, Gott und dem Teufel, was die agierenden Menschen zu Spielfiguren dieser Mächte mit zumindest eingeschränkter Willens- und Handlungsfreiheit macht. Hartmann, der diese Züge erheblich zurücknimmt, bringt dagegen in wesentlich größerem Maße die Minne als positives Element ins Spiel.

---

1 Die Frage nach Art und Schwere der Sünde der Protagonisten klammere ich für meine Überlegungen aus. Die neueste Übersicht zu diesem vieldiskutierten Thema der Gregoriusforschung findet sich bei Tomas Tomasek, "Verantwortlichkeit und Schuld des Gregorius. Ein motiv- und strukturorientierter Beitrag zur Klärung eines alten Forschungsproblems im Gregorius Hartmanns von Aue." Literaturwissenschaftliches Jahrbuch 34 (1993): 33–47.

2 Einen Überblick bietet Volker Mertens, Gregorius Eremita. Eine Lebensform des Adels bei Hartmann von Aue in ihrer Problematik und ihrer Wandlung in der Rezeption. München: Artemis, 1978 (MTU 67): 105–152.

Damit verlagert sich das Problem von der göttlichen auf eine menschliche Ebene, die Heiligenlegende in den Bereich des Romans und die heilsgeschichtliche Thematik in eine höfische. Diese Tendenz ist schon in der Vie angelegt. Simon Gaunt interpretiert dieses Wechselspiel der Gattungen analog zu seinen Ausführungen zum Roman d'Eneas (dort als Übergang von der *chanson de geste* zum höfischen Roman): "The incest story interlocks with the rest of the narrative which portrays Gregory [...] as torn between a chivalric and a clerical model of masculinity and presents his own incest as the result of his behaving like a romance hero."[3] Diese Spannung zwischen den gattungsspezifischen Anforderungen der Legende und denen des höfischen Romans ist unauflösbar in den Text eingeschrieben.[4]

Zugleich spielt das Verhältnis der Geschlechter zueinander eine andere Rolle als im Eneas-Stoff: Sexualität und Inzest, im Gregorius synonym,[5] sind den männlichen Figuren zugeordnet, die völlig in ihnen auf- und, im Falle des Bruders, auch an ihnen zugrundegehen. Der junge Mann wird so sehr von der Liebe beherrscht, daß beim gemeinsamen Leben mit der Schwester der Inzest unvermeidlich ist, genauso wie nach der Trennung von ihr der Liebestod nicht abzuwenden ist. Gregorius, der Sohn, widmet sich schließlich ebenso exklusiv-exzessiv einer einzigen Lebensbestimmung, in seinem Fall der Buße. Die Frau hingegen lebt, liebt und leidet gleichzeitig. Ihre weibliche Daseinsform findet in mehreren simultan durchlebten Gefühlen oder ausgeübten Funktionen ihren Ausdruck, wie zum Beispiel der Durchführung von Landesherrschaft und Buße, einer Kombination, die weder Gregorius noch seinem Vater offen zu stehen scheint.

Arnold von Lübeck, der nur etwa zwanzig Jahre nach Hartmann den Gregorius in lateinischer Sprache bearbeitet, übernimmt die straffe Ordnung und Durchstrukturierung aus seiner Vorlage, jedoch nicht, ohne gleichzeitig markante Änderungen vorzunehmen. Die Liebe, bei Hartmann

---

3 Gaunt, Gender and Genre: 206.

4 Aus diesem Grund halte ich eine Diskussion der Gregoriuslegende im Kontext meiner Arbeit für angemessen; eine ausführliche Gattungsdiskussion ist für meine Fragestellung weder notwendig noch ergiebig. Wie Ulrich Ernst aufgrund der Überlieferungslage überzeugend darstellen kann, ist der Gregorius als Legende bzw. als moralisch-didaktischer Text rezipiert worden. Vgl. Ulrich Ernst, "Der Gregorius Hartmanns von Aue im Spiegel der handschriftlichen Überlieferung: Vom Nutzen der Kodikologie für die Literaturwissenschaft." Euphorion 90 (1996): 1–40.

5 Zum Terminus *Inzest* vgl. Anna Walecka, "The Concept of Incest: Medieval French and Normative Writings in Latin." RLA 5 (1993): 117–123.

eine Himmelsmacht, wird dämonisiert zur *concupiscentia*, die grundsätzlich verwerflich ist, nicht nur, wenn sie auf falsche – sexuelle – Weise zum Ausdruck gebracht wird. Arnolds Umakzentuierung, ebenso wie die Darstellung in der mittelenglischen Übersetzung der Vie, in der Hexameter-Version des 14. Jahrhunderts, in den frühneuhochdeutschen Prosafassungen und in den diversen Exempla (Gesta Romanorum, "de Albano", das Lübecker Mohnkopf-Plenar) verweisen auf eine Texttradition, die Inzest darstellt als unangebrachte, aber verständliche Methode der Dynastieerhaltung. Das gleichzeitige Unbehagen bei dieser implizit billigenden Darstellung einer Todsünde findet in allen Textvarianten ihren Ausdruck, wenn auch auf unterschiedliche Weise.

Die Grundkonstellation, die den inzestauslösenden Impuls gibt, ist dabei die untrennbare Verquickung von Herrschaft und Fortpflanzung, die den Erhalt dieser Herrschaft für die nächste Generation sichert. Eine unverheiratete Herrscherin, charakterisiert durch ihre einmalige Schönheit, braucht dazu einen ebenbürtigen Partner, der sich wie Gregorius im Kampf bewährt und seine Überlegenheit durch den Sieg über die Nebenbuhler demonstriert. Durch sein Erscheinen entsteht jedoch auch eine Verpflichtung, sich mit dem offensichtlich prädestinierten Partner denn auch zu verheiraten und für Nachkommenschaft zu sorgen. So lautet die Argumentation der Ratgeber sowohl bei Hartmann als auch bei Arnold von Lübeck:[6]

> ir leben wære übele bewant,
> ob si ein sô rîchez lant
> ir dankes âne erben
> sus wolde verderben.
> diz wæren ir ræte
> daz si noch baz tæte
> wider die werlt und wider got
> (si behielte sô baz sîn gebot),
> daz si einen man næme
> und erben bekæme.[7]

> Cur tuus versat animus?

[6] Die Unterscheidung Schröders, der die Argumente der *lantherren* für "unaufrichtig" und Hartmanns Kommentar für ironisch hält, Arnold und den Rat der Gefolgsleute in den Gesta jedoch für glaubhaft, teile ich nicht. Vgl. Jens Peter Schröder, Arnolds von Lübeck Gesta Gregorii Peccatoris. Eine Interpretation, ausgehend von einem Vergleich mit Hartmanns von Aue Gregorius. Frankfurt/M. et al.: Peter Lang, 1997 (Hamburger Beiträge zur Germanistik 23): 179–181.

[7] Hartmann von Aue, Gregorius: 2211–2220.

fructu privari penitus
ventris est obstinacio;
prolis gaude solacio!
Quis tam durus, qui dulcibus
non gaudeat heredibus
et fructum sui temporis
non optet suis posteris?[8]

Die herausragende Bedeutung der Ebenbürtigkeit beider Partner ist besonders deutlich abzulesen an den literarischen Beispielen für Vater/Tochter-Inzest. In ihnen hebt sich die Tochter durch ihre Schönheit von allen anderen Frauen ab, steht damit in ihrer Einzigartigkeit aber auch nur dem König zu. Im Roman du Comte d'Anjou (1316) beispielsweise betrachtet der Vater seine in ein Schachspiel vertiefte Tochter und erkennt zunächst ihre einmalige Schönheit, um dann den Einflüsterungen des Teufels zu erliegen: "Au pere va [l'anemi de l'umain lignage], de mal l'atiche: / La biauté sa fille li fiche / U cuer, que devant li seant / Veoit lors."[9] In Beaumanoirs Manekine (13. Jh.) nimmt sogar die sterbende Königin selbst ihrem Gatten in ihren letzten Worten das Versprechen ab, daß ihr nur eine gleichwertige, gleichartige Frau nachfolgen darf, um den Thronerben zu zeugen.[10] Daß dafür nur die Tochter in Frage kommt, wird für Barone und Klerus evident, nachdem sie die Schönsten im Lande inspiziert und als nicht ebenbürtig befunden haben. Im Interesse der Sicherung der Nachfolge sind sie es, die dem König seine eigene Tochter vorschlagen.[11] Die Priester nehmen sogar die Last der Sünde in Vertretung des Königs auf sich, um ihn zu

8 Arnold von Lübeck. Gesta Gregorii Peccatoris. Untersuchungen und Edition von Johannes Schilling. Göttingen: Vandenhoeck und Ruprecht, 1986 (Palaestra 280); hier: II, XXX, 23–30. Verwiesen sei auch auf die Ratgeber-Szene in den Gesta Romanorum, die ebenso viel Raum zugewiesen bekommt wie der Bruder/Schwester-Inzest und wesentlich breiter ausgeführt wird als der Mutter/Sohn-Inzest an sich. Vgl. "De mirabili divina dispensatione et ortu beati Gregorii pape." In: Gesta Romanorum. Hg. v. Hermann Oesterley. Berlin: Weidmannsche Buchhandlung, 1872; repr. Hildesheim: Olms, 1963: 399–409; hier: 404–405.

9 Jehan Maillart, Le Roman Du Comte D'Anjou. Hg. v. Mario Roques. Paris: Champion, 1931: 265–268.

10 Philippe de Remi, Sire de Beaumanoir, La Manekine. Hg. v. Hermann Suchier. Paris: Didot, 1884 (Œuvres Poétiques de Philippe de Rémi, Sire de Beaumanoir I): 128–142 und 225–238.

11 Vgl. Beaumanoir, La Manekine: 300–366.

dieser Heirat bewegen zu können.[12] Der einzige Ausweg aus dem Inzest, den die Tochter sieht, ist die Zerstörung ihrer Schönheit, indem sie sich verstümmelt. Ähnlich gelagert ist der Fall der schönen Helena von Konstantinopel, deren Vater mit dem gleichen Prokreationsgebot der Barone konfrontiert wird[13] und der sich durch eine entsprechende Menge Silbers auch den Dispens des Papstes einholt. Eine Lösung des Konflikts wird hier dadurch ermöglicht, daß die Tochter sich, ebenfalls durch Zerstörung ihrer Schönheit, dem Inzest entzieht und so Vater, Gatte und Papst als drei verschiedene Personen an einem Tisch vereint ein gutes Ende herbeiführen können.

In den oben aufgeführten Beispielen richtet sich die Aggression der weiblichen Protagonistin gegen die eigene Person. Anna Walecka verweist in ihren Arbeiten auf die Beispiele von Gattenmord, vor allem im Theben-Stoff, in denen sich die Aggressivität nach außen wendet. Nach Walecka haben Inzest und Sippenmord als gemeinsames Kriterium zur Definition von Femininität das "spoiling the lineage either by murder or by interrupting the filiation."[14] Grundüberlegung hierfür ist, daß es der Protagonistin entweder gelingt, den Inzest zu verhindern, oder daß dieser kinderlos bleibt. Der Bruder/Schwester-Inzest im Gregorius, aus dem ein Kind hervorgeht, untermauert diese These sogar, da das Verhalten der Schwester deutlich macht, daß das inzestuös gezeugte Kind für eine Nachfolge nicht in Frage kommt.

Eine Variante dieser Inzestflucht durch De-Feminisierung zeigt der Roman von Yde et Olive (2. Hälfte 13. Jh.). Die Protagonistin zerstört hier nicht nur das geschlechtsdefinierende Charakteristikum der Schönheit, sondern die Geschlechtszugehörigkeit an sich. Um ihrem Vater zu ent-

---

[12] Vgl. Beaumanoir, La Manekine: 336–340. Zum Inzest in La Manekine, vgl. Huguette Legros, "La Parenté naturelle, alliance, parenté spirituelle: De l'inceste à la sainteté." In: Les relations de parenté dans le monde médiéval. Hg. v. Centre Universitaire d'Etudes et de Recherches Médiévales d'Aix. Aix-en-Provence: Université de Provence, 1989: 509–548; hier: 514–515.

[13] Vgl. z. B. die Version in der Weltchronik Jans Enikels: "[die herren sîn] sprâchen: 'lieber herre mîn, / sol ditz lant verderben / alsô, daz ir sült sterben, / daz wir niht haben von iu ein kint, / dem lant und liut gemein sint / vil genzlîchen undertân?' " (266700–266705) Zitiert nach: Jansen Enikel, Weltchronik. Hg. v. Philipp Strauch. Hannover: Hahn, 1891. Zur bislang unedierten altfranzösischen Belle Hélène de Constantinople, vgl. Alexandre Haggerty Krappe, "La Belle Hélène de Constantinople." Romania 63 (1937): 324–353.

[14] Anna Walecka, "Incest and Death as Indices of the Female Hero in Romance." RLA 4 (1992): 117–123; hier: 159.

kommen, verkleidet und verhält sie sich als Mann, was von Gott so weit sanktioniert wird, daß er sie schließlich in einen Mann verwandelt, als welcher sie einen Sohn zeugt und auf diesem Weg die Nachkommenschaft sichert.[15]

Kurz verweisen möchte ich in diesem Zusammenhang auch auf die in der mittelalterlichen Literatur extrem seltene Darstellung einer frau-fraulichen Liebesbegegnung. Olive verliebt sich in die verkleidete Yde, und als ihr diese nach der (vom Vater Olives durch Druck herbeigeführten) Eheschließung mit einer Ausrede die *unio* verweigert, gibt sie sich mit zwei Wochen "dont lun lautre baisie & accollée",[16] wechselseitigen Küssen und Umarmungen, zufrieden. Als Olive mehr verlangt und Yde sich erklären muß, vereinbaren sie Stillschweigen und eine Fortführung der gleichgeschlechtlichen 'Ehe'. Nur weil sie belauscht werden, dringt der Pakt an die Öffentlichkeit und löst die weiteren Ereignisse aus. Zu keinem Zeitpunkt wird die Handlungsweise Ydes oder Olives kritisiert. Die zwischen den Frauen ausgetauschten Zärtlichkeiten werden nicht als Homosexualität oder Pendant zur mann-männlichen Sodomie verstanden.[17] Faszinierend ist hier die Überlagerung zweier Diskurse: Was für Yde der nicht-erotische Ausdruck zwischenmenschlicher Vertrautheit zweier Freundinnen ist, ist für Olive durchaus erotisch konnotiertes Vorspiel zur ehelichen Vereinigung, die sie schließlich auch einfordert. Der Konflikt wird dadurch ver-

---

15 Vgl. "Yde et Olive." In: Max Schweigel, Hg., Esclarmonde, Clarisse et Florent, Yde et Olive. Drei Fortsetzungen der Chanson von Huon de Bordeaux. Marburg: Elwert, 1891: 7202–7245. Zu "Yde et Olive", vgl. auch Claude Roussel, "Aspects du père incestueux dans la littérature médiévale." In: Danielle Buschinger und André Crépin, Hgg., Amour, mariage et transgressions au Moyen âge. Actes du Colloque de Mars 1983 du Centre d'Etudes Médiévales de l'Université de Picardie. Göppingen: Kümmerle, 1984 (GAG 420): 47–62; hier: 55–56 sowie Robert L. A. Clark, "A Heroine's Sexual Itinerary: Incest, Transvestism, and Same-Sex Marriage in 'Yde et Olive' ". In: Karen J. Taylor, Hg., Gender Transgressions. Crossing the Normative Barrier in Old French Literature. New York und London: Garland, 1998: 89–180.

16 "Yde et Olive": 7152.

17 Anderer Meinung ist hier Valerie Hotchkiss. Sie betont, daß die Tochter vor den Annäherungsversuchen des Vaters flieht, während sie gerne Zärtlichkeiten mit Olive austauscht: "Her acceptance of sexual transformation indicate[s] a character whose male disguise influenced sexual orientation and resulted in a permanent (and authentic) male identity." Valerie Hotchkiss, "Cross Dressing and Sexuality." In: Dies., Clothes Make the Man. Female Cross Dressing in Medieval Europe. New York und London: Garland, 1996 (The New Middle Ages 1): 105–124; hier: 116.

mieden, daß der instabile Zwischenzustand durch die göttliche Geschlechtsumwandlung in eine prokreationsorientierte Ehe mündet. Bereits in der ersten Nacht als reguläres Ehepaar zeugen Yde und Olive ihren Sohn Croissant, benannt nach dem zunehmenden Mond. Eine Woche später stirbt der König und die Herrschaft geht auf Yde und Olive über.

In der Gregoriustradition ist dieselbe Identifikation von Herrschaft und Fortpflanzungstrieb zu konstatieren. Geschlechtsspezifisch unterschiedlich dargestellt ist dabei die Einheit von Regierungsfähigkeit und Libido: Während der Frau beides fehlt,[18] scheint beim Mann gleichzeitig mit der Regierungsverantwortlichkeit ein unbezähmbarer Paarungsdrang ausgelöst zu werden. So betont beispielsweise die Hexameter-Version (14. Jh.) durch fünffach wiederholende *annominatio* die Bedeutung des *regnum*. Der Sohn ist zwar ein vorbildlicher Landesherrscher, über sich selbst hat er jedoch die Beherrschung verloren:

> Rex moritur, sed non penitus, quia filius eius
> In regno regnat et recte regna gubernat.
> Cuncta regendo bene, se non regit, immo ruinam
> In se convertit, dum non ut frater amavit
> Germanam. dilexit eam, dilectio crevit,
> Ut Byblis fratrem dilexit, Myrrha parentem.[19]

Noch deutlicher ist die Darstellung des dominikanischen Exemplums (ca. 1300). Sieben Jahre lang schlafen Bruder und Schwester beieinander, ohne dem natürlichen Trieb nachzugeben. Erst als Vater und Mutter sterben und der Sohn die Herrschaft erlangt, setzt sich der Fortpflanzungsautomatismus in Gang:

> Rex quidam habuit filium et filiam, qui se inuicem amabant; cum adhuc essent tenelli, tunc semper uolebant simul dormire. Forte septimo anno uel supra uoluerunt colludere natura eos stimulante. Tandem mortuo patre et matre adulti effecti ita, quod iam masculus potuit regno preesse, et cepit commisceri sorori.[20]

[18] Vgl. z.B. Arnold von Lübeck: "Femineo sub nomine / non possumus subsistere; / nam terra tam latissima / vix regetur a femina, / que, etsi genus habuit, / virili tamen eguit / sustentari solacio / et iuvari auxilio." (Arnold von Lübeck, Gesta Gregorii Peccatoris: 2,XXIX,13–20). Zum Zitat aus den Heroiden II,112 "Nomine femineo vix satis apta regi", vgl. Schillings Kommentar: 205.

[19] J. A. Schmeller, "Gregorius." ZfdA 2 (1842): 486–500; hier: v. 30–35. Die dem ovidianischen Bildungsfundus entnommenen Beispielfiguren Byblis und Myrrha dienen als zusätzliche Argumentationsstütze.

[20] Zitiert nach der Ausgabe von Joseph Klapper, Erzählungen des Mittelalters in deutscher Übersetzung und lateinischem Urtext. Breslau: Marcus, 1914; repr. Hildes-

Festzuhalten ist für eine nähere Betrachtung der Inzestszenen im Gregorius, daß die primäre Motivation zur *unio* ein Fortpflanzungsbedürfnis ist, das entweder bewußt (durch die Ratgeber) oder unbewußt (Sieg des Triebs über die Selbstkontrolle) herbeigeführt wird. Die Objektwahl folgt den Kriterien der Kompatibilität; daß die Partner verwandt sind, ist eine Überlegung sekundären Ranges. Aus den oben aufgeführten Beispielen läßt sich ersehen, daß ein Verschwinden der singulären *Gender*charakteristika auch den Kopulationswunsch zum Erliegen bringt – der Vater will nicht mit der Tochter schlafen, sondern mit der schönsten Frau; die Mutter will nicht den Sohn, sondern den besten Ritter ehelichen. Zudem werden ganz pragmatische Möglichkeiten aufgezeigt, die das Problem der Konsanguinitiät aus der Welt schaffen können, indem man etwa die Schuld delegiert oder sich von ihr dispensieren läßt.

3.2. Der erste Inzest: Die Verführung des Bruders

Hartmann von Aue widmet der Motivation des Bruders zum Inzest große Aufmerksamkeit. Durch den Tod des Vaters zur Waise und zum König geworden, wird dem Bruder auch die Verantwortung für das Wohlergehen seiner Schwester übertragen. Der vierfache Antrieb, der ihn schließlich dazu nötigt, ihr Gewalt anzutun, wird von Hartmann aufgeschlüsselt wiedergegeben:

> Daz eine was diu minne
> diu im verriet die sinne,
> daz ander sîner swester schœne,
> daz dritte des tiuvels hœne,
> daz vierde was sîn kintheit
> diu ûf in mit dem tiuvel streit
> unz er in dar ûf brâhte
> daz er benamen gedâhte
> mit sîner swester slâfen.[21]

Nur in ihrem unseligen Zusammenwirken können die vier gleichzeitig vorhandenen Faktoren: Minne, Schönheit der Schwester, Einflüsterung des

heim 1978: 296–298; hier: 296,20–25 (=Textanfang). Um den fälschlich zugewiesenen Titel "De Albano" nicht weiter zu propagieren, verzichte ich auf eine Benennung des Textes.

21 Hartmann von Aue, Gregorius: 323–331.

Teufels und Jugend des Bruders zur Sünde führen.[22] Die Geschwisterminne, als Grundbefindlichkeit quasi die Ausgangsbasis für das kommende Unheil, wird bis zu diesem Zeitpunkt von Hartmann absolut positiv dargestellt, als angemessenes Verhalten eines "getriuwen bruoders"[23] seiner lieben Schwester gegenüber. Die daraus resultierenden "wünne und gemach"[24] jedoch reizen den Teufel zur Intervention.[25] Er will diese positive Konstellation in ihr Gegenteil verkehren. Diese Vorstellung von *perversio* wird in den volkssprachlichen Texten analog übertragen: "torner peüst [le deable], par son art, / Cele amistié a male part",[26] "er möhte verkêren / ir vreude ûf ungewinne"[27] oder in der mittelenglischen Version:

> þe child ful ofte his suster custe
> Wiþ loue trewe and herte god
> Whon þe fend þer of wuste
> Wiþ his art he torned heore mod.[28]

Hartmann betont zusätzlich durch eine Wiederholung dieses Gedankens die ursprünglich ehrenhafte, unschuldige Haltung des Knaben, wenn er die

---

22 Oliver Hallich, der ebenfalls auf die Vierer-Differenzierung der Inzestursachen hinweist, privilegiert aber den Teufel als ausschließlich Handelnden und hält die drei weiteren Gründe für additive Zuordnungen. Hartmann betont jedoch die Gleichwertigkeit der Faktoren sowohl durch die Ordinalzahlen als auch die parallele Reihung der Verszeilen. Vgl. Oliver Hallich, Poetologisches, Theologisches. Studien zum Gregorius Hartmanns von Aue. Frankfurt/M. et al.: Peter Lang, 1995: 62–63.

23 Vgl. Hartmann von Aue, Gregorius: 278 und 298; analog dazu der Gebrauch von "enor" in der Vie 127, 138, 150, 152. Der altfranzösische Text wird zitiert nach: La vie du pape saint Grégoire ou la légende du bon pécheur. Übers. und eingel. v. Ingrid Kasten. München: Fink, 1991 (Klassische Texte des Romanischen Mittelalters in zweisprachigen Ausgaben 29).

24 Hartmann von Aue, Gregorius: 303.

25 Zum heilsgeschichtlichen Hintergrund des Vokabulars vgl. Corinna Dahlgrün, Hoc fac, et vives (Lk 10,28) – vor allen dingen minne got. Theologische Reflexionen eines Laien im Gregorius und in Der arme Heinrich Hartmanns von Aue. Frankfurt/M. et al.: Peter Lang, 1991 (Hamburger Beiträge zur Germanistik 14): 173–174.

26 La vie du pape saint Grégoire: 154–155.

27 Hartmann von Aue, Gregorius: 316–317.

28 Carl Keller, Die mittelenglische Gregoriuslegende. Heidelberg: Winter und New York: Stechert, 1914: V 101–104. Vgl. auch V 111. Kellers Ausgabe bietet die Varianten vierer Manuskriptversionen, die teilweise beträchtlich und signifikant voneinander abweichen. Zitiert wird daher unter Angabe der jeweiligen Manuskriptfassung.

diabolischen Einflüsterungen erneut als Ursache darstellt: "sô riet er [...] / daz der juncherre / verkêrte sîne triuwe guot / ûf einen valschen muot."[29] In der Vie schwingt dagegen von Anfang an eine gewisse Mißbilligung mit, wenn die unmäßig ausgetauschten geschwisterlichen Küsse als günstige Gelegenheit für den Teufel angeführt werden, im Bruder "volonté mauvaise", "coveitié" oder "mauvaise amistié"[30] auszulösen. Auf die Schönheit der Schwester, bei Hartmann wesentlicher Schlüsselreiz, wird in diesem Zusammenhang ebenfalls in der Vie angespielt.[31]

Der mittelhochdeutsche Erzähler hält es für unausweichlich, daß ein schönes Mädchen[32] und die passende Gelegenheit den Mann zur *unio* reizen. Ein Inzesttabu ist dagegen offensichtlich kein ausreichender Schutz. Wie Mary Wack aufzeigen kann, sind vielmehr gerade nahe Verwandte die Paradebeispiele für *amor hereos*,[33] da sie sich am ähnlichsten sind. Liebesbegehren ist narzißtische Selbstverliebtheit, nach Constantinus Africanus ausgelöst "si [anima] in sibi consimili forma conspiciat."[34] Nur die Verhinderung des Vollzugs kann die Sünde vereiteln:

---

29 Hartmann von Aue, Gregorius: 319–322.

30 Vgl. La vie du pape saint Grégoire: 164, 169 und 170.

31 "Quant plus la beise et plus la veit / tant en esteit plus en destreit" (La vie du pape saint Grégoire: 173–174).

32 Wie James Schultz aufzeigen kann, gibt es in der hochhöfischen Literatur keine spezifisch kindliche Schönheit. Schon die Schönheit Neugeborener wird mit derselben Metaphorik geschildert wie die von Erwachsenen. Auch ihre unmittelbare Wirkung auf die Umwelt ist dieselbe. Vgl. James A. Schultz, The Knowledge of Childhood in the German Middle Ages, 1100–1350. Philadelphia: University of Pennsylvania Press, 1995: 62–63. Ebensowenig gibt es geschlechtsspezifische Schönheit. Die Beschreibungen erotischer männlicher oder weiblicher Schönheit sind ebenfalls identisch. Vgl. James A. Schultz, "Bodies that Don't Matter": 91–110.

33 Hippokrates kann die inzestuöse Liebe Perdicas zu seiner Mutter nicht heilen. Der junge Mann erhängt sich schließlich (*Aegritudo Perdicae*, vgl. Mary F. Wack, Lovesickness in the Middle Ages: The Viaticum and its Commentaries. Philadelphia: University of Pennsylvania Press, 1990: 3–5 und Adelheid Giedke, Die Liebeskrankheit in der Geschichte der Medizin. Med. Diss. Düsseldorf, 1983: 10–14). Amnons Liebe zu seiner Schwester Thamar ist das ausführlichste Beispiel für Liebeskrankheit in der Bibel (II Sam 13, vgl. Wack, Lovesickness in the Middle Ages: 19–21).

34 Constantinus Africanus, Viaticum: 14 (Zitiert aus: Wack, Lovesickness in the Middle Ages). Zur Übermittlung platonischen Gedankenguts über die arabischen Autoren vgl. Wack, Lovesickness in the Middle Ages: 6–18; zum Neoplatonismus nach der Schule von Chartres vgl. Wolf Gewehr, "Der Topos 'Augen des Herzens' – Versuch einer Deutung durch die scholastische Erkenntnistheorie." DVjs 46

nû sî gewarnet dar an
ein iegelîche man
daz er swester und niftel sî
niht ze heimlîche bî:
ez reizet daz ungevüere
daz man wol verswüere.[35]

In der Vie hingegen wird dem Bruder mehr Verantwortung zugeschrieben, da schon die zu zahlreichen Küsse auf ein unbotmäßiges Verhalten verweisen, vor allem aber die Jugend des Knaben nicht als exkulpierender Faktor Erwähnung findet.[36] Auch Arnold rückt von der entlastenden Darstellungsweise Hartmanns bereits wieder ab,[37] wenn er die vier Antriebsfaktoren zum Inzest unter dem Sammelbegriff der *luxuria*[38] auflistet:

Sed quatuor modis
luxuria dominatur suis:
Oculorum concupiscencia,
que sensum evertit hominis;
Secundo formositas muliebris;
tercio dyaboli suggestio;
quarto peccati consummacio.[39]

Die *concupiscencia oculorum*,[40] Hartmanns positive Geschwisterliebe in ihrer negativen Umdeutung, ermöglicht der Schönheit der Schwester, durch die Augen einzudringen und so den Bruder zu korrumpieren. Die optische Versuchung, die die Sinne zu Fall bringt (*evertit*), wird dabei verallgemeinert ins Geschlechtsexemplarische. Nicht die individuelle Schön-

---

(1972): 626–649 sowie grundsätzlich Winthrop Wetherbee, Platonism and Poetry in the Twelfth Century: The Literary Influence of the School of Chartres. Princeton: University Press, 1972.

35 Hartmann von Aue, Gregorius: 415–420.

36 Zum Zusammenhang zwischen Jugend und zügellosem (Sexual-)Verhalten vgl. auch die Selbstbezichtigung des Gregorius bei Arnold von Lübeck: "Mea scit consciencia / immensa mea crimina, / que commisi iuvenculus / effrenis et indomitus." (Arnold von Lübeck, Gesta Gregorii Peccatoris: IV,XXIII,19–22)

37 Vgl. hierzu auch: Schröder, Arnolds von Lübeck Gesta Gregorii Peccatoris: 107–108.

38 Zum Inzest als Tochter der *luxuria* und "reproductive sin" v.a. bei Albertus Magnus und Thomas von Aquin vgl. Jordan, The Invention of Sodomy: 125–130 bzw. 154–156.

39 Arnold von Lübeck, Gesta Gregorii Peccatoris: I,III,64–70.

40 Zur *concupiscentia oculorum* vgl. Gudrun Schleusener-Eichholz, Das Auge im Mittelalter. 2 Bde. München: Fink, 1985 (MMS 35): II,797–815.

heit, *sîner swester schœne* wie bei Hartmann, sondern die weibliche Schönheit überhaupt[41] ist verantwortlich für die Versuchung des Bruders, der als *homo* ebenfalls zum Repräsentanten seines ganzen Geschlechtes gemacht wird. Die Einflüsterung des Teufels als dritter *modus* der *luxuria* sowie auch der Vollzug der Sünde als vierter verweisen ebenfalls auf den typologischen Bezug zur Erbsünde Adams und Evas, die Arnold als Präzedenzfall auch auflistet.[42] Obwohl er dabei die umgekehrten Vorzeichen durchaus betont – nicht Eva verleitet Adam zur Sünde, sondern der Mann verführt hier die Frau –, führt er dennoch letztendlich die Korruption des Mannes auf die Frau und deren Schönheit als ursprünglichen Auslöser zurück.[43]

3.3. Der erste Inzest: Der Schmerz der Schwester

Das spezifisch Feminine, das Luce Irigaray als "ce sexe qui n'en est pas un"[44] bezeichnet und Ingrid Kasten als "widerständig unbewältigt Eigenes"[45] an Hartmanns Protagonistin ausmacht, kann auch die Erzählerfigur Hartmanns nicht in Worte fassen:

> Ir wizzet wol daz ein man
> der ir iewederz nie gewan,
> reht liep noch grôzez herzeleit,
> dem ist der munt niht sô gereit
> rehte ze sprechenne dâ von

---

41 Vgl. den Kommentar des Vaters auf dem Sterbebett: "Propter femineum tenerum fragilem quoque sexum, / Cui decor est forme sepissime causa ruine" (Arnold von Lübeck, Gesta Gregorii Peccatoris: I,I,69–70). Vgl. auch die lat. Prosafassung A der Albanuslegende: "[Uxor] concepit inde filiam, immo in filia patris filiaeque ruinam." (Karin Morvay, Die Albanuslegende. Deutsche Fassungen und ihre Beziehungen zur lateinischen Überlieferung. München: Fink, 1977 [=Medium Aevum 32]: A,7–8.

42 "Et qui in paradiso deliciarum Adam / seduxit per feminam, / ipse nunc per marem / corrumpere temptat feminam / et cum propter verecundiam muliebrem / magis videatur continens, propria tamen / formositate sepe circumvenit marem." (Arnold von Lübeck, Gesta Gregorii Peccatoris: I,III,19–25).

43 Zum theologischen Hintergrund dieser Umdeutung vgl. Hallich, Poetologisches, Theologisches: 65–66.

44 Zitiert in der englischen Übersetzung: Luce Irigaray, This Sex Which Is Not One. Übers. v. Catherine Porter. Ithaca, NY: Cornell University Press, [5]1993.

45 Ingrid Kasten, "Schwester, Geliebte, Mutter, Herrscherin: die weibliche Hauptfigur in Hartmanns 'Gregorius'." PBB 115 (1993): 400–420, hier: 420.

sô dem der ir ist gewon.
nû bin ich gescheiden
dâ zwischen von in beiden,
wan mir iewederz nie geschach:
ichn gewan nie liep noch ungemach,
ich enlebe übele noch wol.
dâ von enmac ich als ich sol
der vrouwen leit entdecken
noch mit worten errecken,
wan ez wære von ir schaden
tûsent herze überladen.[46]

Zwar geht der Erzähler hier von einer konkreten Situation aus, dem Leid der Schwester nach dem ersten Inzest und seiner Unfähigkeit als Autor, es in die angemessenen Worte zu fassen. Diesen Einzelfall verallgemeinert er jedoch zu einer allgemeingültigen Sentenz, in der er stellvertretend für sein ganzes Geschlecht spricht als *ein man* und in der die Schwester fungiert als *die vrouwen*. Dabei wechselt er so geschickt zwischen dem Einzelfall der Schwester und der generellen Feststellung, daß das Syntagma *die vrouwen* in ihrer Mittelstellung eine gezielte grammatikalische Ambiguität als Genitiv Singular, aber auch als Genitiv Plural auf alle Geschlechtsgenossinnen ausgeweitet, erhält. So steht dem Mann und seiner individuellen Erfahrung von Liebe und/oder Leid gegenüber *der vrouwen leit* im Allgemeinen.[47] Während der Mann jedoch gegebenenfalls seine Gefühle in Sprache umsetzen kann, bewahrt die Frau ihren Schmerz im Herzen, wo er bestenfalls Ausdruck findet im "tristis gemitus",[48] den ihr Arnold von Lübeck in seiner Parallelstelle zuschreibt. Dieser spezifisch weibliche Schmerz[49] – ist

---

46 Hartmann von Aue, Gregorius: 789–804.

47 Ganz anders die Überlegungen Gottfrieds von Straßburg zum gleichen Thema. Für ihn sind die Emotionen lokalisiert im *edelen muot*, der beiden Geschlechtern gleichermaßen zu eigen ist: "War umbe enlite ein edeler muot / niht gerne ein übel durch tûsent guot, / durch manege vröude ein ungemach? / swem nie von liebe leit geschach, / dem geschach ouch liep von liebe nie. / liep unde leit diu wâren ie / an minnen ungescheiden." (Gottfried von Straßburg, Tristan. Nach dem Text v. Friedrich Ranke hg. und übers. v. Rüdiger Krohn. Stuttgart: Reclam, ²1981: 201–207.)

48 Arnold von Lübeck, Gesta Gregorii Peccatoris: I,XV,33.

49 Helmut Brackert konstatiert ebenfalls ein "Wechselverhältnis zwischen männlichem Rittertum und weiblicher Leiderfahrung" bei den Frauenfiguren im Parzival: "Der Schutz durch den ritterlichen Mann sichert sie nicht gegen die Leiderfahrung, die aus der – durch den Ritterdienst motivierten – Abschiedssituation oder gar aus dem Tod des Mannes resultiert. Fast könnte man sagen: im Gegenteil." (Helmut Brackert, "'der lac an ritterschefte tôt.' Parzival und das Leid der Frauen." In: Rü-

fragmentiert, nicht auf eine Ursache hin begrenzt und nicht auf eine Ausdrucksform hin ausgerichtet. Die vier Teilschmerzen der Frauenfigur in Hartmanns Gregorius tragen der Tatsache Rechnung, daß eine Frau stets in einem Beziehungsgeflecht zu mehr als einem Mann definiert ist, in einem 'normalen' Lebenszyklus zumindest als Tochter, Gattin und Mutter. Der Mann andererseits, in diesem Fall der Bruder, leidet nicht so extrem wie die Frau, doch dafür ist seine Liebesfähigkeit beträchtlich größer. Diese geschlechtsspezifischen Quantifizierungen rechnet Hartmann gegeneinander auf:

> swie si doch jehen daz diu wîp
> sêrer minnen dan die man,
> des enist niht, daz schein dar an:
> wande sîn herzeleit
> daz im was vür gespreit,
> daz was dâ wider kleine,
> niuwan diu minne eine
> diu im ein zil des tôdes was:
> der hete si vieriu und genas.
> sus ergreif in diu senede nôt
> und lac vor herzeriuwe tôt.[50]

Die These des Erzählers ist klar: Die eine Liebe des Mannes ist größer als die Summe der vier Leiden der Frau, was an ihrem Effekt abzulesen ist – der Mann stirbt, die Frau lebt weiter. Hartmanns Sprache jedoch untergräbt, zumindest teilweise, diese Feststellung: So fehlt dem männlichen *herzeleit*, das *dâ wider kleine* ist, das substantivische Bezugswort: kleiner als was? Ebenso unklar ist bei näherem Hinsehen, worauf *der hete si vieriu* syntaktisch Bezug nimmt. Die einzig logische Möglichkeit ist *sîn herzeleit*, was jedoch einen abrupten Sprung vom Singular in den Plural bedeutet. Es scheint, daß sich die männliche und die weibliche Erfahrung nicht ohne Reibungsverlust miteinander vergleichen lassen.

Welcher Art sind nun die Leiden der Frau? Hartmanns Erzähler listet sie auf:

1. Reue über den begangenen Inzest: "von dem meine daz si begie / mit ir bruoder den si lie" (Hartmann von Aue, Gregorius: 811–812)

---

diger Krüger et al., Hgg. Ist zwîvel herzen nâchgebûr. Festschrift für Günther Schweikle zum 60. Geburtstag. Stuttgart: Helfant, 1989: 143–163; hier: 146 bzw. 147.)

50 Hartmann von Aue, Gregorius: 842–852.

2. die Schmerzen des Kindbetts: "der siechtuom der ander was, / daz si des kindes genas" (Hartmann von Aue, Gregorius: 813–814)
3. Sorge um ihr ausgesetztes Kind: "daz dritte was diu vorhte / die ir der jâmer worhte / nâch ir lieben kinde" (Hartmann von Aue, Gregorius: 815–817)
4. Trauer um den toten Bruder: "und der grœzist ungemach / der ir zir lebene ie geschach, / daz ir bruoder wære tôt." (Hartmann von Aue, Gregorius: 827–829)

Die Anordnung folgt der Chronologie der Ereignisse sowie auch deren Bewertung, da die ersten drei Schmerzen als gleichwertig, die Trauer um den toten Bruder jedoch als besonders gravierend eingestuft werden. Dies relativiert die Bedeutung des Geschwisterinzests, der weder als singulär noch als dominierend dargestellt wird, sondern seine Hauptbedeutung vor allem in seiner Funktion als auslösende Ursache für alles spätere Leid zugewiesen bekommt.[51] Die Zuspitzung auf den Tod des Bruders hin wird sprachlich balanciert ausgearbeitet: Vom *siechtuom*, von dem die Schwester *genas*, zum Schicksal des Kindes, von dem nicht klar ist, *werderz genæse oder læge tôt*,[52] bis zum vollen Gegensatz zwischen dem Leben der Schwester und dem Tod des Bruders: *zir lebene – ir bruoder wære tôt.*

Diese sorgfältig ausgearbeitete Steigerungskette ist eine Innovation Hartmanns gegenüber seiner Vorlage. Zwar sind in der Vie alle vier Teilaspekte Hartmanns bereits angelegt, sie sind aber noch nicht in dieselbe logische Reihenfolge gebracht.

> La dame gist en sa gesine
> Ne noit ne jor sis duels ne fine,
> Quar de l'anfant a tel dolor,
> E del peché ra grant poor.
> Ne puet estre, por nule rien,
> Que el ne l'aint sur tote rien.
> Cils duels li fu asés pesans,
> Enprés li est creüs plus grans. [...][53]
> [Es folgt die Meldung über den Tod des Bruders.]

---

[51] Vgl. hierzu Arnolds Übersetzung als "criminis contagium" (Arnold von Lübeck, Gesta Gregorii Peccatoris: I,XV,41).

[52] Vgl. Hartmann von Aue, Gregorius: 821.

[53] La vie du pape saint Grégoire: 613–620.

Neu ist so Hartmanns Aufwertung des Kindbetts, das in der Vie als Orts- und Zeitangabe[54] zu verstehen ist und als solche zuerst aufgeführt wird.[55] Auch spielt die Chronologie noch keine Rolle, vielmehr werden *de l'anfant* [...] *tel dolor* und *del peché* [...] *grant poor* in parallel aufgebauten Versen so sehr gleichgesetzt, daß die Reihenfolge irrelevant erscheint. Dennoch muß die Dreizahl bereits in der Quelle deutlich ersichtlich gewesen sein, da sie in beiden mittelenglischen Versionen, die diese Passage überliefern, übernommen wird.[56] Worin die *sikeinges þre* bestehen, wird hingegen in den englischen Viten nicht spezifiziert. Damit wird der Schmerz um den Tod des Bruders, der anschließend zusätzlich aufgeführt wird, sogar noch mehr privilegiert als in den Vergleichstexten.

Mit seiner Umstrukturierung der Einzelelemente aus der Vie bereitet Hartmann die anschließende Aufrechnung des brüderlichen Minneleids und des schwesterlichen Leidenssyndroms vor. Er stellt der Reue über die begangene Sünde die Schmerzen des Kindbetts und die Sorge um das Kind als gleichwertig an die Seite, während der Kummer um den Tod des Bruders diesen übergeordnet ist. Ihnen gegenüber steht die übergroße Liebe des Bruders, die dem Abschied nicht gewachsen ist. Er muß ohne seine Schwester eingehen, ja er vertrocknet geradezu:

> Dô si von ir bruoder schiet,
> als in der wîse beiden riet,
> nu begunde er siechen zehant
> (des twanc in der minne bant)
> und muose belîben sîner vart
> der er durch got enein wart.
> sîn jamer wart sô vester
> nâch sîner lieben swester
> daz er ze deheiner stunde

[54] Nach drei Tagen verläßt die Mutter das Kindbett, um die Messe zu besuchen. Vgl. La vie du pape saint Grégoire: 621–622. Zum Kindbett als Zeitspanne nach der Entbindung vgl. auch Ms. Cotton Cleop.: "þþe leuedi to churche was igon, / In child bedde as ȝeo lai." (Die mittelenglische Gregoriuslegende: 273–274)

[55] Vgl. Gen 3,16: "multiplicabo aerumnas tuas et conceptos tuos / in dolore paries filios et sub viri potestate eris et ipse dominabitur tui." Gottes Strafe für die Erbsünde ist geschlechtsspezifisch differenziert; dem Ackerbau Adams im Schweiße seines Angesichts entsprechen Evas Schmerzen bei der Geburt ihrer Kinder.

[56] Vgl. V: "þo was hire care eft al newe / Sikynkes grete heo drouȝ þreo / And wox al won of hire heowe / þat er was briht so blosme on treo" (Die mittelenglische Gregoriuslegende: 429–432) bzw. A: " þo was hir care newe / Sche tok sikeinges þre" (Die mittelenglische Gregoriuslegende: 163–164).

sich getrœsten kunde.
alsus dorrete im der lîp.[57]

Das Vertrocknen des Körpers, hier mit Todesfolge, läßt sich humoralpathologisch erklären[58] durch die Vorstellung, daß der Affekt der Traurigkeit, oft speziell des Liebeskummers, zu einer Überproduktion schwarzer Galle (Eigenschaften: kalt und trocken) führt.[59] Im Gegenzug steigt das – warme und feuchte – Herzblut in Tränen umgewandelt nach oben und quillt gewissermaßen über, bis Heilung oder komplette Austrocknung erfolgt: "Oculi enim eorum concavantur, exsiccantur, et contrahuntur, nec fiunt lacrimosi nec humidi nisi fiat eis memoria de divortio sive separatione a dilecta; [...] Corporis eorum fit arefactio."[60]

---

57 Hartmann von Aue, Gregorius: 831–841. Gregorius selbst schreibt diese austrocknende Eigenschaft seinem sündenbeladenen Körper, speziell der Stimme, zu: "sô möhte boum unde gras / und swaz ie grüenes bî mir was / dorren von der grimme / mîner unreinen stimme." (Hartmann von Aue, Gregorius: 3523–3526) Zum Zusammenhang zwischen trockener Stimme und unmäßiger sexueller Aktivität vgl. Peter Brown, The Body and Society. Men, Women and Sexual Renunciation in Early Christianity. New York: Columbia University Press, 1988: 19.

58 Corinna Dahlgrün verweist außerdem auf die Klage Hiobs "ossa mea aruerunt prae caumatae" (Hi 30,30). Vgl. Dahlgrün, Hoc fac, et vives: 256.

59 Vgl. z.B. die Hohnworte der älteren Schwester in Chrétiens Yvain: "Tote an porras de duel sechier" (Chrétien de Troyes, Yvain: 5964) oder den Trennungsschmerz der Eltern im Armen Heinrich: "von jâmer erkalte in der lîp" (Hartmann von Aue, Der arme Heinrich. Hg. v. Hermann Paul. 16. Aufl. v. Kurt Gärtner. Tübingen: Niemeyer, 1996 [ATB 3]: 875). Zum Austrocknen durch Kummer siehe Heinz-Günter Schmitz, "Iweins Zorn und Tobesuht: Psychologie und Physiologie in mittelhochdeutscher Literatur." In: Friedhelm Debus und Ernst Dittmer, Hgg., Sandbjerg 85: Dem Andenken von Heinrich Bach gewidmet. Neumünster: Wachholtz, 1986: 88–93. Zum Vertrocknen durch Appetitlosigkeit beim Melancholiker vgl. Constantinus Africanus: "Huiusmodi melancholici peiores sunt ceteris. Corpus consumitur & defixit, unde non diu in hanc passione vivitur." Zitiert nach: Ishaq ibn 'Imran. Maqala Fi 'L-Malihuliya (Abhandlung über die Melancholie) und Constantini Africani libri duo de melancholia. Hg. und Übers. des arab. Textes v. Karl Garbers. Hamburg: Buske, 1977; hier: 123. [Fortan zitiert als De melancholia.]

60 So Bona Fortunas Kommentar zum Viaticum. Ähnliches auch bei den Analogstellen der anderen Bearbeiter. Vgl. Wack, Lovesickness in the Middle Ages: 256. Vgl. hierzu auch den Kummer des Markgrafen im Willehalm: "sin herze was trucken gar / und beidiu ougen saffes bar" (Wolfram von Eschenbach, Willehalm; 69,27–28).

Ähnlich stirbt der inzestuöse Vater in Yde et Olive an Liebeskummer, als seine Tochter ihn verläßt.[61] Im Roman du Comte d'Anjou führt der Vater seinen Hungertod bewußt herbei, indem er die Nahrungsaufnahme verweigert und nacheinander Gehör, Stimme und schließlich das Leben verliert.[62] Gerade die Intentionalität dieses Handelns verweist auf den direkten Zusammenhang zwischen übermäßigem Essen und Trinken und der Libido. Wie z. B. Bernardus Silvestris im Zusammenhang mit dem vierten Buch der Aeneis ausführt, gerät durch Völlerei die Balance der *humores* in Unordnung: "Affluentia autem humoris ciborum et potuum taliter ad immunditiam ducit. [...] Cum autem spumae nimia est superfluitas, quod contingit in crapulosis comestionibus et ebrietatibus, per virgam virilem, quia est ventri proxima et subdita, in sperma i.e. semen virile conversa emittitur."[63] Die Affäre von Dido und Aeneas ist somit auch auf das allgemeine Wohlleben am Hof von Karthago zurückzuführen. Aeneas nimmt mehr als ausreichend Flüssigkeit auf, die er durch die *unio* mit Dido als Ejakulat wieder abgibt und dadurch seinen Humoralhaushalt ausgleicht.

Ein deutliches Beispiel für diese parallel einhergehende Korrumpierbarkeit des Körpers zu Fleischeslüsten sowohl allgemein kulinarischer als auch speziell sexueller Art bieten alle Versionen der Albanus-Legende, die inhaltlich große Ähnlichkeiten zu Gregorius aufweist. Vater, Tochter/Mutter/Gattin und Sohn/Gatte haben erfolgreich ihre gemeinsame siebenjährige Bußphase beendet und wollen zum Abschluß bei ihrem Ratgeber, einem Eremiten, einkehren. Unterwegs dorthin werden sie von einem gastfreundlichen Ritter bewirtet: "Er ward sew mit im haimhin weisen / und auch gar miltichleich speisn. / Er phlag ir ausdermasn woll, / das sy der frewdn wurdn vol. / Er hies in tragen guetn wein, / do mit sy froleich wurdn sein."[64] Als sie von ihm wieder aufbrechen, kommt es – nach siebenjähriger gemeinsamer Abstinenz – zur Wiederholung des Vater/Tochter-Inzests. Aus Zorn ermordet Albanus seine Eltern und muß erneut sieben Jah-

61 Vgl. "Yde et Olive": 8385.

62 Vgl. Jehan Maillart, Le Roman du Comte d'Anjou: 1645–1664.

63 Bernardus Silvestris, Commentum super sex libros Eneidos Virgili. Hg. v. Guilielmus Riedel. Gryphiswaldae: Julius Abel, 1924. Zum Thema vgl. auch Peter Brown, The Body and Society: 10–25 sowie Rüdiger Schnell, Causa amoris. Liebeskonzeption und Liebesdarstellung in der mittelalterlichen Literatur. Bern und München: Francke, 1985 (Bibliotheca Germanica 27): 310–311 (mit weiteren Textbeispielen).

64 Morvay, Die Albanuslegende: Version des Andreas Kurzmann (Anfang des 15. Jh.): 629–634. Auch die früheren Versionen aus dem 13. Jh. enthalten dieses Erzählmotiv. Vgl. Morvay, Die Albanuslegende: 30, 46, 138, 139, 140, 141.

re büßen. Die Bußübungen des Gregorius und seiner Mutter, die "an spîse und an gewande [...] dem lîbe entziehen",[65] verhindern einen vergleichbaren Rückfall in die Sünde und haben so nicht nur poenitentialen, sondern auch präventiven Charakter.

Die Sehnsucht nach der Schwester und die Liebeskrankheit des Bruders mit *der minne bant* als Todesursache sind eine unikale Schöpfung Hartmanns. Seine Quelle spricht nur allgemein von einer Krankheit, "li maus qui l'a ocis"[66] und die mittelenglische Version erwähnt zusätzlich die Reue über die begangene Sünde.[67] Arnold benennt ebenfalls die Sehnsucht nach der Schwester und allgemeines Heimweh als Gründe, zudem die klassischen Symptome des Liebeskummers ovidianischer Prägung.[68] Die Auszehrung jedoch schreibt er der Schwester zu, die ihrem Bruder in den Tod folgen will:

> Sic iste vitam reddidit,
> unde soror contabuit,
> optans mori celerius,
> si placuisset celitus.[69]

Klar klassifiziert er jedoch die Liebe zur Schwester als *amor noxius*.[70] Nur Hartmann findet, nach vollzogenem Inzest, wieder zur Darstellung der Geschwisterliebe als positiver Minne zurück, ohne ein Wort der Kritik oder ohne eine erneute Thematisierung der sündhaften Tat. Der Übergriff des Teufels, durch die Jugend des Knaben und mangelnde Aufsicht ermöglicht, war ein einmaliger, punktueller Störfaktor. Er hatte keinen dauerhaften Einfluß auf die Intensität und die Ehrhaftigkeit der geschwisterlichen Liebe.[71]

---

65 Hartmann von Aue, Gregorius: 2708–2709. Zum Speisenverzicht des Gregorius und Gottes Hilfe durch ein Speisenwunder, vgl. Hartmann von Aue, Gregorius: 3114–3136.

66 La vie du pape saint Grégoire: 676.

67 Vgl. C: "þþe eorl, hire broþer, he was gon. / ffor sorwe ofte he siked sore, / And lai adoun sike anon / Ne aros he neuere þer after more / Sori he was for his sinne / þþt he wiþ his soster dude, / And for hi scholde parti atwinne. / Ros he neuere up of þe stude." (Die mittelenglische Gregoriuslegende: 265–272).

68 Vgl. Arnold von Lübeck, Gesta Gregorii Peccatoris: I,XV,65–82.

69 Arnold von Lübeck, Gesta Gregorii Peccatoris: I,XV,83–86.

70 Arnold von Lübeck, Gesta Gregorii Peccatoris: I,XV,78.

71 Völlig unproblematisch gestaltet sich das Verhältnis der Geschwister im dominikanischen *exemplum*: Sie setzen zwar das Kind aus, bleiben jedoch selbst beieinan-

3.4. Der zweite Inzest: Die Ehe Mutter/Sohn

Der zweite Inzest, die Vermählung von Mutter und Sohn, hat einen völlig anderen Charakter als der erste. Dies ist schon daran ersichtlich, daß die *unio* an sich, als Vergewaltigung der Schwester beim ersten Inzest breit geschildert, gänzlich übergangen wird. Wichtig ist im Vorfeld der Eheschließung, die Hartmann ebenfalls nicht ausführt, die Wahrnehmung des anderen in seiner einmaligen Qualifikation zum Partner. Für Gregorius reicht es aus zu erfahren, die Königin sei "schœne junc und âne man"[72] und werde von einem abgewiesenen Verehrer bedrängt, um den Wunsch zu verspüren, sie zu sehen und ihr zu dienen. Die Königin ihrerseits dechiffriert sein Gewand nicht individuell als das Tuch, das sie ihrem Sohn in die Barke mitgegeben hat, sondern 'nur' als identisch. Es ist die symbolkräftige Beschaffenheit des Materials, das in seiner vorzüglichen Qualität auf die analoge Einmaligkeit des hochadligen Trägers verweist. Damit ist der Fremde ihrem Kind, dem eigentlichen Erben des Landes, im Rang gleichgestellt.

Bei der Wahl ihres Gatten verliert die Königin nie die staatspolitisch relevanten Kriterien aus den Augen. Nur durch die Barone, die sie auf ihre Verpflichtung verweisen, das Land zu schützen und die Erbfolge zu sichern, läßt sie sich zu einer Heirat bewegen.[73] Erst als zweiten Schritt überlegt sie sich, wer denn als König für sie in Frage käme, und es ist offensichtlich der beispielhafte Mann, "den ir got hete gesant / ze lœsen si und ir lant."[74] Den Einschub Hartmanns, "und geviel vil gar dar an",[75] bisweilen als Indiz für ein inzestuöses Verlangen der Mutter gewertet, kann man jedoch durchaus verstehen als die frohe Erkenntnis der verantwortungsbewußten Herrscherin, einen geeigneten Heiratskandidaten ausfindig gemacht zu haben. Arnold von Lübeck dagegen interpretiert diese Passage anders. Ebenso, wie er schon den Bruder/Schwester-Inzest unter dem negativen Vorzeichen der *luxuria* liest, unterlegt er auch der Gatten-

der. Erst als Gregorius auf der Suche nach seiner Herkunft das Kloster verläßt, stirbt der Vater und macht so den Weg für den zweiten Inzest frei. Ebenso plötzlich, wie der Fortpflanzungsimpuls ausgelöst wurde (vgl. Kapitel 3.1.), scheint er auch wieder zum Erliegen gekommen zu sein. In seiner Knappheit reduziert das *exemplum* den Inzest zum reinen Zeugungsakt ohne weiteres Konfliktpotential (vgl. *exemplum*: 297,15–16).

[72] Hartmann von Aue, Gregorius: 1897.

[73] Vgl. Kapitel 3.1.

[74] Hartmann von Aue, Gregorius: 2241–2242.

[75] Hartmann von Aue, Gregorius: 2240.

wahl der Mutter moralisch verurteilenswerte Kriterien, die von Liebe anstatt von Staatsraison geprägt sind:

> Huic numquam ullum preferam,
> ut alteri iam placeam,
> cum sim constricta intimis
> eius amoris vinculis.[76]

Die gleichen Überlegungen wie bei ihrer Gattenwahl schreibt Hartmann der Königin schon bei der ersten Entscheidung für einen Geliebten zu: "Si hete zuo ir minne erwelt / weizgot einen staeten helt, / den aller tiuristen man / der ie mannes namen gewan". Spätestens Hartmanns Zusatz "ich meine den gnædigen got"[77] verdeutlicht, daß es sich hier nicht um profane Minne handelt; gerade sein Spiel mit der Zweieinigkeit der menschlichen und der göttlichen Mannheit Christi zeigt jedoch, daß auf der weltlichen Bezugsebene der Mann nach seinen kämpferischen Eigenschaften gewählt werden muß.[78] Beim religiösen Gottesdienst gelten diese Regeln nicht; hier ist es sogar akzeptabel, daß die Frau die Geschlechterrollen verkehrt und sich dem Mann anträgt statt umgekehrt.[79]

Der Konflikt, der durch den unbewußt begangenen Mutter/Sohn-Inzest entsteht, wird denn zunächst auch nicht in einen religiösen Diskurs gestellt und als Sünde interpretiert. Was Königin und König anfangs verwirrt, ist die heillose Vermischung der Kategorien.[80] Jegliche Eindeutigkeit ist auf-

---

76 Arnold von Lübeck, Gesta Gregorii Peccatoris: I,XVI,54–57.

77 Hartmann von Aue, Gregorius: 871–874 bzw. 885.

78 In gleicher Zweideutigkeit betet Gregorius zu Gott als seinem obersten (Dienst- bzw. Feld-)Herren, bevor er in den Zweikampf mit dem Herzog zieht: "diz sagete er niuwan einem man / der in mohte wol dar an / gevrumen und gewerren, / dem oberisten herren: / er wolde ez nieman mê sagen." (Hartmann von Aue, Gregorius: 2075–2079)

79 Vgl. Hartmann von Aue, Gregorius: 879–884. Zum Selbstzitat Hartmanns im Iwein vgl. Kapitel 4.6.

80 Die Notwendigkeit, diese verwandtschaftlichen Bande zu zerschneiden, um wieder zu sich selbst zu finden, äußert die Frauenfigur in der B-Version der lateinischen Albanuslegende: "Heu, quam dira necesse intervenire discidia, ita ut nos invicem nostra viscera derelinquant, quia non facile potest puer a matre, soror a fratre, maritus a coniuge separari et dum caro novacula miserae avulsionis inciditur, consequens est, ut dolor naturae passibilis sentiatur. O fratrum nominis affectuosa dilectio, quo nihil dulcius in tota propinquitatis serie soleat nominari, soli mihi fructus tuae dilectionis denegatur et quem disiunctiva partitione non habeo fratrem vel filium, continuo ero miserabilis amissura maritum." (Morvay, Die Albanuslegende: 159–167) Besonders hinweisen möchte ich nicht nur auf die Vorstellung des Paares

gelöst; ihre Verwandtschaftsbeziehungen zueinander sind so vielfältiger Natur, daß sie sich terminologisch nicht mehr fassen lassen. Am ausführlichsten problematisiert dies die Frauenfigur der Hexameter-Version:

> [...] tua sum modo mater
> Et coniux, amitamque vocas cui nomina tot sunt
> Confusi generis voluit natum tumulare.
> Heu quot quaeque mihi sunt nomina! nescio quo sim
> Nomine dicenda: sum mater et uxor
> Sum socrus ac amita, sum neptis, filia, pellex:
> Quo potius dicar? socer est genitor mihi: socrus
> Sum patrique filia sive genitorque nepotem
> Timens appellat: avus tuus ipse sororem
> Frater me dicit: pellex sum facta duorum:
> Est tuus ipse pater tibi factus avunculus et me
> Sic amitam tuam esse facit, sum tua mater.
> Altera describi possunt problemata Sphingis.[81]

Der Verweis auf die Rätsel der Sphinx zeigt jedoch mehr als nur die dem Autor des 14. Jahrhunderts öfter unterstellte "Gelehrttuerei".[82] Er hatte vielmehr die Wichtigkeit des Rätsels[83] und der Mehrdeutigkeit der Bezie-

---

als ein Organismus, ein Fleisch, das zerschnitten werden muß, sondern auch auf die explizite Erwähnung der Eingeweide.

81 "Gregorius": 268–280.

82 So etwa Hendricus Sparnaay, Hartmann von Aue, Studien zu einer Biographie. 2 Bde. Halle/S.: Niemeyer, 1933/1938; repr. Darmstadt: Wissenschaftliche Buchgesellschaft, 1975: 138.

83 Zum *incest riddle*, vgl. Archer Taylor, "Riddles Dealing with Family Relationships." Journal of American Folklore 51 (1938): 25–37 sowie Anna Walecka, "Incest and Death as Indices of the Female Hero in Romance." RLA 4 (1992): 159–165; bes. 163–164. Eine Sonderform des Inzesträtsels findet sich in Epitaphien. Paul F. Baum zitiert, leider ohne genauere Quellenangabe, einen Hamburger Grabstein: "Wunder über Wunder, / Hier liegen (dre?) dorunder, / Vater, Sohn unde Moder, / Sästor, Dochtor unde Broder, / Mann un Wyff, – / Denn Seelen uñ van liff." (Paul Franklin Baum, "The Mediæval Legend of Judas Iscariot." PMLA 31 [1916]: 481–632; Zitat: 605–606.) Die Verbindung von Rätsel und Inzest im Oedipus-Stoff war dem Mittelalter wohl bekannt. Vgl. z.B. den Roman de Thèbes, in dem das Rätsel der Sphinx (hier männlichen Geschlechts) einem Menschen mehrere Erscheinungsformen zuweist, in diesem Fall: Krabbeln auf allen Vieren – Gehlernhilfe (drei Beine), aufrecht gehender Erwachsener, Stock (drei Beine), zwei Krücken als Greis (vier Beine). (Le Roman de Thèbes. Hg. v. Léopold Constans. Paris: Didot, 1890: 257–324.) Morvay listet unter der Überschrift "Spielereien" die inzestgebundenen Glossen und Additionen auf, die die Albanus-Texte in den Handschriften erfahren haben (Morvay, Die Albanuslegende: 69–71).

hungen verstanden, die auch Hartmann meisterhaft ausspielt. Der lateinischsprachige Autor ist jedoch der einzige Bearbeiter des Gregorius-Stoffes, der versucht, eine Art Balance zwischen den Darstellungen der Geschlechter herzustellen. So wie die Schwester/Mutter/Gattin in ihrer Zuordnung gespalten ist, so fragmentiert er Gregorius auf sprachlicher Ebene, indem er dessen Namen in einzelne Silben auflöst. Analog erscheint auch der männliche Protagonist in verschiedenen Darstellungsformen im Text:

> Sed quocumque velint[84] metro ponatur ubique.
> Suppleat interdum totum monosyllaba nomen,
> Ut si dicam Gre, vel sic dissyllaba, Grego,
> Vel trisyllaba sic, Gregori Gregoriusque,
> Vel Gregorius. occurrit saepius illud
> Nomen: propterea veniam de nomine quaero.[85]

Wie Hartmut Freytag[86] aufzeigt, umschreibt Hartmann an zahlreichen Stellen Gott, seinen Helden und den Teufel durch Antonomasien "vice nominis posita".[87] Dazu ist jedoch zunächst einmal ein *nomen* erforderlich, das weder Bruder noch Schwester haben. Vor allem aber erfordert die Antonomasie, die nach Beda "ex accidentibus [...] propriam significat personam",[88] die Eindeutigkeit dieser *significatio*. Von Anfang an jedoch spielt Hartmann mit der Ambiguität seiner Umschreibungen, wie etwa in dem oben aufgeführten Beispiel, in dem er den Leser erst einmal raten läßt, wer der neue Geliebte der Dame denn sei, ihn dann umschreibt als *den Menschgewordenen* und ihn schließlich, um alle Unklarheiten zu beseitigen, als "den gnædigen got"[89] identifiziert. Der Teufel, Gott und Gregorius, die drei mit Namen versehenen Figuren des Textes, können auf diese Weise dargestellt werden. Die Schwester hingegen ist eine personifizierte *circumlocutio nominis*, der per definitionem der Bezug fehlt. Sie muß im-

---

84 Konjektur Haupts: *velim.*

85 "Gregorius": 101–106. Als vergleichbaren Versuch könnte man die vertikale Aufspaltung des Namens in das Akrostichon *GREGORIUS PECCATOR* am Textanfang werten.

86 Hartmut Freytag, "sun, des bewîse dich der/der dich nâch im gebildet hât. Bemerkungen zu Antonomasien in Hartmanns von Aue 'Gregorius' und seinen lateinischen und volkssprachlichen Bearbeitungen." In: Nikolaus Henkel und Nigel F. Palmer, Hgg. Latein und Volkssprache im deutschen Mittelalter 1100–1500. Regensburger Colloquium 1988. Tübingen: Niemeyer, 1992: 142–157.

87 Die Definition Bedas, entnommen aus Freytag, "sun, des bewîse dich der/der dich nâch im gebildet hât": 144.

88 Vgl. Freytag, "sun, des bewîse dich der/der dich nâch im gebildet hât": 144.

89 Hartmann von Aue, Gregorius: 885.

mer durch den Kontext und ihr Verhältnis zu einer anderen (männlichen) Figur definiert werden.[90] Deshalb ist auch sie es, die mit so tiefer Bestürzung reagiert, als sie erfährt, daß sie die Mutter ihres Gatten ist: Die Eindeutigkeit ihrer verwandtschaftlichen Zuordnung ist abhanden gekommen: "sô hât uns des tiuvels rât / versenket sêle unde lîp: / ich bin iuwer muoter und iuwer wîp."[91]

Die Doppelfunktion der Frauenfigur als Mutter und Gattin bot den mittelalterlichen Autoren bzw. Schreibern Gelegenheit zu zweideutigen Sprachspielen. So heißt es in der Vie, die Königin hätte sich auf das Bett geworfen "o ele jut o son enfant"[92], was beide Deutungen zuläßt: Das harmlose Spiel der Mutter mit dem Kind oder das Liebesspiel des Ehepaars. Ebenso verfährt die mittelenglische Fassung des Ms. Vernon, die Gregorius als denjenigen identifiziert, den sie "in den Armen hielt".[93] Die anderen publizierten mittelenglischen Textfassungen, die chronologisch sowohl früher als auch später anzusetzen sind, klären diese Ambiguität auf die eine oder andere Weise, je nachdem, ob sie die Rolle des Gregorius als Sohn oder als Gatten für die wichtigere erachten.[94] Eine ähnlich schwankende Darstellungsweise der Verwandtschaftsbeziehungen findet sich wenig später in den verschiedenen Textversionen, wenn die Dame in Ms. C

90 Vgl. hierzu Kasten, "Schwester, Geliebte, Mutter, Herrscherin": 401.

91 Hartmann von Aue, Gregorius: 2602–2604. Vgl. "Or sui s'espose e sa mere; / Cil est mi fiz de mon frere." (La vie du pape saint Grégoire: 1857–1858); "sum vobis, velut arbitror, / mater et coniunx, proh dolor!" (Arnold von Lübeck, Gesta Gregorii Peccatoris: III,XIII,15–16), Ms Cotton Cleop.: "Now ic am weddid to my sone / þat bigate myne owne broþer" (Die mittelenglische Gregoriuslegende: 909–910) oder, auf den Punkt gebracht, die Prosafassung: "So pin ich eur muter vnd ewr weip und ewr pasz." (F 313, vgl. auch I). Letztere zitiert nach: Gregorius auf dem Stein. Frühneuhochdeutsche Prosa (15. Jh.) nach dem mittelhochdeutschen Versepos Hartmanns von Aue. Die Legende (Innsbruck UB Cod. 631), der Text aus dem 'Heiligen Leben' und die sogenannte Redaktion. Hg. v. Bernward Plate. Darmstadt: Wissenschaftliche Buchgesellschaft, 1983 (Texte zur Forschung 39).

92 La vie du pape saint Grégoire: 1720.

93 "And kneuh þat he was of hire kuynde / þat heo in hire armes hente" (Die mittelenglische Gregoriuslegende: V 1021–1022).

94 C (ebenso R) privilegiert das Eheverhältnis: "And knew wel þat he was of here kynne / þat anyȝt in here armes wente" (Die mittelenglische Gregoriuslegende: 849–850); A hingegen die Mutterrolle: "And knewe it was hir owhen child / þat in his armes aniȝt she went" (Die mittelenglische Gregoriuslegende: 747–748).

und A "here sone cust þer wel sone",[95] während sie in V nur den Gatten, in R schließlich Sohn und Gatten küßt.[96]

Das unlösbare Problem ist die Personalunion von Sohn und Ehemann, also die ödipale Konstellation. Gregorius ist insofern ein Sonderfall, als er seinen Vater nicht gewaltsam aus der Herrschaft verdrängt hat. Dennoch stellt Hartmann ihn ganz bewußt in diese Tradition und geht damit bewußt über die Vorgaben seiner Quelle hinaus. Judas' jämmerliches Ende sowie die Klage Davids über Saul, Jonathan und Absalom, die er im Anschluß an die Entdeckung des Inzests als Beispiele für die übergroße Trauer der Protagonisten anführt, sind mit Bedacht an diese Stelle gesetzt. Gemeinsam ist vor allem Judas und Absalom die Verbindung ihrer *vitae* zum Inzest, zum Aufstand gegen den Vater und zum Verrat.

Gerade die Nennung von Judas an dieser Stelle scheint zunächst verwunderlich, ist er doch der Prototyp des Verräters, nicht jedoch ein gängiges Beispiel für Reue wie bei Hartmann: "Ich weiz wol daz Jûdas / niht riuwiger was / dô er sich vor leide hie / danne diu zwei hie."[97] Dies hat wohl auch Arnold von Lübeck dazu veranlaßt, Judas erst an späterer Stelle, im Epilog, aufzuführen und ihn dann umzudeuten zu einem Beispiel für *desperatio*.[98] Aus den zahlreichen Versionen der Judasvita war jedoch bekannt, daß er vor seiner Zeit als Apostel ein ganz ähnliches Schicksal wie Gregorius durchlebt hatte:[99] Von den Eltern ausgesetzt und in der Ferne großgezogen, hatte er nach seiner Rückkehr in die Heimat unwissentlich den Vater erschlagen und die Mutter geheiratet.[100] Auch er bereut und will Buße tun. Anders als Gregorius vertut er jedoch seine Chance und verrät Christus an die Häscher. Dementsprechend deuten die Kommentare zu Act 1,18: "et suspensus crepuit medius / et diffusa sunt omnia viscera eius" seinen Tod als beispielhaft für den eines Häretikers und Verräters.[101]

---

95 Die mittelenglische Gregoriuslegende: C 876; ähnlich: A 774.

96 Vgl. Die mittelenglische Gregoriuslegende: V 1048 bzw. R 446.

97 Hartmann von Aue, Gregorius: 2623–2626.

98 "Iam absit desperacio / Cayn nec non confessio / Iude, qui non penituit, / dum laqueo interiit" (Arnold von Lübeck, Gesta Gregorii Peccatoris: Epilog I,9–12). Vgl. hierzu Schröder, Arnolds von Lübeck Gesta Gregorii Peccatoris: 189–191.

99 Vgl. hierzu auch Dahlgrün, Hoc fac, et vives: 129–130 sowie 133–134.

100 Grundlegend hierzu: Baum, "The Mediæval Legend of Judas Iscariot."

101 Die Textbelege sind aufgelistet bei Thomas D. Hill, "The Evisceration of Bróðir in Brennu-Njáls Saga." Traditio 37 (1981): 437–444; bes. 442, Anm. 19. Vgl. auch Otfried Lieberknecht, "Death and Retribution: Medieval Visions of the End of Ju-

Absalom, die alttestamentarische Präfiguration des Judas, wird in der Bibel zweifach mit Inzest in Verbindung gebracht. Zum einen hatte er die inzestuöse Vereinigung seines Halbbruders Amnon mit seiner Schwester Thamar durch einen Auftrag zum Brudermord gerächt.[102] Vor allem jedoch hatte er die Konkubinen seines Vaters öffentlich beschlafen, um so den gelungenen Aufstand gegen König David zu dokumentieren.[103] Beides wird ihm gleichermaßen zum Vorwurf gemacht. So meint Gilbert von Hoyland:

> Sed tamen nescio qua nostri temporis hujus miseria ipsi amantes facti sunt malignantes. Quanta malignatur hodie amicus in sancto?[104] dixisse debui, Inimicus; sed dixi quod magis dolet. Ipsi amici facti sunt inimici. Amici professione: inimici affectione. Specie amici: sed amicitiæ virtutem diffitentes. Amicus Absalon, quia filius; sed quanta malignatus est sceleratus in sancto, filius in patre, Absalon in David? Absalon 'pax patris' dicitur. Bonum plane nomen: sed ipse nominis hujus virtutem abnegabat. *Affectavit regnum, incestavit cubile.* Felix tamen David, cui inter tot filios, nonnisi unus persecutor erupit. Quem mihi dabis hodie inter magistros, cui nonnisi unus Absalon insidietur? An non quasi Absalones sunt quidam, qui, sicut scriptum est, pacem prædicant, et mordent dentibus? (Mich. III,5) *Affectant locum patris, fœdant cubile* [...].[105]

In dem Berthold von Regensburg zugeschriebenen deutschen Predigtcorpus wird die Fleischeslust als das Grundübel gegeißelt, dem junge Leute wie Absalom besonders ausgeliefert sind:

> Absalôn, der bî sînes vater wîbe lac diu sîn stiefmuoter was, dem leiten ouch die unsæligen tiuvel den selben strik des êrsten unde brâhten in in den strik der hôhvart, daz er sich des künicrîches annam wider sînes vater willen, unde danne in den strik hazzes unde nîdes, daz er sînem vater ze leide slief bî sîns vater wîbe unde daz er sîns eigen vater varende was mit urliuge unde mit strîten unde mit tœtlîchem hazze.[106]

---

das the Traitor." Ich danke Dr. Lieberknecht, Berlin, der mir sein Manuskript vor dessen Drucklegung zur Verfügung stellte.

102 Vgl. II Sam 13. Zu Amnons Liebe vgl. Kapitel 3.2.

103 Diese Analogie ist Dahlgrün entgangen, die lediglich auf den Schmerz des Vaters verweist. Vgl. Dahlgrün, Hoc fac, et vives: 133.

104 Vgl. Ps 73,3: "quanta malignatus est inimicus in sancto".

105 "Gilleberti Abbatis in Cantica Sermo XV." In: PL 184: 72–73. Meine Hervorhebungen.

106 Berthold von Regensburg. Hg. v. Franz Pfeiffer. Wien: Braumüller, 1862; repr. Berlin: de Gruyter, 1965: I,412. Vgl. auch Bertholds Ausführungen zum vierten Gebot: "Und alle die vater unde muoter unêrent, die verdienent vier leie verdampnisse. Daz eine, daz er dâ mite daz himelrîche hât verworht. Daz ander, er hât sîn erbe dâ mite verworht. Dâz dritte, er hât sîn lancleben dâ mite verworht. Daz vierde, er hât einen unrehten tôt dâ mite verdienet. Als Absalôn, dem geschâhen disiu

> Sô erzeiget ez diu wîze der selben sünde [*fornicatio*] an Absalôn. Der tet der selben sünde gar vil und hete sîns vater hûsfrouwen [...]. Dô wurden zehen sper durch in gestochen, dâ von er den tôt nam. Daz bezeichent zehen untugende, die an der unkiusche hangent [...]. Daz zehende ist aller swærste. Daz ist noch sünder dann dêr bî sîner muoter ist gelegen.[107]

Was Hartmann seinen Lesern durch die Nennung von Judas und Absalom suggeriert, ist also mehr als nur ein Beispiel für übergroße Trauer: Beide sind Verräter, die den Platz des Vaters in zweifacher Hinsicht eingenommen haben. Sie haben ihn seiner Herrschaft beraubt und sie haben mit seiner Frau geschlafen. Und beide mußten für diesen Verrat jung und ehrlos sterben, zwischen Himmel und Erde hängend, was Beda in seinem Kommentar zu Act 1,18 für eine angemessene Strafe hält:

> Et suspensus crepuit medius. Dignam sibi poenam traditor amens invenit, ut videlicet guttur quo vox proditionis exierat laquei nodus necaret. Dignum etiam locum interitus quaesivit, ut qui hominum angelorumque Dominum morti tradiderat coelo terraeque perosus, quasi aeris tantummodo spiritibus sociandus, juxta exemplum Achitophel et Absalon qui regem David persecuti sunt, aeris medio periret.[108]

Anders als sie nutzt Gregorius die Chance zur Umkehr durch seine Bußleistung auf dem Stein.

3.5. *Die Wiedervereinigung in Rom*

Durch die Erhöhung des Gregorius zum Papst ändert sich die Situation grundlegend. Nicht nur wird durch das Wunder um Fisch und Schlüssel deutlich, daß er Gottes Verzeihung erlangt hat, sondern auch die Problematik um das Verhältnis zu seiner Mutter/Gattin wird auf wundersame Weise gelöst.

---

vier alliu gar, dô er sich verworhte an sînem vater hern Dâvîde." (I,275–276) Ohne numerologisch spitzfindig zu werden, sei doch auf die Verbindung verwiesen, die Berthold zwischen einem Verstoß gegen das vierte Gebot und den vier daraus resultierenden Strafen herstellt. Auch bei Hartmann spielt die Vierzahl in der Auflistung der Inzestgründe und -konsequenzen eine Rolle. Vgl. Kapitel 3.2 und 3.3.

[107] Berthold von Regensburg: II,140–141. Im selben Kontext wird Judas als Beispiel eines *werltwîsen* genannt, der sich in den Fallstricken des Teufels verfangen hat. Vgl. Berthold von Regensburg: II,138.

[108] Beda Venerabilis, "Super Acta Apostolorum Expositio." In: PL 92: 944. Zu Achitophel und Absalom vgl. II Sam 18,9.

Aber schon zuvor, unmittelbar nach dem gegenseitigen Erkennen der Eheleute als Mutter und Sohn verweist Hartmann auf den grundlegenden Unterschied zwischen diesem Inzest und dem ersten Sündenfall zwischen Bruder und Schwester. Wie bereits beim ersten Mal nutzt der Erzähler in einem Autorexkurs den Unsagbarkeitstopos, um das übergroße Leid darzustellen, das der Inzest nach sich zieht. Diesmal jedoch ist es ein Leid, das Mann und Frau gleichermaßen empfinden:

> Swer ir jâmer und ir klagen
> vol an ein ende solde sagen,
> der müese wîser sîn danne ich.
> ich wæne ez wære unmügelich
> daz ez iu mit einem munde
> iemen vol gahten kunde.
> sich möhte vil nâch der tôt
> gemâzet haben ze dirre nôt:
> den hæten si, wære er in komen,
> ze voller wirtschaft genomen.
> in wâren diu beide
> gesat in glîchem leide,
> beidiu sêle unde lîp.[109]

Meisterhaft versteht es Hartmann, überzuleiten vom Leid, das Mann und Frau vereint, zum Leid, das Leib und Seele vereint. Durch die Mittelstellung von "in wâren diu beide" in A bzw. "nv waren si beide" in EKM(B) scheint sich die Verszeile zunächst auf Gregorius und seine Mutter zu beziehen; durch die folgenden Ausführungen Hartmanns wird jedoch deutlich, daß auch die Leib/Seele-Dichotomie angesprochen ist.[110] Hier wird also weder unterschieden zwischen verschiedenen Erscheinungsformen des Leides noch zwischen geschlechtsspezifisch differenzierter Leiderfahrung. Im Gegenteil, hier wird das Leid zum einigenden Faktor, das über die körperliche Kasteiung durch *arbeit*[111] Mutter und Sohn im Reich Gottes wiedervereinigen kann[112] und sich bereits in Rom in Freude verkehrt.[113]

---

[109] Hartmann von Aue, Gregorius: 2635–2647.

[110] Vgl. Hartmann von Aue, Gregorius: 2645–2647.

[111] Vgl. Hartmann von Aue, Gregorius: 2723 für die Mutter bzw. 2753 in Bezug auf Gregorius.

[112] "wir suln ez bringen dar zuo / daz uns noch got gelîche / gesamene in sînem rîche." (Hartmann von Aue, Gregorius: 2740–2742)

[113] "got samente si wunderlichen dar / ze vreuden in beiden. / sus wâren si ungescheiden / unz an den gemeinen tôt." (Hartmann von Aue, Gregorius: 3938–3941)

Gerade bei Hartmann wird das Weltliche, Politische transzendiert in einen paradiesischen Zustand vor dem Sündenfall, in dem die ursprüngliche Unschuld wiederhergestellt scheint. Zum einen wird die Symmetrie der Verwandtschaftsbeziehungen komplettiert: Durch die Erhebung zum Papst ist Gregorius nicht nur Gatte und Sohn, sondern auch zum (geistlichen) Vater seiner Mutter geworden. Zum anderen wird durch die Absolution nach der Beichte der Mutter die inzestuöse Ehe durch Gregorius verbal annulliert: "vil liebiu muoter, sehet mich an: 'ich *bin* iuwer sun und *was* iuwer man.'"[114] Die säkularen Verwandtschaftsverhältnisse werden gerade durch ihre Mannigfaltigkeit und Symmetrie zur Irrelevanz entwertet. Wichtig ist nun ausschließlich die Mann und Frau gemeinsame Stellung Gott gegenüber:[115]

> swaz si ouch jâre sît vertriben
> sît si ze Rôme ensamt beliben,
> diu wâren in beiden
> ze gote alsô bescheiden
> daz si nû iemer mêre sint
> zwei ûz erweltiu gotes kint.[116]

Gregorius und seine Mutter/Tochter/Gattin haben es schon zu Lebzeiten zu einem derart heiligmäßigen Daseinszustand gebracht, daß weltliche Überlegungen keine Rolle mehr spielen: Weder unterliegen die Kinder Gottes

---

[114] Hartmann von Aue, Gregorius: 3925–3926. Meine Hervorhebungen. Anders dagegen die Prosafassung: "Vil liebe muter mein, sehet mich an, ich pin ewr sun und ewr man" (Gregorius auf dem Stein: 473).

[115] So auch Simon Gaunt: "Beside their joint relationship to God the father, their biological relationship to each other pales into insignificance." (Gaunt, Gender and Genre: 211)

[116] Hartmann von Aue, Gregorius: 3949–3954. Dieselbe Spannung zwischen den verschiedenartigen Möglichkeiten der Verwandtschaftsbezeichnung spiegelt sich wieder im Briefwechsel Abaelards und Heloises. Heloise stellt in der Anrede ihres ersten Briefes eine weltliche Funktion jeweils einer geistlichen gegenüber: "Domino suo, imo patri; conjugo suo, imo fratri; ancilla sua, imo filia; ipsius uxor, imo soror Abælardo Heloissa." In seiner Antwort stellt Abaelard seine Prioritäten klar heraus und privilegiert die spirituelle Verbindung zu seiner Frau. Durch die Streichung von *dominus*, *pater* und *conjux*, den Bezeichnungen, die ihm eine Autoritätsstellung Heloise gegenüber zuweisen würden, betont er jedoch auch ihre Gleichheit vor Gott: "Heloissæ dilectissimæ sorori suæ in Christo Abælardus frater ejus in ipso." Heloises Rückantwort sucht den Kompromiß und die Vereinigung – im Herrn, aber auch mit Abaelard: "Unico suo post Christum unica sua in Christo." Petrus Abælardus, "Epistolæ." In: PL 178: 113–380; Zitate: 181, 187 und 191.

einer erneuten inzestuösen Versuchung,[117] noch scheint das Schicksal Aquitaniens, das herrscher- und erbenlos keinerlei Erwähnung mehr findet, weiterhin von Belang zu sein.

Diese völlige Transzendenz weltlicher Interessen ist einzigartig bei Hartmann. Die mittelenglischen Versionen beispielsweise sparen entweder die Details einer gemeinsamen Zukunft von Papst und Mutter aus oder, im Falle des Ms Vernon, beschließen das Werk mit dem Eintritt der Mutter in ein Kloster.[118] Auch in der Vie nimmt die Königin den Schleier, wobei ihr Leben bei den "dames de religion" aber ausdrücklich als Verzicht auf ihre feudalen Privilegien dargestellt wird: "Onc ne tint conte de requerre / Rente de païs ne de terre: / De servir Deu a bon corage / Tot leit por lui, si fait que sage."[119] Die Hexameter-Version schließlich bleibt vollends den säkularen Überlegungen verpflichtet, die weder ein Zusammenleben des ehemals inzestuösen Paares noch ein Aufgeben der Regierungsverantwortlichkeit zulassen:

> Illa vale dicit puero, puer hanc benedicit,
> Papa regit Romam patriamque petit sua mater,
> Mater salvatur, Gregorius almificatur.[120]

Durch die Analogformulierungen stellt dieser Text die Wertigkeit der beiden Figuren anschaulich heraus, die nicht wie bei Hartmann als Gotteskinder gleichgestellt sind, sondern in eine deutliche Hierarchie gebracht werden: *valedicere* vs. *benedicere*, *patria* vs. *Roma*, *petere* vs. *regere*, *salvari* vs. *almificari*. Auch ihre rhetorische Umarmung durch die Chiasmen: *illa – puer – puer – haec* bzw. *papa – Roma – patria – mater* wird aufgelöst in einen finalen Parallelismus, der die Schicksale des inzestuösen Paares wieder trennt und beiden ihren Platz im göttlichen Heilsplan zuweist.

[117] Dafür ist auch der Schlüsselreiz nicht mehr gegeben: Gregorius kann seine Mutter nicht mehr erkennen, weil ihre Schönheit geschwunden ist (vgl. Hartmann von Aue, Gregorius: 3847–3853).
[118] Vgl. Die mittelenglische Gregoriuslegende: V 1466–1470.
[119] La vie du pape saint Grégoire: 2676 und 2677–2680.
[120] "Gregorius": 451–453 (=Textende).

4. Iwein und der Wahnsinn

4.1. Fragestellung

Die Frage nach der Wechselwirkung zwischen Liebe und Herrschaft ist von jeher ein zentrales Thema der Iweinforschung gewesen. In Laudine gewinnt der Protagonist simultan *frouwe unde lant*; durch sein Terminversäumnis verliert er beides und muß sich Königin und Königreich mühsam wiedererobern. Der Wahnsinn, in den Iwein verfällt, als er erkennt, daß er Laudine verloren hat, ist dabei höchst unterschiedlich gedeutet worden: pathologisch als Ungleichgewicht der *humores*, quellenhistorisch als Liebeskrankheit, psychoanalytisch als Verlust des Ich oder heilsgeschichtlich als Scheintod und Wiederauferstehung, um nur die wichtigsten Ansätze zu nennen.[1] Im folgenden versuche ich, Iweins Wahnsinn und Iweins Ehe von einer *gender*-spezifischen Warte aus näher zu betrachten. Sowohl Iwein als auch Laudine sehen sich der zwangsläufigen Kopplung: bester Ritter = prädestinierter Herrscher bzw. schönste Frau = prädestinierte Gattin ausgesetzt, die ich bereits im Gregorius-Kapitel skizziert habe. Während dort jedoch zweimal eine Verbindung entsteht, die trotz – oder gerade wegen – ihrer Idealität nicht hätte sein dürfen, wehren sich hier sowohl Mann als auch Frau gegen die 'Automatik' dieses Prozesses. Durch die nuancierte Ausgestaltung dieses Konflikts der Hauptfiguren mit ihren Geschlechterrollen kommt Hartmanns Werk eine Sonderstellung innerhalb der Iweinüberlieferung[2] zu, die sich besonders im Vergleich mit Chrétiens Yvain herausarbeiten läßt. Wichtige Anregungen verdanke ich im folgenden der Arbeit von Volker Mertens.[3] Mertens versteht Laudine als Landesherrscherin, die Iwein aus Pflichterfüllung heiratet, während Iwein aus Liebe handelt. Ihre Ehe basiert auf einem grundlegenden Mißverständnis:

---

1 Eine ausführliche Diskussion der verschiedenen Deutungsansätze erfolgt in Kapitel 4.5.

2 Einen knappen Überblick über die mittelalterlichen Iweinversionen bietet Tony Hunt, "The Medieval Adaptations of Chrétien's Yvain: A Bibliographical Essay." In: Kenneth Varty, Hg., An Arthurian Tapestry: Essays in Memory of Lewis Thorpe. Glasgow: French Department of the University of Glasgow, 1981: 203–213.

3 Volker Mertens, Laudine: Soziale Problematik im Iwein Hartmanns von Aue. Berlin: Schmidt, 1978 (ZfdPh Beiheft 3) sowie ders., "Iwein und Gwigalois: Der Weg zur Landesherrschaft." GRM 31 (1981): 14–31.

> Iwein sieht in Laudine den *gesellen*, die Herrscherin sieht er nicht, sie sieht in ihm neben dem *gesellen* den Herren, den verantwortungsbewußten Landesverteidiger.[4]

Im weiteren Verlauf, so Mertens, muß Iwein lernen, Verantwortung als König zu übernehmen, Laudine hingegen muß lernen, ihrer Rolle als Gattin gerecht zu werden. "Soziale Forderung und emotionale Erfüllung konvergieren am Schluß, in dem Zusammenfall ist der Anspruch auf Realität dieser idealen Zielsetzung ritterlicher Existenz manifest."[5] Während Mertens jedoch von komplementären Gesellschafts- und Geschlechterrollen ausgeht, die ein Ebenmaß der Figuren voraussetzen, möchte ich auf die unüberbrückbare Differenz der Geschlechter verweisen, die wegen ihrer grundsätzlichen Andersartigkeit nicht konvergieren können.

Die Motivation Iweins bzw. Laudines zur Ehe ist in der Tat völlig unterschiedlicher Natur. Chrétiens schnellgetröstete Witwe verwundert mit ihrem rapiden Gesinnungswandel nicht nur den modernen Leser, auch die mittelalterlichen Redaktoren mildern den inhärenten Konflikt ihrer Vorlage ab. Im mittelenglischen Ywain and Gawain beispielsweise wird Alundynes Kummer über den Tod des Gatten stark zurückgenommen zugunsten eines geradezu geschäftsmäßigen königlichen Verhaltens, das das Wohl von Land und Quelle weit über Alundynes persönliche Interessen stellt. Hartmanns Protagonistin hingegen thematisiert die ihr unwillkommene Kopplung von Frau und Land, indem sie Lunete gegenüber erklärt, sie wäre ja durchaus gewillt, Iwein zum Beschützer der Quelle zu machen, solange sie ihn nicht deswegen heiraten müsse.

Auch Iwein ist mit diesem Problem konfrontiert: Die Damen, die er durch seine Erlösungstaten befreit, wollen ihn nicht wieder gehen lassen, sondern bieten ihm Hand und Land; der Hausherr in der Burg zum schlimmen Abenteuer will ihm Tochter und Reich sogar unter massiver Gewaltandrohung aufnötigen. Zwar kann Iwein sich diesen Angeboten entziehen, wie eine nähere Betrachtung der Wahnsinns- und Heilungsepisoden zeigen wird, fühlt er sich jedoch über die vertragliche Komponente hinaus an Laudine gebunden und wird dadurch verletzlich auf eine Weise, die Gawain in seiner Mahnrede nicht berücksichtigt hat. Dieser spricht stellvertretend für die Artusgesellschaft, wenn er Iwein ermahnt, sich nicht wie Erec im neugegründeten Hausstand zu *verligen*. Relativiert werden Gawains Ausführungen allerdings nicht nur dadurch, daß er beim Streit der

---

4 Mertens, Laudine: 20.
5 Mertens, Laudine: 62.

Schwestern die falsche Erbin vertritt oder anstelle des *rex inutilis* die Königin zurückerobern muß und deshalb verhindert ist, andere dringende Hilfsaktionen durchzuführen, sondern nicht zuletzt auch deshalb, weil er nicht aus eigener Erfahrung spricht: Gawain ist in seiner Stellvertreterfunktion nur Ritter, nie Gatte.

Hartmann arbeitet das Grundschema besonders deutlich heraus, wenn er am Fall der Dame von Nârîson zeigt, wie eine ritterliche Hilfshandlung regulär vonstatten geht. Im Kontrast zum Brunnenabenteuer am Laudinehof erscheint Iwein hier nicht als Aggressor, der den Hausherren von hinten erschlägt. Vielmehr steht er der bedrängten unverheirateten Dame gegen einen Eindringling bei, ohne von ihr irgendeine Gegenleistung zu fordern. Daß ihm gerne großzügiger Lohn gewährt würde, daran läßt Hartmann jedoch keinen Zweifel:

> dô mohte man schouwen
> vil vriuntlîche blicke.
> si besach in ofte und dicke:
> und wolder lônes hân gegert,
> des wærer dâ gewert:
> sîne versaget im lîp noch guot.
> sone stuont ab niender sîn muot:
> ern wolde dehein ander lôn.[6]

Die erotische Attraktivität des Helden ist offensichtlich. Besonders betont wird sie in der altnordischen Ivens saga und ihren Manuskriptvarianten. Hier ist es in Ms Holm 46 die Burgherrin selbst, in den beiden anderen wichtigen Handschriften[7] sind es sogar alle jungen Damen im Schloß, die ihrer Bewunderung für Iven Ausdruck geben. Erst abschließend mündet diese Bewunderung in den Wunsch, Iven möge doch die Herrin heiraten:

> Sæl værí su er suo dyrligum Riddara hefdí feíngít sína ast. þuiath hann er suo mattugr Jvopna skiptí ath eíngí Riddari stendz honum. suo er hann eínkannligr firir adra Riddara sem rautt gull firir eirí. e(da) solar geislí firir tungls liosí. Gud latí oss þat bída s(ogdu) þær. ath hann værí vorr ok vorrar fru. ok redí ollu Riki hennar.[8]

---

[6] Hartmann von Aue, Iwein: 3794–3801.

[7] Zur Überlieferungssituation vgl. die Einleitung Blaisdells zu seiner Edition, bes. XVII-CIII. Alle Zitate sind ebenfalls entnommen aus: Ivens saga. Hg. v. Foster Warren Blaisdell. Kopenhagen: Reitzel, 1979 (Editiones Arnamagnæanæ B 18).

[8] Ivens saga, MS A: 96–97. "That woman would be fortunate to whom such a magnificent knight gave his love. He is so powerful in the exchange of blows that no knight is his match. He is as outstanding above other knights as red gold before

Für die Saga ist dieser Exkurs ungewöhnlich ausführlich, umso mehr, als es sich um eine Innovation des norwegischen Übersetzers handelt, der ansonsten sehr stark straffend vorgeht. Hier wie bei Hartmann sind die erotischen Phantasien allerdings in den Ehewunsch eingekleidet. Während die Dame in Chrétiens Version sowohl ein Liebes- als auch ein Eheverhältnis in Erwägung zieht und sich fragt, "[...] se il a fame ou a amie / La vossist prandre et noçoiier",[9] kommt für die Frauenfigur der mittelhochdeutschen Version nur eine Ehe in Frage. Dies umso mehr, als auch das Wohl des Landes bei den Überlegungen der Dame eine Rolle spielt:

> si bedûhte des, er wære guot
> ze herren in ir lande:
> und endûhtez sî niht schande,
> sî hete geworben umb in.[10]

Das rollenverkehrte Liebeswerben der Frau um den Mann verweist hier nicht nur auf die Parallelepisode mit Laudine, die genau das macht,[11] sondern ist auch eine der zahlreichen Anspielungen Hartmanns auf seinen Gregorius, in dem die Schwester in einem *double entendre* Gott ihre Liebe auf diese Weise anträgt.[12] Der Mutter/Sohn-Ehe im Gregorius vergleichbar ist auch der explizite Konsens mit dem Volk, das sich ebenfalls die herausragenden Eigenschaften des Ritters auf Dauer sichern möchte. Dabei findet die Austauschbarkeit der Person in einem Nebensatz ausdrücklich Erwähnung – nicht Iwein persönlich, auch ein gleichwertiger Heiratskandidat könne es sein:

> si begunden an in kêren
> den lop unde den prîs,

brass, or a sunbeam above moonlight. May God grant, they said, that he be ours and our lady's lord and rule all the kingdom." Übersetzung nach Foster Warren Blaisdell, Jr. und Marianne E. Kalinke, Übers. Erex Saga and Ivens Saga: The Old Norse Versions of Chrétien de Troyes's Erec and Yvain. Lincoln und London: University of Nebraska Press, 1977, hier: 63. (Einige Modifikationen in der Übersetzung wurden aufgrund der unterschiedlichen Textgrundlage nötig.)

9 Chrétien de Troyes, Yvain: 3318–3319.

10 Hartmann von Aue, Iwein: 3808–3811.

11 "und geloubet mir ein mære: / ê ich iuwer enbære, / ich bræche ê der wîbe site: / swie selten wîp mannes bite, / ich bæte iuwer ê. / ichn nœtlîche iu niht mê: / ich wil iuch gerne: welt ir mich?" (Hartmann von Aue, Iwein: 2327–2333)

12 "swie vastez sî wider dem site / daz dehein wîp mannes bite, / sô lac si im doch allez an, / sô si des state gewan." (Hartmann von Aue, Gregorius: 879–882).

er wære biderbe hövesch und wîs,
und in enmöhte niht gewerren,
heten sin zeinem herren
od einen im gelîchen.
sî wunschten vlîzeclîchen
daz sî des beidiu zæme
daz in ir vrouwe næme.[13]

Im zweiten Fall, in dem Iwein durch eine Hilfsaktion Frau und Land gewinnt, ohne dieses Angebot letztendlich wahrzunehmen, ist der Automatismus seiner Erlösungstat noch deutlicher erkennbar. In der Burg zum schlimmen Abenteuer löst er durch sein Erscheinen eine Abfolge von Ereignissen aus, an der keiner der Beteiligten mehr etwas ändern kann. Der Zwang der *coutume*[14] wird am deutlichsten formuliert vom König der mittelenglischen *romance*: "Herein es ane unsely law, / That has bene used of ald daw / And bus be done for frend or fa."[15] Allen Versionen gleich ist die Insistenz des Landesherren, der sowohl vor als auch nach dem Kampf gegen die Riesen darauf beharrt, daß Iwein als Lohn Tochter und Land anzunehmen hat:

Mon chastel et ma fille a per
Doit avoir et tote ma terre,
Qui les porra andeus conquerre [...][16]

Dô er den sige dâ gewan,
dô bôt in der wirt an
sîne tohter und sîn lant.[17]

---

[13] Hartmann von Aue, Iwein: 3750–3758. Analog Chrétien de Troyes, Yvain: 3243–3254 bzw. Ywain and Gawain: 1907–1908. Ywain and Gawain zitiert nach: Sir Perceval of Galles and Ywain and Gawain. Hg. v. Mary Flowers Braswell. Kalamazoo, MI: Medieval Institute Publications, 1995 (TEAMS).

[14] Grundsätzlich hierzu Erich Köhler, "Le Rôle de la 'coutume' dans les romans de Chrétien de Troyes." Romania 81 (1960): 386–397; deutsch: "Die Rolle des 'Rechtsbrauchs' (costume) in den Romanen des Chrétien de Troyes." In: Erich Köhler. Trobadorlyrik und höfischer Roman. Berlin: Rüten und Loening, 1962: 205–212; sowie Donald Maddox, "Yvain et le sens de la coutume." Romania 109 (1988): 1–17.

[15] Ywain and Gawain: 3129–3131.

[16] Chrétien de Troyes, Yvain: 5488–5490. Vgl. auch Chrétien de Troyes, Yvain: 5699–5702.

[17] Hartmann von Aue, Iwein: 6799–6801. Vgl. auch Hartmann von Aue, Iwein: 6603–6613.

> If thou overcum tham in this stoure,
> Than sal thou have al this honoure
> And my doghter in mariage,
> And also al myne heritage.[18]

> Nu vil ek gefa þer dottur mina ok kast(alann) ok allt mítt Riki ef þu getr þa yfir vnníth.[19]

> Mit pet er [der wirtt] an in wannde,
> das er alldar peÿ yme sollt pestan.
> "Zue miett gib ich eúch mein' tochter süesse mÿnne."[20]

Der verbindliche Vertragscharakter dieses Rechtsakts wird unterstrichen durch die Benutzung der juristischen Termini.[21] Auch Yvain bemüht die einschlägigen Rechtsformeln, wenn er bei Chrétien und in der Romanze unter Aufbietung der größtmöglichen Höflichkeit die Tochter an den Vater zurückgibt: "'Et gié', fet il, 'la vos redoing. / Qui l'a, si l'et! Je n'an ai soing'"[22] bzw. "He said, 'Sen ye gif me hir now, / I gif hir evyn ogayn to yow; / Of me forever I grant hir quite.'"[23] Der Vater, zurecht erbost, nachdem er in gleichartigen Wendungen vor dem Kampf die Konditionen der *coutume* erklärt und nach Bestehen der Prüfung dann eingefordert hat, droht mit Beugehaft und läßt Iwein nur mit größtem Widerwillen ziehen.

Festzuhalten ist in diesem Kontext, daß Iwein in keiner der vorliegenden Versionen eine Verpflichtung Laudine gegenüber als Ehehindernis anführt, sondern auf die Notwendigkeit, zur nächsten Befreiungstat weiterziehen zu müssen, verweist. Ebensowenig verfällt der Vater auf diese Idee; Iweins Weigerung wird immer gleichgesetzt mit Angst vor dem Kampf und persönlicher Feigheit.[24] Nur Hartmann nutzt die Gelegenheit, um auf Iweins Liebe zu Laudine zu verweisen, indem er ihn gleich doppelt

---

18 Ywain and Gawain: 3137–3140. Vgl. auch Ywain and Gawain: 3289–3292.

19 Ivens saga, MS A: 127.

20 Ulrich Füetrer, Iban, Hg. v. Alice Carlson. Riga: A. Nitawsky, 1927: 255,3–5.

21 "Ce est costume et rante assise" (Chrétien de Troyes, Yvain: 5502); "mîn gewonheit" (Hartmann von Aue, Iwein: 6595); "it es knawen custum assise" (Ywain and Gawain: 3148) oder "custume and the right" (Ywain and Gawain: 3182).

22 Chrétien de Troyes, Yvain: 5703–5704.

23 Ywain and Gawain: 3293–3295.

24 Vgl. Chrétien de Troyes, Yvain: 5494–5499; Hartmann von Aue, Iwein: 6639–6643; Ivens saga: 127.

in Versuchung führt.[25] Zum einen wertet er die Tochter des Hauses auf von der perfekten hochadeligen Dame der Vorlage zu einer derart begehrenswert kongenialen Gefährtin, daß nur der Gedanke an Laudine Iwein wieder von ihr losreißen kann:

und het er sî nie gesehen,
sô wær im verre baz geschehen:
wand im tete daz scheiden wê.
ern erkunte sît noch ê
âne sîn selbes wîp
nie süezer rede noch schœnern lîp.[26]

Zum anderen hebt er als einziger Redaktor die erotische Bedrohung der Treue Iweins durch das gemeinsame Nachtlager mit seiner Begleiterin hervor:

swer daz nû vür ein wunder
ime selbem saget
daz im ein unsippiu maget
nahtes alsô nâhen lac
mit der er anders niht enpflac,
dern weiz niht daz ein biderbe man
sich alles des enthalten kan
des er sich enthalten wil.
weizgot dern ist aber niht vil.[27]

Mit dieser Feststellung nimmt Hartmann eine diametral gegensätzliche Stellung ein zu dem, was seine Erzählerfigur im Gregorius behauptet hat.[28] Dort hält er nicht einmal Familienmitglieder für fähig, sich in einer derartigen Situation zu beherrschen; umso bemerkenswerter ist Iweins Zurückhaltung. Auch hier durchbricht er das herkömmliche "Reiz-Reaktion-Schema"[29] und handelt gegen seine männliche Natur.

---

[25] Vgl. hierzu auch Klaus Speckenbach, "Rîter – geselle – herre. Überlegungen zu Iweins Identität." In: Dietmar Peil et al., Hgg. Erkennen und Erinnern in Kunst und Literatur. Kolloquium Reisensburg, 4.–7. Januar 1996. Tübingen: Niemeyer, 1998: 115–146; hier: 118.

[26] Hartmann von Aue, Iwein: 6511–6516.

[27] Hartmann von Aue, Iwein: 6574–6582.

[28] Vgl. Hartmann von Aue, Gregorius: 415–420.

[29] Diese Terminusübertragung wurde meines Wissens zum ersten Mal durchgeführt von Ingrid Hahn, hier in Bezug auf die Unfähigkeit eines Ritters, einer aventiure auszuweichen. Vgl. Ingrid Hahn, "Güete und Wizzen: Zur Problematik von Identi-

4.2. Laudines Motivation zur Ehe

Der Unterschied des Frauenbilds, wie es Chrétien portraitiert, zu dem Hartmanns läßt sich im Vorfeld der Eheschließung Iweins und Laudines besonders deutlich fassen, da beide Autoren die Gelegenheit zu grundsätzlichen Äußerungen über das Wesen der Frau nutzen. Ausgehend von einem Zitat, das Ovids Ars Amatoria entnommen ist ("Sed sunt diversa puellis / Pectora: mille animos excipe mille modis"[30]) legt Chrétien seinem Protagonisten folgende Überlegungen über den Wankelmut der Frauen in den Mund:

> [...] fame a plus de mil corages.
> Celui corage, qu'ele a ore,
> Espoir changera ele ancore,
> Ainz le changera sanz 'espoir',
> Si sui mout fos, qui m'an despoir.
> Et Des li doint par tans changier![31]

Wenn Yvain den Frauen als geschlechtsspezifisches Charakteristikum zuschreibt, sie würden beständig ihre Meinung ändern, ist dies nicht abwertend misogyn gedacht, sondern als zunächst wertneutrale Feststellung einer Tatsache gemeint, die ihre Validität nicht zuletzt aus ihrer unabhängigen Existenz als Sprichwort bezieht. In Yvains spezieller Situation ist der

---

tät und Bewußtsein im Iwein Hartmanns von Aue." PBB 107 (1985): 190–217, hier: 202.

[30] Publius Ovidius Naso, Ars Amatoria. Hg. und übers. v. Michael von Albrecht. Stuttgart: Reclam, 1992: I,755–756. Vgl. hierzu Jean Frappier, Etude sur Yvain ou le Chevalier au lion. Paris: C.D.U. et S.E.D.E.S. reunis, 1969: 74. Dieses Zitat wird nicht aufgeführt im Thesaurus Proverbiorum Medii Aevi. Die statt dessen als Quelle für das Chrétien-Zitat benannte Passage aus Senecas Remedia Fortuitorum: "Nihil est tam mobile quam feminarum voluntas, nihil tam vagum" bietet weder das Zahlwort noch eine Fortsetzung der Negation (vgl. Thesaurus Proverbiorum Medii Aevi. Hg. v. Kuratorium Singer der Schweizerischen Akademie der Geistes- und Sozialwissenschaften. Berlin und New York: de Gruyter, 1996: III,343–344). Woledge und mit ihm Okken nennen als Quelle außerdem Merkurs Mahnung an Aeneas, Dido rechtzeitig zu verlassen: "varium et mutabile semper / Femina" (Vergil, Aeneis IV,569–570). Vgl. Brian Woledge, Commentaire sur Yvain (Le Chevalier au Lion) de Chrétien de Troyes. Genève: Droz, 1986 (Publications Romanes et Françaises 170): 111–112 bzw. Lambertus Okken, Kommentar zur Artusepik Hartmanns von Aue. Im Anhang: Bernhard Dietrich Haage. Die Heilkunde und Der Ouroboros. Amsterdam: Rodopi, 1993 (APSL 103): 302. Diese These wird nicht aufgegriffen im TPMA; vgl. III,339–340.

[31] Chrétien de Troyes, Yvain: 1436–1441.

weibliche Wankelmut sogar positiv besetzt, weil er nur durch ihn hoffen kann, jemals Laudines Liebe zu erringen. Der Erzählerkommentar an späterer Stelle, der wiederum eine allgemeingültige Sentenz[32] zum Ausgangspunkt nimmt und dem weiblichen Geschlecht vorwirft, das abzulehnen, was es eigentlich will,[33] ist dagegen wertend und spricht von *folor* bzw. *folies*.[34]

> Mes une folor a an soi,
> Que les autres fames i ont,
> Et a bien pres totes le font,
> Que de lor folies s'escusent
> Et ce, qu'eles vuelent, refusent.[35]

Dieses proverbiale *gendering* Laudines zeichnet sich durch seine Langlebigkeit aus, die sich in vielen Iweinversionen manifestiert.[36] Hartmann greift beide Argumentationsstränge aus Chrétien auf (1: die Unbeständigkeit; 2: die Heuchelei). Er vereinigt sie zu einer längeren Ausführung in einem Erzählerkommentar, der sich ausdrücklich von der Vorlage distanziert. Beginnend mit der Sentenz aus dem Yvain, die dort ja pejorativ durchgearbeitet wurde (2: die Heuchelei), integriert er in seine Ausführungen das Ovidzitat[37] der Figurenrede (1: die Unbeständigkeit). Obgleich es von Hartmann hier erst an zweiter Stelle genannt wird, wirkt das Zitat doch bereits auf die Auslegung der Sentenz ein und deutet sie zum Positi-

---

32 Vgl. hierzu grundsätzlich Wilhelm Weise, Die Sentenz bei Hartmann von Aue. Diss. Marburg 1910; sowie Jutta Goheen, "'Bistuz Iwein, ode wer?' Hartmanns letztes Epos als Spätwerk." ABäG 7 (1974): 47–83; bes. 50–62 und Manfred Eikelmann, "Autorität und ethischer Diskurs. Zur Verwendung von Sprichwort und Sentenz in Hartmanns von Aue 'Iwein'". In: Autor und Autorschaft im Mittelalter. Kolloquium Meißen 1995. Hg. v. Elizabeth Andersen et al. Tübingen: Niemeyer, 1998: 73–100.

33 Zu Quelle und Parallelstellen, vgl. TPMA III,363–365.

34 Yvain hingegen bezeichnet sich selbst als *fos*, wenn er die Hoffnung aufgeben würde (vgl. Chrétien de Troyes, Yvain: 1440).

35 Chrétien de Troyes, Yvain: 1640–1644.

36 Vgl. Ywain and Gawain: 967–968, Ivens saga: 42–43 bzw. das Mabinogi: 101. Bezug auf das mittelkymrische Mabinogi "Die Geschichte von der Gräfin vom Brunnen" wird stets genommen in der Übersetzung von Helmut Birkhan, Keltische Erzählungen vom Kaiser Arthur I. Wien et al.: Böhlau, 1985 (Fabulae mediaevales 5): 79–125.

37 Nicht berücksichtigt bei Eikelmann, "Autorität und ethischer Diskurs".

ven hin um.[38] Yvains Überlegungen zur Unzuverlässigkeit der weiblichen *corage* will Hartmann so nicht mißverstanden wissen als *unstæte*. Statt dessen will er diese wesensmäßig weibliche Eigenschaft verursacht sehen durch eine andere, die der *güete*. Diese *guote wandelunge* ist für Hartmann etwas grundsätzlich anderes als das trügerische Frauenbild Chrétiens.[39] Für Hartmann sind alle Frauen *guot* und nur zu einer Veränderung zum Guten hin fähig, wie er durch beständige Wortwiederholung unterstreicht:

> [...] doch tete sî sam diu wîp tuont:
> sî widerredent durch ir muot
> daz sî doch ofte dunket guot.
> [...]
> er missetuot, der daz seit,
> ez mache ir unstætekheit:
> ich weiz baz wâ vonz geschiht
> daz man sî alsô dicke siht
> in wankelm gemüete:
> ez kumt von ir güete.
> man mac sus übel gemüete
> wol bekêren ze güete
> unde niht von guote
> bringen ze übelem muote.
> diu wandelunge diu ist guot:
> ir deheiniu ouch anders niht entuot.
> swer in danne unstæte giht,
> des volgære enbin ich niht:
> ich wil in niuwan guotes jehen.
> allez guot müez in geschehen.[40]

---

[38] Zum Nebeneinander von Frauenverehrung und Frauenverachtung vgl. Joachim Bumke, Höfische Kultur. Literatur und Gesellschaft im hohen Mittelalter. München: dtv, [5]1990: II,454–466; zu dieser Passage: 459–460. Zu Laudines *güete* vgl. auch Peter Wapnewski, Hartmann von Aue. Stuttgart: [7]1979: 78–79 (Wapnewskis Interpretation Laudines als “anklagend, herrisch, blind und berechnend” [78] kann heute als überholt gelten) sowie Norbert Sieverding, Der ritterliche Kampf bei Hartmann und Wolfram. Seine Bewertung im Erec, Iwein und in den Gahmuret- und Gawan-Büchern des Parzival. Heidelberg: Carl Winter, 1985: 105–115.

[39] Wolfram von Eschenbach jedoch kehrt zu dieser Interpretation zurück, wenn er *vron Luneten rât* als Negativfolie zitiert und kommentiert: “Sigûne gerte ergetzens niht [wie Laudine], / als wîp die man bî wanke siht” (Wolfram von Eschenbach, Parzival: 253,15–16).

[40] Hartmann von Aue, Iwein: 1866–1888.

Die Auseinandersetzung Hartmanns mit seiner Quelle sieht den Erzähler auf seiten Yvains, nicht Chrétiens, des von ihm zitierten "Missetäters", indem er die Figurenrede zu der seinen macht und gegen seine Vorlage Partei ergreift. Diese intertextuelle Diskussionsebene ist den Ausführungen Eikelmanns hinzuzufügen, der von einer ironischen Infragestellung der Sentenz[41] spricht, ohne die Zwischenstation über Chrétien mit zu berücksichtigen.

Der weiblichen *guoten wandelunge* entgegengesetzt ist Iweins maskuline *unwandelbære* Art, die nur durch die überlegene Kraft der Minne (also originär der Schönheit der Frau) außer Kraft gesetzt werden kann und Hartmanns obige Ausführungen scheinbar Lügen straft: Iweins *perversio*, versinnbildlicht durch den Chiasmus *lîp/sinne – sinne/lîp,* führt ihn nicht zum *summum bonum*, sondern treibt ihn in den Wahnsinn: "swie manhaft er doch wære / und swie unwandelbære / an lîbe unde an sinne, / doch meistert vrou Minne / daz im ein krankez wîp / verkêrte sinne unde lîp."[42]

Iweins Wahnsinn erweist sich jedoch nur als Durchgangsstadium. Verweisen möchte ich in diesem Zusammenhang auf Ingrid Hahns Beobachtung, daß "*vrum* und *guot* [...], bezogen auf den Protagonisten, komplementär distribuiert"[43] sind. Hahn sieht darin vor allem den Statuswechsel der Aventiure zur Erlösungstat bezeichnet. So wird die *vrümekeit* des ersten Aventiurewegs zur *güete* des zweiten, die "dem Hörer zunächst nicht als Eigenschaft Iweins [...], sondern als Kennzeichen einer [einfühlenden] Welt"[44] entgegentritt. Diese einfühlende Welt ist, wie auch aus Hahns Beispielen ersichtlich wird, in der Regel personifiziert durch Frauen. Diesen ist die *güete* als weibliche Eigenschaft schon von vorneherein gegeben.[45] Iweins *guote wandelunge* läßt sich unter diesem Gesichtspunkt durchaus als Inkorporation des Weiblichen, als Feminisierung, verstehen. Im Exzeß, als Liebeskrankheit, wird die Veränderung des Mannes durch unmäßige

---

41 Vgl. Eikelmann, "Autorität und ethischer Diskurs": 87.

42 Hartmann von Aue, Iwein: 3251–3256. Frau Minne erfüllt hier die Funktion, die im Gregorius dem Teufel zugeteilt ist, der dem Bruder die reine Liebe zur Schwester *verkêrt*. Vgl. Kapitel 3.2.

43 Hahn, "Güete und Wizzen": 197.

44 Vgl. Hahn, "Güete und Wizzen": 197–198.

45 Ähnlich subsumiert Hahn den Armen Heinrich, wo "das Erbarmen des Mädchens, ihr Opfer des Lebens reine *kindes güete* (322) [ist], die in Heinrich das Wunder der *niuwen güete* (1240) hervorruft." (Hahn, "Güete und Wizzen": 197)

Liebe auch als 'Frauenkrankheit' verstanden; Isidor spricht so von "femineus amor".[46]

Selbst die ältere Schwester im Erbdisput, die der Jüngeren ihren Anspruch zunächst streitig zu machen versucht, will sich nach Artus' abschlägiger Entscheidung dadurch entschuldigen, daß es in der weiblichen Natur liegt, viel und Dummes zu reden, und auch sie nicht anders könne. Dies widerspricht nicht der Grundauffassung von weiblicher *güete*. Das Resultat weiblicher Rede kann negativ sein, nicht jedoch die Intention: "herte und doch ân argen list, / geværlich und doch âne haz: / wan wirne kunnen leider baz."[47]

Hauptrepräsentant der *rehten güete* ist jedoch König Artus *der guote*, der in den vielzitierten ersten Versen des Prologs[48] Vorbildcharakter zugewiesen bekommt.[49] Während Hahn jedoch darauf verweist, daß die Artusnorm dem ersten Kursus zuzuordnen ist, der zweite Kursus des Protagonisten dann aber ein "Weg zum Verstehen"[50] und zu einer neuen individuellen Identität ist, möchte ich auf den konstanten Rekurs Hartmanns auf die weibliche *güete* verweisen, die nicht als überholtes Gesellschaftsmodell im Doppelweg überwunden wird, sondern die vielmehr ritterliche Bewährung erst möglich macht.

Lunete hält es für ein Zeichen genuin weiblicher Rede- und Denkweise ("ir sprechet eht als ein wîp"[51]), als Laudine den Wunsch äußert, einen Brunnenverteidiger zu finden, der nicht gleichzeitig zu ihrem Gatten avanciert. *Weiblich* ist hierbei gleichbedeutend mit *abweichend von der Norm.* Es gibt keine entgegengesetzte *männliche* Denkweise; das Gegenteil von *weiblich* ist *normal.* So verstehe ich auch Kruegers Beobachtung, "Lunete's language in this section, tinged with proverbial misogyny, resembles that of Laudine's male adviser."[52] Lunete, die sich nicht den Rollen-

---

46 San Isidoro de Sevilla, Etimologías: XI.2.24.

47 Hartmann von Aue, Iwein: 7682–7684.

48 Hartmann von Aue, Iwein: 1–10.

49 Vgl. hierzu Wiebke Freytag, "rehte güete als wahrscheinlich gewisse lêre: Topische Argumente für eine Schulmaxime in Hartmanns Iwein." In: Martin H. Jones und Roy Wisbey, Hgg., Chrétien de Troyes and the German Middle Ages. Papers from an International Symposium. Cambridge: Brewer, 1993: 165–217; mit ausführlichen Literaturangaben.

50 Hahn, "Güete und Wizzen": 215.

51 Hartmann von Aue, Iwein: 1921.

52 Roberta L. Krueger, "Love, Honor, and the Exchange of Women in Yvain: Some Remarks on the Female Reader." Romance Notes 25 (1985): 302–317; hier: 308.

erwartungen der adligen heiratsfähigen Dame beugen muß, steht es nicht zu, sich wie eine *vrouwe* zu verhalten. Dadurch hat sie aber auch die Möglichkeit, der (männlichen) *ratio* das Wort zu reden. Erst die soziale Stellung konstituiert *gender*, und so ist Lunete in gleichem Maße geschlechts- wie machtlos.

Daß Lunete an einem geschlechtsspezifischen Diskurs, der Liebe, Heirat und Herrschaft verbindet, nicht teilhat, beantwortet auch die Frage nach Lunetes selbstloser Hilfe, die Iwein nur für die Königin, aber nie für sich selbst begehrt. Karl Bertau hingegen hält es für "mit der Glaubwürdigkeit schwer vereinbar", "daß diese Frau, die jungfräuliche Lunete, ihn nicht selbst liebt."[53] Deshalb versteht er Lunete und Laudine als "strukturale Dubletten",[54] die liebende Jungfrau und die erfahrene Witwe, die Iwein, der nach seiner symbolischen Kastration "bestenfalls nur noch ein halber Ritter"[55] ist, durch ihre Ringe zum Ganzen vervollständigen.[56]

> Unternommen wird hier [...] die Initiation eines jungen Mannes in ein *autre monde* und *au delà*, in das Zauberreich des ergänzenden Weiblichen. Vollendet wird diese Initiation eines jungen Mannes in die andere Welt der Weiblichkeit durch eine erfahrene Frau.[57]

Mittel dieser Initiation und einzige Kommunikationsform mit der Frau ist für Bertau die Sexualität, die er – ohne diese Interpretation zu problematisieren – symbolisiert sieht als gewaltsames, legitimes, und durch Liebesnot exkulpiertes Begießen des Steines.[58] Diese Gewalt Laudine gegenüber sowie auch die implizierte Ablösung der jungfräulichen Dienerin durch die

---

Zu Lunetes *gendering*, siehe auch Grace M. Armstrong, "Women of Power: Chrétien de Troyes's Female Clerks." In: Michel Guggenheim, Hg., Women in French Literature. Saratoga, Ca.: Anima libri, 1988: 29–46.

53 Karl Bertau, "Der Ritter auf dem halben Pferd oder Die Wahrheit der Hyperbel." PBB 116 (1994): 285–301; hier: 288.

54 Bertau, "Der Ritter auf dem halben Pferd": 291.

55 Bertau, "Der Ritter auf dem halben Pferd": 287. Im Gegensatz zu seinen Ausführungen über die Frauenfiguren übt Bertau hier Zurückhaltung im Ausdruck. Weder benutzt er den Terminus *Kastration*, noch verweist er auf die symbolkräftige Beschneidung der Sporen Iweins durch das Fallgitter.

56 Anschließend wird der Löwe den Helden ergänzen (vgl. Bertau, "Der Ritter auf dem halben Pferd": 292). Leider führt Bertau nicht aus, wie dieser Sachverhalt in seine Interpretation des magisch-erotisch-Weiblichen als des Mannes Komplementierung paßt.

57 Bertau, "Der Ritter auf dem halben Pferd": 294–295.

58 Vgl. Bertau, "Der Ritter auf dem halben Pferd": 293–294.

sexuell erfahrene Herrin und das damit verbundene Frauenbild vermag ich nicht im Iwein Hartmanns oder Chrétiens wiederzufinden.

Als Sprachrohr der 'Staatsraison' gibt Lunete ihrer Königin deutlich zu verstehen, daß ihr Brunnen, ihr Land und ihre Ehre eine untrennbare Einheit sind,[59] deren Wahrung nur im Verbund vollzogen werden kann. Laudine hatte ursprünglich gehofft, Öffentliches und Privates trennen zu können.[60]

> sît ich ân einen vrumen man
> mîn lant niht bevriden kan,
> so gewinn ich gerne einen,
> und anders deheinen,
> den ich sô vrumen erkande
> daz er mînem lande
> guoten vride bære[61]
> und doch mîn man niht wære.[62]

Bedeutsam ist dabei nicht nur das Beharren Laudines auf ihrem Recht nach freier Gattenwahl, sondern auch die Aufwertung der Frauenfigur zur Landesherrin. Hartmann hebt ihren Rang von der Herzogstochter Chrétiens zur Königin, die selbst Artus im Rang in nichts nachsteht; so ist beispielsweise der Steigbügeldienst, den Laudine im Yvain leistet, im mittelhochdeutschen Text eliminiert. Deutlich wird dadurch aber auch die Defizienz: Bei aller sozialen Gleichstellung kann eine Königin doch nicht ihr Land mit Waffengewalt verteidigen. Dieses Ungleichgewicht der Geschlechter bleibt bestehen und wird gerade in Laudines Fall ironisiert durch die Absurdität der *coutume* um den Brunnen: Der konkrete Anlaß für die *gâhe* Eheschließung ist die unmittelbar bevorstehende Ankunft König Artus', der hier als Bedrohung angesehen wird, obwohl auch am Laudinehof sein

---

59 Vgl. Hartmann von Aue, Iwein: 1823–1827.

60 Dies im Gegensatz zu Michael Graf, der Laudines Liebe als Reaktion auf Iweins martialische Potenz versteht: "[Laudine] liebt [Iwein], weil er die Qualität hatte, ihren Mann erschlagen zu können. Sie liebt einfach seine Potenz, kraft derer er ihr als Quellenverteidiger von 'politischem' Nutzen ist." In: Michael Graf, Liebe, Zorn, Trauer, Adel – die Pathologie in Hartmann von Aues [*sic*] Iwein: Eine Interpretation auf medizinhistorischer Basis. Bern et al.: Lang, 1989: 177.

61 Zum *guoten vride* "im Zusammenhang mit den ausgesprochenen realitätsorientierten Überlegungen Laudines", vgl. Albrecht Hagenlocher, Der "guote vride": idealer Friede in deutscher Literatur bis ins frühe 14. Jahrhundert. Berlin und New York: de Gruyter, 1992: 47–50; Zitat: 49.

62 Hartmann von Aue, Iwein: 1909–1916.

Ruf als Friedensstifter bekannt sein müßte. Nicht nur der Anlaß zur schnellen Heirat läßt sich hinterfragen; es will auch nicht zur Sorge des Laudinehofs passen, daß Iwein anschließend sein Land für ein Jahr schutzlos zurücklassen kann. Hartmann unterläuft hier die oberflächliche Aussage seines eigenen Textes: *de facto* braucht Laudine Iwein nicht. Auch dies ist eine bewußte Innovation gegenüber der Vorlage Chrétiens, der die Prioritäten noch anders setzt. In seiner Version will Laudine primär den Mann und nutzt den Brunnen als geeigneten Vorwand, um das Einverständnis der Barone zu erringen.

4.3. Iweins Motivation zur Liebe

Laudines weibliche *güete* besteht also vorrangig darin zu erkennen, daß eine Königin sich nicht als weiblicher König, sondern als Frau eines Königs definiert und ihrer Pflicht als Landesherrin nachkommen muß, indem sie sich angemessen verheiratet. Die Ehe mit Iwein ist ein Rechtsbündnis; "von personaler Liebe [kann] noch keine Rede sein."[63] Laudine also verheiratet sich, Iwein dagegen verliebt sich. Der Auslöser seiner Liebe ist dabei unzweifelhaft die Schönheit Laudines, die durch die Augen in sein Herz dringt.[64] So beschreibt Hartmann die Wirkung des Anblicks der trau-

---

63 Vgl. Mertens, Laudine: 14–16; Zitat: 15. So auch Krause, "Zur Psychologie von Kommunikation und Interaktion": 227. Krueger verweist auf die "disparity and inequality of Yvain's and Laudine's love" in Chrétiens Text, in dem Yvain ca. 300 Verse (Chrétien de Troyes, Yvain: 1361–1544) zur Beschreibung seiner Liebe zugewiesen werden, Laudine jedoch nur ca. 30 Verse (Chrétien de Troyes, Yvain: 1751–1783). Der Aufwand für die Beschreibung der Liebe zwischen Yvain und dem Löwen ist vergleichsweise umfangreicher (vgl. Krueger, "Love, Honor, and the Exchange of Women in Yvain": 311). Gegenteiliger Meinung sind Hedda Ragotzky und Barbara Weinmayer, "Höfischer Roman und soziale Identitätsbildung. Zur soziologischen Deutung des Doppelwegs im Iwein Hartmanns von Aue." In: Christoph Cormeau, Hg., Deutsche Literatur im Mittelalter. Kontakte und Perspektiven. Gedenkschrift Hugo Kuhn. Stuttgart: Metzler, 1979: 211–253; hier: 219–220; Anm. 12.

64 Zum (neo)platonischen und aristotelischen Erbe und dessen Neuakzentuierung im Mittelalter vgl. das Kapitel zur "Mystik des Auges und des Herzens" bei Herbert Kolb, Der Begriff der Minne und das Entstehen der höfischen Lyrik. Tübingen: Niemeyer, 1958: 18–38; Wolf Gewehr, "Der Topos 'Augen des Herzens' – Versuch einer Deutung durch die scholastische Erkenntnistheorie." DVjs 46 (1972): 626–649 sowie grundlegend Schnell, Causa amoris: 241–274. Beispiele aus der Romania und dem deutschen Mittelalter bieten Xenja von Ertzdorff, "Die Dame im

ernden Laudine auf Iwein im Versteck: "dâ was ir hâr und ir lîch / sô gar dem wunsche gelîch / daz im ir minne / verkêrten die sinne, / daz er sîn selbes gar vergaz."[65] Und so entlockt es Laudine selbst ihrem Verehrer in einem Frage- und Antwortspiel: Wer hat es ihm geraten, sie zu heiraten? – "[sîn] selbes lîp".[66] – Und wer hat es seinem Leib geraten? – Sein Herz. – Und wer dem Herzen? – Die Augen. – Und wer den Augen? – "iuwer schœne und anders niht".[67] Das Eindringen der Liebe von außen nach innen wird sprachlich in umgekehrter Richtung zum Ausgangspunkt zurückverfolgt, einmündend in ihre Ursache: Laudines Schönheit. Diesen Austausch hat Hartmann nahe an seinem Vorbild geformt, wobei Chrétien noch eine Schilderung der Liebesleiden Yvains anschließt:

> An tel, que de vos ne se muet
> Mes cuers, n'onques aillors nel truis
> An tel, qu'aillors panser ne puis,
> An tel, que toz a vos m'otroi,
> An tel, que plus vos aim que moi,
> An tel, s'il vos plest, a delivre,
> Que por vos vuel morir ou vivre.[68]

Damit bewegt sich Chrétien näher an der Minnereflexion der höfischen Lyrik, die dem Liebeskranken Raum zur Verbalisierung der eigenen Be-

---

Herzen und das Herz bei der Dame." ZfdPh 84 (1965): 6–46 sowie Eva B. Scheer, *daz geschach mir durch ein schouwen*. Wahrnehmung durch Sehen in ausgewählten Texten des deutschen Minnesangs bis zu Frauenlob. Frankfurt/M. et al.: Peter Lang, 1990: 153–178. Eine erschöpfende Auflistung der mittelhochdeutschen Beispiele findet sich bei Gudrun Schleusener-Eichholz, Das Auge im Mittelalter. München: Fink, 1985 (MMS 35): II,759–787.

65 Hartmann von Aue, Iwein: 1333–1337.

66 Hartmann von Aue, Iwein: 2348.

67 Vgl. Hartmann von Aue, Iwein: 2355.

68 Chrétien de Troyes, Yvain: 2026–2032. Vgl. die Romanze: "Madame," he said, "anis with a luke, / Al my hert with the thou toke. [...]" (Ywain and Gawain: 1161–1162) und die Saga: "Jþvilikan vilía naudgar mik mítt hiarta s(agdi) hann. firir hueriar sakir segir hon. þínn hínn fysilega fegurd s(agdi) hann. huatt hefir fegurd mínn misgiortt vid þik sagdí hon. fru kuad hann þuí ath hon giorir mik elska." (Ivens saga, MS A: 59–60). Auch in Beaumanoirs Manekine wird das Erwachen des inzestuösen Begehrens geschildert als ein Pfeil, der durch die Augen ins Herz dringt und dem Vater keine Wahl mehr läßt: "[...] une amor qui est vilaine / Et encontre toute raison / Me fait amer, ou voeille ou non." (Beaumanoir, La Manekine: 438–440)

findlichkeit bietet.[69] Hartmanns Kürzung hingegen betont die Mechanisierung der Minne, die dem Mann keine Wahl läßt, weil er auf den Anblick von Schönheit mit Liebe reagieren muß.[70] So beginnt auch Andreas Capellanus' Definition der Liebe, der sie als angeborene Leidenschaft beschreibt: "Amor est passio quaedam innata procedens ex visione et immoderata cogitatione formae alterius sexus."[71] Andreas durchdenkt diese Kausalität bis in die letzte Konsequenz: Ein blinder Mann kann sich nicht verlieben, weil er sich kein Bild von der Dame machen kann, wohl aber verliebt bleiben, wenn er die Frau gesehen hat, bevor er erblindet ist.[72] Eine vergleichbare Logik bieten einige Kommentatoren des Viaticum[73] auf. Als Heilmittel *per contrarium* verschreiben sie den Anblick häßlicher Frauen oder, nach Avicenna, den Anblick von Frauen oder anderen Dingen, die an Schönheit die Geliebte übertreffen, um so von ihr abzulenken.[74]

Andreas Capellanus beschreibt die Wirkung der durch Schönheit verursachten *passio* als Wunsch zur Vereinigung.[75] Constantinus Africanus, der

---

[69] Vgl. die Verwendung des Topos bei Heinrich von Morungen: "der enzwéi bráeche mir daz herze mîn, / der möhte sî schône drinne schouwen. / Si kam her dur diu ganzen ougen / sunder tür gegangen." (MF 127,1: 3–6) Dazu auch Gewehr, "Der Topos 'Augen des Herzens'": 649. Gewehr betont die Bedeutung des gegenseitigen Erkennens als Voraussetzung für die Liebe; in Iweins Fall jedoch ist sowohl die Betrachtung als auch das ausgelöste Begehren eindirektional.

[70] Vergleichbar formuliert durch Chrétien in Cligès: "Li iauz n'a soing de rien antandre / Ne rien n'i puet feire a nul fuer" (Christian von Troyes, Cligès. Hg. von Wendelin Foerster. Halle: Niemeyer, 1884; repr. Amsterdam: Rodopi, 1965: 710–711). Vgl. auch das *versinnen* Parzivals beim Anblick der Blutstropfen im Schnee, das Gawan mechanisch durch ein Abdecken mit seinem Umhang beenden kann (Wolfram von Eschenbach, Parzival: 281,9–302,16).

[71] Andreas Capellanus, [De Amore.] On Love. Hg. v. P. G. Walsh. London: Duckworth, 1982: I.1.32.

[72] Vgl. Andreas Capellanus, De Amore: I.3.40. Als Paradoxon fand der Topos vom Sehen trotz Nicht-Sehen auch Eingang in den Minnesang, z. B. bei Walther von der Vogelweide: "sîn gesach mîn ouge lange nie. / sint ir mînes herzen ougen bî, / sô daz ich âne ougen sihe sie?" (68, III: 2–4 [= L 99,21–22]). Zitiert nach: Christoph Cormeau, Hg., Walther von der Vogelweide: Leich, Lieder, Sangsprüche. Berlin und New York: de Gruyter, 1996. Weitere Beispiele bei Kolb, Der Begriff der Minne und das Entstehen der höfischen Lyrik: 34–36.

[73] Zum Viaticum vgl. Kapitel 4.5.

[74] So Petrus Hispanus, vgl. Wack, Lovesickness in the Middle Ages: 224–226 und 250.

[75] Vgl. Andreas Capellanus, De Amore: I.1.1.

durch seine Übersetzungen arabischer Fachliteratur zum wichtigsten Übermittler nahöstlichen und griechischen Medizinwissens wurde, konstatiert ein Ungleichgewicht der *humores*.[76] Er definiert die Liebeskrankheit, *amor hereos*, als die Notwendigkeit zur Ejakulation,[77] veranlaßt durch den Anblick von Schönheit, mit dem Koitus als der naheliegenden Therapie:

> Aliquando huius amoris necessitas nimia est nature necessitas in multa humorum superfluitate expellenda. Unde Rufus.[78] Coitus, inquid, ualere uidetur quibus nigra colera et mania dominantur. Redditur ei sensus et molestatio herios tollitur, si etiam cum non dilectis loquatur. Aliquando etiam eros causa pulchra est formositas considerata. Quam si in sibi consimili forma conspiciat, quasi insanit anima in ea ad uoluptatem explendam adipiscendam.[79]

Diese Perspektive funktionalisiert die Frau, die als Purgiermittel gleichrangig ist dem Schröpfkopf etwa oder dem Ansetzen eines Blutegels. Diese Vorstellung war auch dem deutschen Mittelalter nicht fremd, wie beispielsweise die Lehren des Winsbecken zeigen, der seinem Sohn als *erzenîe* das Auflegen eines *reinen wîps* im Herzen empfielt, "als der trîak daz eiter tuot, / ir wîplîch güete dirz [sc. das verzagen] verjaget."[80] Auch die Darstellungen auf dem Maltererteppich (1310/20)[81] objektivieren und dämonisieren die Frau, wenn die dort abgebildeten sog. "Minnesklaven" der Lächerlichkeit preisgegeben werden (der gerittene Aristoteles, Vergil im Korb) oder mit dem Leben für ihre Leidenschaft bezahlen müssen (Samson). Der gemeinsame Nenner ist das Ausgeliefertsein an die weibliche Schönheit gegen alle Vernunft. Und unter diesem Gesichtspunkt

---

76 Zur Schwarzgalligkeit Verliebter und Wahnsinniger vgl. Kapitel 4.5.

77 Zum Begriff *amor hereos* vgl. Bernhard D. Haage, "'Amor hereos' als medizinischer terminus technicus in der Antike und im Mittelalter." In: Theo Stemmler, Hg., Liebe als Krankheit. Tübingen: Narr, 1990: 31–73.

78 Rufus von Ephesus (1. Jh.), über Oribasius und ibn al-Jazzar eine Quelle Constantins, vgl. Wack, Lovesickness in the Middle Ages: 6–14.

79 Constantinus Africanus, Viaticum: 188, 8–16.

80 In: Winsbeckische Gedichte nebst Tirol und Fridebrant. Hg. v. Albert Leitzmann. 3. Aufl. hg. v. Ingo Reiffenstein. Tübingen: Niemeyer, 1962 (ATB 9): 14,9–10. Weitere Beispiele bei Trude Ehlert, "Die Frau als Arznei. Zum Bild der Frau in hochmittelalterlicher deutscher Lehrdichtung." ZfdPh 105 (1986): 42–62.

81 Zum Maltererteppich vgl. James A. Rushing, Images of Adventure. Ywain in the Visual Arts. Philadelphia: University of Pennsylvania Press, 1995: 218–244 (Abbildungen der beiden Iwein-Medaillons: 226 und 227). Für Farbabbildungen aus dem Augustinermuseum Freiburg vgl.: http://www.zum.de/Faecher/G/BW/Landeskunde/rhein/kultur/museen/augustin/tepp.htm. Zuletzt aufgerufen: 1. Mai 2004.

Schönheit gegen alle Vernunft. Und unter diesem Gesichtspunkt wurde auch Iwein in die Ikonographie des Maltererteppichs integriert.[82]

Diese Liebe entsteht bei Laudine nicht. Sie läßt sich von Lunete überreden, Iwein zu heiraten, bevor sie ihn gesehen hat. Wichtiger als seine Schönheit sind für sie sein Name, seine Erziehung und seine Herkunft,[83] dynastische Überlegungen also. Der *female gaze*, wie auch die zahlreichen Beispiele bei Ehlert zeigen,[84] löst nicht gegengleich die Liebe der Frau aus, sondern ist vielmehr ein gesellschaftliches Manko: Eine Dame, die ihre Blicke schweifen oder auf einem Mann verharren läßt, erweckt den Anschein von Unkeuschheit und schadet so ihrem Ruf.

4.4. Exkurs: Iwein in der bildenden Kunst

Diese magnetische Anziehungskraft Laudines, die über ihre begehrenswerte Schönheit zum Ziel ritterlichen Strebens wird, findet sich besonders wirkungsvoll dargestellt in einem Kellergewölbe im sog. Hessenhof in Schmalkalden. Zusätzlich interessant wird die visuelle Umsetzung der Iwein-Handlung durch das Fehlen einer Darstellung des zweiten Kursus, besonders der Wahnsinnsepisode. In dieser Iweinversion ist kein Doppelweg-Konzept zu erkennen, kein Bewußtsein einer Krise oder einer Notwendigkeit zur Bewährung nach der Eroberung von Königin und Königtum. Deswegen möchte ich kurz auf sie eingehen.

Die vergleichsweise aufwandslos produzierten Malereien *al secco* sind um 1240 für den Wohnsitz des landgräflich thüringischen Verwalters entstanden, in unmittelbarer Nachbarschaft also zu einem der wichtigsten Kulturzentren Deutschlands. So war Hartmanns Iwein offensichtlich bekannt, wurde aber in den Dienst einer grundsätzlich anderen Aussage gestellt. Die Malereien im Kellergewölbe erzählen die Geschichte Iweins als eines typischen *iuvenis*, der sich vom Artushof zum Laudinehof, vom Wald in die Burg und von der Bewährung zur Herrschaft bewegt. In mei-

---

[82] Vgl. hierzu Friedrich Maurer, "Der Topos von den 'Minnesklaven'." DVjs 27 (1953): 182–206; hier: 204–205. Zur notwendigen Abgrenzung zwischen *Frauensklave* einerseits und *Minnesklave* andererseits, die Maurer nicht durchführt vgl. Schnell, Causa amoris: 475–505. Mit Schnell sehe ich die Schuldzuweisung bei der Macht der Minne, deren Auslöserin, jedoch nicht Verantwortliche, die Frau durch ihre Schönheit ist.

[83] Vgl. Ywain and Gawain: 1062 und Ivens saga: 50.

[84] Ehlert, "Die Frau als Arznei": 56–57, v.a. Anm. 46.

ner Diskussion beziehe ich mich dabei vor allem auf die Skizzen Anne-Marie Bonnets,[85] die die schlecht erhaltenen Malereien verdienstvollerweise durch Nachzeichnungen zugänglich macht. Leider ist sie in ihrer Interpretation zu sehr auf eine Bezugnahme auf die einschlägigen Passagen in Hartmanns Text fixiert, was den Blick auf das Bildprogramm, wie es sich tatsächlich präsentiert, eher verstellt denn fördert. Die Malereien, in sechs (erhaltenen) Registern im Tonnengewölbe und den angrenzenden Mauern übereinander geschichtet, schließen im Halbrund ein Tympanon ein, das das Hochzeitsmahl Iweins und Laudines darstellt. Die Register verlaufen dabei von Süden nach Norden auf die Hochzeitsdarstellung zu, "münden" also in diese. Bonnets Versuch, ihre Nachzeichnungen in narrativer Chronologie anzuordnen, weicht von der tatsächlichen Reihenfolge an der Wand ab und ist daher von der visuellen Einordnung her irreführend. Deswegen sei die narrative Staffelung, wie sie sich dem Beschauer bietet, nebenstehend kurz wiedergegeben (Abbildung).

Auch diese Paraphrase kann das Bildprogramm nur andeutungsweise nachzeichnen. Sie zeigt jedoch besser die bewußte visuelle Umsetzung der Handlung. So geht die Blickrichtung stets von außen (der Wand) nach innen (dem Zentrum des Raumes), wobei die dem Laudinehof am entferntesten liegenden Stationen (Artushof, Brunnen) auch entsprechend am anderen Ende des Bildbandes dargestellt sind, während die jeweilige Szene an der Ecke, angrenzend zur Stirnwand, immer am Laudinehof spielt. Diese Perspektive erfordert eine spiegelbildliche Malrichtung, von links nach rechts auf der Ostwand, von rechts nach links jedoch auf der Westwand. Bonnet erkennt die spiegelbildliche Anordnung der Register II und V, die jeweils mit einer Brunnenbegießung durch einen Aggressor beginnen, in einen Verteidigungskampf übergehen und in die Heimkehr des beide Male siegreichen Iwein münden. Umso unverständlicher scheint es, daß sie meint, auf der Westwand die Leserichtung des untersten erhaltenen Registers (VI) wechseln zu müssen.[86] Die Wandmalereien sind leider so stark beschädigt, daß nur der außenliegende Löwen-Drachenkampf einwandfrei zu identifizieren ist, und in dem Bestreben, möglichst viel von Hartmanns Text an den Schmalkaldener Wänden wiederzufinden, meint Bonnet so auf eine Weiterführung der Handlung schließen zu können.

---

[85] Anne-Marie Bonnet, Rodenegg und Schmalkalden. Untersuchungen zur Illustration einer ritterlich-höfischen Erzählung und zur Entstehung profaner Epenillustration in den ersten Jahrzehnten des 13. Jahrhunderts. München: tuduv, 1986.

[86] Vgl. Bonnet, Rodenegg und Schmalkalden: 77 und Abb. 28 und 30.

Fußboden

Ostwand

I.	Artus in der Kemenate – Disput Iwein und Key – Iweins Ausritt – wilder Mann – "Willkommen-Figur"	Tympanon
II.	Brunnenbegießung I. – Lanzenkampf mit Askalon – Schwertkampf mit Askalon – Lunetes Ringübergabe	Tympanon
III.	Askalon aufgebahrt: Trauer – Suche nach dem unsichtbaren Iwein – Lunetes Rat –Vorstellung Iweins	Tympanon

Scheitelpunkt Decke

IV.	Rat der Barone an die Königin – öffentliches Ehegelöbnis: Umarmung – Beilager Iweins und Laudines	Tympanon

Scheitelpunkt Decke

V.	Brunnenbegießung durch Artus – Kampf mit Key – Heimritt mit Beutepferd – Begrüßung auf der Burg	Tympanon
VI.	Iweins Hilfe im Kampf zwischen Drache u. Löwe – Ausritt von der Burg [?] – Umarmung in der Burg [?]	Tympanon
VII.	[Register zerstört]	Tympanon

Westwand

Fußboden

Abb.: Schmalkalden. Das Bildprogramm

In diesem Bildprogramm führen jedoch alle Wege zu Laudine. Wichtig ist die Erringung der Frau, dargestellt auf dem Tympanon, in das alle Register münden; zusätzlich dargestellt jedoch auch auf dem zentralen Register, dem erhabensten, am Scheitelpunkt des Tonnengewölbes. Über den Häuptern der tafelnden Gemeinde dargestellt ist – in viel breiterer Form als die anderen Szenen – die Hochzeitsberatung Laudines mit ihren Baronen, die öffentliche Eheschließung, durch eine Umarmung symbolisiert, und das Beilager des Ehepaares, in enger Umschlingung im Bett. Darum geht es; und was die Ostwand vorbereitet, setzt die Westwand um: Askalons Wappen und Pferd, seine Zeichen der Herrschaft, wechseln von der linken zur rechten Seite den Besitzer, und auch Laudines Krone sitzt nach der Hochzeit auf Iweins Haupt. Dies ist umso bemerkenswerter, als die entsprechenden Szenen, die eigentliche Eheschließung, bei Hartmann denkbar kurz ausgeführt sind und Gaweins Warnung vor einem *verligen* eher von einer Darstellung ehelicher Freuden abraten sollte. Das Beilager ist hier jedoch Teil eines Rechtsakts,[87] der Iweins Herrschaftsübernahme in jeder Hinsicht repräsentieren soll. Bonnet spricht von einem Retardieren;[88] bei der Heirat handelt es sich jedoch nicht um eine – verlangsamte, betonte – Episode, sondern um das Ziel der ritterlichen Bewährung selbst.[89]

Eine weitere Dimension der Schmalkaldener Wandmalereien läßt sich im Raum erschließen. Dem Betrachter bietet sich von links unten nach rechts unten im Uhrzeigersinn die Karriere eines Ritters. Die Szenen zur Linken zeigen die Etappen der Herrschaftsgewinnung, der Scheitelpunkt deren Besiegelung, unmittelbar gefolgt von der ersten Bedrohung durch die Außenwelt und weiteren Bewährungsproben. Über den Inhalt der zerstörten Teile des Bildprogrammes ließe sich nur spekulieren, doch bereits die entzifferbaren Malereien symbolisieren deutlich die Phasen der Herrschaft, wie sie die *rota fortunae* einem König zuweist: *regnabo – regno – regnavi.*[90] Dem Temperament des Betrachters bleibt es überlassen, ob er

---

[87] Die Hände besonders der Königin sind übergroß repräsentiert und bestechen durch ihre Gebärdensprache. Vgl. Bonnet, Rodenegg und Schmalkalden: 91.

[88] Vgl. Bonnet, Rodenegg und Schmalkalden: 99.

[89] Wie Michael Curschmann meint, stellt der Zyklus "diesen Komplex geradezu ins Zentrum der Komposition." Vgl. Michael Curschmann, Vom Wandel im bildlichen Umgang mit literarischen Gegenständen: Rodenegg, Wildenstein und das Flaarsche Haus in Stein am Rhein. Freiburg (Schweiz): Universitätsverlag, 1997:15, Anm. 12.

[90] Zum Rad der Fortuna als sinnstiftendem Denkmodell vgl. Franz Josef Worstbrock, "Der Zufall und das Ziel. Über die Handlungsstruktur in Gottfrieds 'Tristan'". In:

per analogiam seine Positionierung auf dem Boden als *sum sine regno* ergänzt oder sich lieber mit den immerwährenden Tafelfreuden der Hochzeitsgesellschaft im Tympanon identifiziert.[91]

Der zweite erhaltene Iweinzyklus des Mittelalters in Schloß Rodenegg, Anfang des 13. Jahrhunderts entstanden,[92] ist völlig anders aufgebaut. Das gesamte Bildprogramm ist einheitlich auf einer Höhe angebracht und verläuft an vier Wänden entgegen dem Uhrzeigersinn.[93] Auch die Akzente sind durchaus anders gesetzt. Insgesamt sind weniger Szenen dargestellt als in Schmalkalden, und diese beziehen sich (noch) deutlicher auf Ywain und dessen Herrschaftsgewinnung.[94] König Artus und sein Hof sind gänzlich ausgespart, Episoden des 'zweiten Kursus', also nach der Eheschließung mit Laudina, fehlen völlig. Die letzte dargestellte Szene ist die Vorstellung Ywains durch Luneta, mit Laudina in nachdenklicher Pose. Die These Schupps und Szklenars, an der sich anschließenden freien Stelle der Wand habe sich ein Bauteil befunden, ein Kamin oder eine Wendeltreppe, die ebenfalls bemalt waren, und diese letzte Szene hätte das Hochzeitsfest vorgestellt, ist einleuchtend.[95] Auf alle Fälle jedoch markiert auch in Rodenegg Laudinas Entscheidung für die Ehe mit Ywain das Ende der Erzählung.

Walter Haug und Burghart Wachinger, Hgg., Fortuna. Tübingen: Niemeyer, 1995 (Fortuna Vitrea 15): 34–51.

91 So gesehen von Mertens, Laudine: 85.

92 Zur Datierung siehe Volker Schupp und Hans Szklenar, Ywain auf Schloss Rodenegg: Eine Bildergeschichte nach dem 'Iwein' Hartmanns von Aue. Sigmaringen: Thorbecke, 1996: 105–112.

93 Die zwei Fenster der Südwand sind architektonisch in das Bildprogramm integriert. Auf dieser Längswand sind die Szenen an Laudinas Hof – das Begräbnis Aschelons, die Suche nach dem unsichtbaren Ywain, Lunetas Rat – dargestellt, während an der gegenüberliegenden Wand die Handlung im Freien spielt: das Treffen mit dem wilden Mann, die Brunnenbegießung und der Kampf mit Aschelon. Dies legt den Schluß nahe, daß sich der Maler nach den baulichen Vorgaben richtete und die Fenster in die Handlung innerhalb des Gebäudes intergrierte. Dadurch ergibt sich automatisch eine Leserichtung von rechts nach links.

94 Eine ausführliche Bildbeschreibung und Abbildungen aller Malereien bieten Schupp und Szklenar, Ywain auf Schloss Rodenegg: 57–72 und 81–105. Leider irritiert auch hier die 'chronologische' Reihung der Fotos, die notgedrungen gegenläufig zur tatsächlichen Anordung der Bilder erfolgt.

95 Vgl. Schupp und Szklenar, Ywain auf Schloss Rodenegg: 103–105.

Ähnliche Beobachtungen stellt Sandra Hindman[96] an in ihrer Analyse der beiden illuminierten Handschriften, die von Chrétiens Yvain erhalten sind. Beide Manuskripte, Paris, Bibliothèque Nationale, MS fr. 1433 und Princeton University Library, Garett MS 125 (beide um 1300 in der Picardie entstanden), betonen besonders die Eheschließung Yvains und Laudines. Obwohl die Miniaturen dem Text nicht widersprechen, sind sie in der Pariser Handschrift bewußt so gewählt, daß Yvain und Laudine sich bis zur Versöhnungsszene nicht in einer Illumination 'treffen'. Dann jedoch werden der Kniefall Yvains vor Laudine, ihre Versöhnung und das Beilager in drei Szenen dargestellt:

> Between the funeral(s) and the tournaments the marriage is, we might say, suppressed. In fact, contrary to the text, in the miniatures in the first part of the manuscript Laudine never meets Yvain. She appears only at the very end of the reconciliation scene, which serves [...] as a kind of marriage miniature. The implication is clear: only after Yvain completes a series of quests is he united in marriage with his ladylove, as part of a domestic household. In a sense Yvain thus remains a bachelor until the end of the tale.[97]

In dem Manuskript aus Princeton hingegen ist die Eheschließung die erste und einzige Miniatur, die nicht den ritterlichen Bewährungstaten Yvains gewidmet ist. Sie ist mehr als 70 Verszeilen vor der einschlägigen Textpassage eingeschoben und der weiteren Erzählung gewissermaßen tonangebend vorangestellt.[98] Hindman als Kunsthistorikerin versteht das Bildprogramm der Manuskripte als eigenständige und gegenläufige – ihrer Meinung nach politisch motivierte – Interpretationen. Obwohl sie beständig auf den inhärenten Widerspruch zwischen Text- und Bildebene verweist, bietet sie leider nur ansatzweise eine Erklärung für dieses Phänomen an.

Diese Ausführungen können eine Diskussion der bildlichen Darstellungen der Iweingeschichte nur anreißen. Wichtig erscheint mit jedoch die Feststellung, daß der vielstrapazierte doppelte Kursus nicht einmal in der un-

---

96 Sandra Hindman, Sealed in Parchment. Rereadings of Knighthood in the Illuminated Manuscripts of Chrétien de Troyes. Chicago und London: University of Chicago Press, 1994. Hindmans Arbeit bietet auch Abbildungen aller relevanten Miniaturen.

97 Hindman, Sealed in Parchment: 52.

98 Vgl. Hindman, Sealed in Parchment: 78–79.

mittelbaren Iweinrezeption Allgemeingültigkeit besitzt.[99] Und die in der Forschung so zentral diskutierte Problematik der Krise, die Iweins Wahnsinn als sinnstiftenden und unverzichtbaren Teil der Erzählung begreift, soll nicht zuletzt aufgrund dieser evidenten Alternativen kritisch überprüft werden.[100]

4.5. Iweins Wahnsinn: 'hirnsuht' und ihre Heilung

Die beiden folgenden Abschnitte sollen sich nun Iweins Krise widmen und den Fragen nach Ausbruch, Symptomen und Heilung seines Wahnsinns nachgehen. Gesondert betrachten möchte ich dabei zunächst die medizinischen Erklärungsversuche, die eine Erkrankung an Melancholie diagnostizieren. Obwohl hierzu eine ganze Reihe von Arbeiten existiert, wird bei diesem Thema besonders deutlich, daß eine interdisziplinäre Integration der Medizingeschichte in die Mediävistik lange Zeit, von wenigen prominenten Ausnahmen abgesehen, nicht stattgefunden hat. Altgermanisten können so auf medizinischem Gebiet nur dilettieren, medizinhistorische Arbeiten, die sich auf literarische Quellen stützen, haben das entgegengesetzte Problem. Erschwert wird diese Situation zusätzlich durch eine schwierige Editionslage, die sich erst in den letzten Jahren gebessert hat.[101]

---

[99] Auch die intertextuellen Bezüge Wolframs auf Hartmanns Iwein gehen nur auf Episoden der ersten Texthälfte ein. Vgl. hierzu Christine Wand, Wolfram von Eschenbach und Hartmann von Aue. Literarische Reaktionen auf Hartmann im Parzival. Herne: Verlag für Wissenschaft und Kunst, ²1992: 176–180.

[100] Dagmar Hirschberg beispielsweise beschreibt die Besonderheit des Prosa-Lancelot vor der Folie des Iwein. Meines Erachtens sind die Analogien der beiden Texte jedoch sehr viel stärker als die von Hirschberg postulierten Gegensätze: "Wie bei Iwein stellt sich der Wahnsinn als ein intensiviertes *gedenken* dar. Die Symptome, hier gesteigert zu *rasen, toben, wúden*, sind die gleichen, doch sind sie nicht Zeichen einer Krise. Höchste Minnefreude und Zerstörung der Identität stehen unvermittelt nebeneinander. Nach der Erfüllung gibt es keine Verfehlung. Äußere Anlässe bewirken den Ausbruch der Krankheit, wie die Gefangenschaft [...], in der Lancelot vor *ungemach* [...] nicht ißt und nicht trinkt, was als ein Auslösefaktor im Prosa-Lancelot immer stereotyp erwähnt wird." (Dagmar Hirschberg, "Die Ohnmacht des Helden. Zur Konzeption des Protagonisten im 'Prosa-Lancelot'." Wolfram-Studien 9 (1986): 242–266; hier: 260.

[101] Eine Bestandsaufnahme mit ausführlichen Literaturhinweisen bietet Joan Cadden, "Western Medicine and Natural Philosophy." In: Vern L. Bullough und James A. Brundage, Hgg., Handbook of Medieval Sexuality. New York und London: Garland, 1996: 51–80.

Dennoch wurden zu Iweins Wahnsinn[102] wichtige Forschungsergebnisse erzielt. Da die Arbeiten, die vor 1982 datieren, in die neuere Forschung mit eingeflossen sind, möchte ich hier lediglich auf die ausführliche und ausgewogene Sichtung der Literatur bei David Wells[103] verweisen und vor diesem Datum nur auf die früheren, aber wegweisenden Artikel Wehrlis[104] und Mohrs[105] gesondert eingehen. Während Adelheid Giedke in ihrer medizinischen Dissertation die wichtigsten Werke zur Liebeskrankheit von der klassischen Antike bis zum 20. Jahrhundert summarisch vorstellt,[106] bietet Waltraut F. Dubé einen guten Überblick über die im 12. Jahrhundert existierende medizinische Fachliteratur und deren tatsächliche Verfügbarkeit für die Autoren höfischer Romane.[107] Die umfangreichste Arbeit speziell zu Iweins Wahnsinn stammt von Michael Graf, der für sich in Anspruch nimmt, erstmals detailliert medizinisches Fachwissen zum Verständnis der Wahnsinnsepisode zu konsultieren. Seine Ergebnisse faßt er wie folgt zusammen:

> Der Beizug des medizinhistorischen Horizonts erlaubt eine Differenzierung der Pathologie Iweins nach zwei miteinander verwandten diagnostischen Richtungen. [...]

---

[102] Eine terminologische Abgrenzung erweist sich als schwierig, da in der Forschung die Begriffe nicht konsequent auseinandergehalten werden und auch die mittelalterliche Rezeption der Schriften Ovids einerseits und der medizinischen Traktate andererseits sich überlagert. Wichtig ist die Unterscheidung zwischen einer *ars amatoria*, die bestimmten Regeln folgt, die es möglichst meisterhaft zu befolgen gilt, und einem pathologischen Krankeitsbefund. Während im ersten Fall ein wahrhafter Könner Kontrolle über die Situation hat und seine 'Mitspieler', speziell die Frau, zu manipulieren sucht, ist der Liebeskranke seinem *impetus* hilflos ausgeliefert. Iweins Wahnsinn gehört zur zweitgenannten Kategorie.

[103] David Wells, "The Medieval Nebuchadnezzar. The Exegetical Tradition of Daniel IV and its Significance for the Ywain Romances and for German Vernacular Literature." Frühma. Studien 16 (1982): 380–432.

[104] Max Wehrli, "Iweins Erwachen." In: Max Wehrli. Formen mittelalterlicher Erzählung. Zürich und Freiburg/Br.: Atlantis, 1969: 177–193.

[105] Wolfgang Mohr, "Iweins Wahnsinn. Die Aventüre und ihr 'Sinn'." ZfdA 100 (1971): 73–94.

[106] Adelheid Giedke, Die Liebeskrankheit in der Geschichte der Medizin. Diss. med. Düsseldorf, 1983. Vgl. auch Bernhard D. Haage, "'Amor hereos'" und Dirk Majetowski, Das Motiv des Wahnsinns in der mittelalterlichen Dichtung. Frankfurt/M.: Suhrkamp, 1996.

[107] Waltraut F. Dubé, Medieval Medicine in Middle High German Epics. Ph. D. Diss. Indiana University, 1981: 12–85. Vgl. auch Torsten Haferlach, Die Darstellung von Verletzungen und Krankheiten und ihrer Therapie in mittelalterlicher deutscher Literatur unter gattungsspezifischen Aspekten. Heidelberg: Winter, 1991: 10–23.

> Iwein leidet erstens an 'hirnsuht'. Diese kann als mittelalterliche Melancholie bestimmt werden. Die polykausale Aethiologie der Erkrankung wird im humoralpathologischen Vorstellungshorizont vom literarischen Werk exakt nachvollzogen. Klima, Jahreszeit, falsche Ernährung und traumatische Auslösesituation fügen sich zu einem Gesamtbild der existenziellen Gefährdung. [...] Iwein leidet zweitens an der Liebeskrankheit, die Hirnschädigung kommt 'von minnen'. Dies entspricht dem zeitgenössischen medizinischen Konzept des amor hereos.[108]

Auf diese Thesen soll noch gesondert eingegangen werden; die scharfe Kritik, die Grafs Arbeit erfahren hat, ist aber grundsätzlicherer Natur. So weist Bernhard Dietrich Haage in seiner Rezension[109] darauf hin, daß Graf Hartmanns Quelle, Chrétien, nicht berücksichtigt hat. Dies ist umso unverständlicher, als der Terminus *melancolie* wohl von Chrétien,[110] nicht aber von Hartmann verwandt wird. Eine originäre Leistung Hartmanns, unter Beibringung zusätzlicher Quellen, läßt sich nicht nachweisen. Die Frage nach den medizinischen Fachkenntnissen muß also auf alle Fälle auf die Vorlage ausgeweitet werden.

Die Grundlage für Grafs Untersuchung ist Karl Garbers' Ausgabe des Traktats über die Melancholie, verfaßt von Ishaq ibn 'Imran. Dem arabischen Text, erstmals von Garbers ediert, ist dessen Übersetzung ins Lateinische durch Constantinus Africanus beigefügt sowie eine moderne deutsche Übersetzung, ebenfalls des arabischen Textes.[111] Dabei geht Garbers – und mit ihm Graf – von der anachronistischen Vorstellung einer weitgehend wörtlichen Übersetzung durch den lateinischen Autor aus, die sich selbst durch seine wenigen nachvollziehbaren, da deutschen, Kommentare widerlegen läßt.[112] Zitiert wird von Graf jedoch durchweg die Übersetzung

---

[108] Graf, Liebe, Zorn, Trauer, Adel: 183–184.

[109] In: ZfdPh 111 (1992): 450–452. Vgl. auch die zahlreichen Bezüge auf Grafs Arbeit in Haages "Die Heilkunde und Der Ouroboros", in: Okken, Kommentar zur Artusepik Hartmanns von Aue: 523–554, bes. 533–534 sowie Haferlach, Die Darstellung von Verletzungen und Krankheiten: 43 und Speckenbach, "Rîter – geselle – herre": 123, Anm. 25.

[110] Chrétien de Troyes, Yvain: 3005.

[111] Ishaq ibn 'Imran. Maqala Fi 'L-Malihuliya (Abhandlung über die Melancholie) und Constantini Africani libri duo de melancholia. Hg. und Übers. des arab. Textes Karl Garbers. Hamburg: Buske, 1977. Eine gute deutsche Zusammenfassung der Melancholia des Constantinus Africanus bietet Heinrich Schipperges, Die Kranken im Mittelalter. München: Beck, 1990: 119–130.

[112] So wird in der Diskussion um die Melancholie der Asketen Ishaqs Vergleich mit dem Zustand der Verliebtheit von Constantinus durch den Zustand der Trunksucht ersetzt. Vgl. De Melancholia: 14 bzw. 103.

des arabischen Texts, ohne auf die geringe Wahrscheinlichkeit einer Kenntnis dieses Texts durch Chrétien oder Hartmann einzugehen.[113] Möglich, wenngleich ebenfalls nachweisbedürftig, wäre eine Kenntnis der Melancholia Constantins. Völlig unberücksichtigt jedoch bleibt die weitaus verbreitetere Schrift Constantins (u.a.) zur Melancholie, das Viaticum. Der vereinzelten Überlieferung der Melancholia in drei Handschriften (und zusätzlich dem Baseler Druck von 1536) steht die breite Rezeption des Viaticum gegenüber, von dem Mary Wack allein bis zum 15. Jahrhundert 123 Manuskripte, dazu 70 Abschriften des Kommentars Gerards von Berry sowie eine Reihe von Kommentaren weiterer Autoren auflisten kann.[114]

Der Nachweis einer direkten Quellenabhängigkeit erweist sich jedoch als müßig. Wie ein Blick auf einige vergleichbare Wahnsinnsepisoden in anderen narrativen Kontexten zeigen wird,[115] verfügen Chrétien und Hartmann über das fundierte Allgemeinwissen eines *litteratus* im Hochmittelalter, das Grundkenntnisse der Viersäftelehre mit einschließt. Weder läßt sich jedoch ein über das normale Maß hinausgehendes medizinisches Fachwissen aufzeigen, noch ein Interesse der Autoren, ein solches darzustellen. Wenn im folgenden aus den Werken Constantins zitiert wird, so soll damit kein Quellenverhältnis dargestellt werden. Die medizinischen

---

[113] Die Ausführungen Kistlers zu möglichen arabischen Einflüssen auf Heinrich von Veldekes Œuvre können auch auf Hartmann und Chrétien erweitert werden. Vgl. Kistler, Heinrich von Veldeke und Ovid: 152–161. Eine Übersicht über die wichtigsten Übersetzungen medizinischer Fachtexte vom Arabischen ins Lateinische (nicht ins Griechische, wie irrtümlich angegeben) mit Datierung bieten Danielle Jacquart und Claude Thomasset, Sexuality and Medicine in the Middle Ages. Cambridge: Polity, 1988: 22.

[114] Erklärend muß angefügt werden, daß Wacks Edition von 1990 Graf bei der Abfassung seiner Dissertation noch nicht zur Verfügung stand. Der Text war jedoch durchaus bekannt und über die Handschriften und mehrere Drucke aus dem 16. Jahrhundert auch konsultierbar. So z.B. geschehen bei Giedke, Die Liebeskrankheit in der Geschichte der Medizin: 30–33 oder Danielle Jacquart, "La maladie et le remède d'amour dans quelques écrits médicaux au moyen âge." In: Danielle Buschinger und André Crépin, Hgg., Amour, mariage et transgressions au moyen âge. Actes du colloque des 24, 25, 26, et 27 mars 1983. Göppingen: Kümmerle, 1984: 93–101.

[115] Einen ausgewogenen Überblick über die mittelhochdeutschen Beispiele für Liebeskrankheit bietet Speckenbach, "Rîter – geselle – herre": 132–146. Für die Romania, vgl. Friedrich Wolfzettel, "Liebe als Krankheit in der altfranzösischen Literatur. Überlegungen zu einer Funktionalisierung des Topos." In: Theo Stemmler, Hg., Liebe als Krankheit. Tübingen: Narr, 1990: 151–186.

Fachtexte sollen vielmehr nur als repräsentative Beispiele des zeitgenössischen Bildungsniveaus dienen. Ob und gegebenenfalls welche medizinischen Texte Hartmann und Chrétien kannten, läßt sich nicht aus ihren jeweiligen Iweinversionen ableiten.

Wie ist der Ausbruch der Krankheit geschildert? Auf gewaltsame Art und Weise schießt Iwein der Wahnsinn von unten nach oben in den Kopf:

> Lors li monta uns torbeillons
> El chief si granz, que il forsane [...].[116]

> dô wart sîn riuwe alsô grôz
> daz im in daz hirne schôz
> ein zorn unde ein tobesuht [...].[117]

> Sunst ward er mit gedancken
> Sich hin vnd her mouieren,
> mit sÿnnen wider wancken,
> das im ain tobsucht gächs schos in sein hirñ.[118]

Zugrunde liegt diesen Beschreibungen die Vorstellung einer humoralen Dyskrasie. Während sich bei einem gesunden Menschen die Körpersäfte in einem ausgewogenen Gleichgewicht befinden, gibt es Fälle, in denen einer der *humores* vorherrscht, in diesem Fall die schwarze Galle. Dies kann durch eine persönliche Prädisposition ungünstig gefördert werden; Dunkelhäutige und stark Behaarte sind, so meint Galen, besonders anfällig.[119] Auslösendes Moment kann ein Flüssigkeitsstau verschiedener Herkunft sein. Constantinus Africanus meint dazu:

> Causa huius morbi & principium originis suae est multiforme, vel enim de incipiente mala corporis complexione, id est, spermatis corruptione, vel ex corruptis matricis menstruis, quae nutritiva sunt spermatis, vel de vulvae corruptionibus, ubi foetus concreatur.[120]

Die hier angeführte *corruptio spermatis* wird von Graf zurückgeführt auf eine *retentio seminis*, die ihrerseits in Iweins Terminversäumnis begründet ist, der seinen ehelichen Verpflichtungen nicht termingemäß nachkommt.[121] Der hierfür fehlende Nachweis im Text wurde bereits von Haa-

---

[116] Chrétien de Troyes, Yvain: 2804–2805.
[117] Hartmann von Aue, Iwein: 3231–3233.
[118] Ulrich Füetrer, Iban: Str. 114.
[119] Vgl. Giedke, Die Liebeskrankheit in der Geschichte der Medizin: 10–12.
[120] Constantinus Africanus, De Melancholia: 88.
[121] Vgl. Graf, Liebe, Zorn, Trauer, Adel: 112.

ge angemahnt.[122] Das 'Umkippen' der verschiedenen Körperflüssigkeiten in schwarze Galle kann vielmehr unterschiedlichste Ursachen haben, die Constantin auch ausführlich anspricht, wie z.B. falsche Ernährung, mangelnde Körperhygiene oder ein ungünstiges Klima, "aer instabilis sicut autumnalis."[123] Auch die Rückstände, die schwarze Galle erzeugen können, sind nicht auf das männliche Sperma beschränkt, sondern können jedweder *humor* sein. Deshalb ist die Krankheit in diesem Stadium auch relativ einfach heilbar, indem dem Körper die Flüssigkeit wieder entzogen wird, durch Aderlaß, Schröpfen, Schwitzbäder, sportliche Übungen, Abführ- oder Brechmittel.[124] Kritisch wird die Erkrankung erst, wenn die angesammelte Schlacke verdunstet und der Dampf in den Kopf steigt. Dann schädigt sie das Gehirn und benebelt die Sinne.

Dieser Moment, in dem die latente Krankheit virulent zum Ausbruch kommt, wird in den oben aufgeführten Iweinversionen dargestellt. Der 'Schuß' vom ganzen Körper ins Gehirn, der den Wahnsinnsanfall auslöst, hat sich also nach dem Verständnis der Zeit langsam vorbereitet. Der Aggregatzustand als gewaltsamer Luftstrom, nicht mehr als Flüssigkeit, findet auch in der Metaphorik Niederschlag: Chrétien spricht von einem Wirbel, "uns torbeillons",[125] und von einem Sturm, "la tanpeste".[126] Diese Vorstellung vom menschlichen Körper nach den Grundsätzen der Humoralpathologie war jedoch allgemeines Bildungsgut. Ähnliche, teilweise noch dezidiertere Darstellungen finden sich auch anderweit in der höfischen Literatur. Konrad von Würzburg beispielsweise erwähnt auch noch die heiße Qualität der schwarzgalligen Dünste: "sô viel der minne tobesuht / sô starke in sîne stirne / daz im herz unde hirne / von hitze wurden wüetic."[127] Und der Autor des Bussards, dem Hans-Friedrich Rosenfeld nicht zuletzt aufgrund der Parallelen in der Wahnsinnsdarstellung Kenntnis des Iwein und Konrads von Würzburg attestiert,[128] wußte zusätzlich zu seinen Quellen, daß mit dem Vertrocknen des Gehirns durch die heißen Dünste auch

---

[122] Vgl. Haage in ZfdPh 111 (1992): 450–452.

[123] Constantinus Africanus, De Melancholia: 95.

[124] "Similiter dimittentes consuetudinem mundificandi corpus, sicut phlebotomiam, scarificationes, in balneo sudorem, exercitia, pharmacias, vomitus." (Constantinus Africanus, De Melancholia: 96)

[125] Chrétien de Troyes, Yvain: 2804.

[126] Chrétien de Troyes, Yvain: 2950.

[127] Konrad von Würzburg, Der Trojanische Krieg. Hg. v. Adelbert von Keller, Stuttgart: Litterarischer Verein, 1858; repr. Amsterdam: Rodopi, 1965: 20742–20745.

[128] Vgl. ²VL I: 1145–1148.

ein Rückenmarksschwund einhergehen konnte, wie es bei Hippokrates, Galen und Valerius Maximus zu lesen ist:[129] "sin leit sin jamer wz also starg / dz im hirn vnde marg / verswant dz er von sinen kam."[130]

Die Wirkung des Impotenztrankes auf den frischvermählten Kaiser in Cligés wird von Chrétien ebenfalls ganz ähnlich beschrieben. Die gesundheitsgefährdende Substanz, diesmal von außen zugeführt, vollendet eine Wirbelbewegung vom Kopf zum Herzen und zurück:

> De la poison un grant treit boit
> Et maintenant la force sant,
> Qui del chief el cuer li desçant
> Et del cuer li remonte el chief,
> Si le cerche de chief an chief,
> Tot le cerche sanz rien grever.[131]

Auch das Hauptsymptom der Melancholie, die optische Umsetzung der Schwarzgalligkeit in eine schwarze Hautfarbe, wird von der Forschung immer wieder ins Feld geführt.[132] Iwein wird von Hartmann auch beschrieben als "gelîch einem môre",[133] eine bewußte Änderung seiner Vorlage, die dem nackten Ritter als "nuz come un ivoire"[134] eine Haut wie blankes Elfenbein zuschreibt. Den Zusammenhang zwischen Hautfarbe und Schwarzgalligkeit haben spätere Bearbeitungen jedenfalls nicht mehr verstanden, die ausdrücklich die Sonneneinstrahlung für die Bräune verantwortlich machen, so z.B. Ulrich Füetrer: "von der Sunn ward er morñ var."[135]

Diagnose und Therapie werden von den drei Damen im Wald umsichtig vorgenommen. Die *hirnsuht*[136] wird erkannt und eine Behandlung mit der

---

[129] Vgl. Giedke, Die Liebeskrankheit in der Geschichte der Medizin: 10–12.

[130] "[Der Bussard.] Der Busant." In: Heinrich Meyer-Benfey, Hg., Mittelhochdeutsche Übungsstücke. Halle/S.: Niemeyer, ²1920: 605–607.

[131] Chrétien de Troyes, Cligès: 3316–3321.

[132] Z.B. Graf, Liebe, Zorn, Trauer, Adel: 36; Schmitz, "Iweins Zorn und Tobesuht": 98; Haferlach, Die Darstellung von Verletzungen und Krankheiten: 47 oder Speckenbach, "Rîter – geselle – herre": 125.

[133] Hartmann von Aue, Iwein: 3348.

[134] Chrétien de Troyes, Yvain: 3020.

[135] Ulrich Füetrer, Iban: 115,6. Vgl. auch Ivens saga, alle MSS: "solbrunnin": 92.

[136] "Li osterons nos de la teste / Tote la rage et la tanpeste" (Chrétien de Troyes, Yvain: 2949–2950); "und ist der suht alsô, / daz sî von dem hirne gât" (Hartmann von Aue, Iwein: 3420–3421); "braynwode" (Ywain and Gawain: 1766); Ulrich Füetrer, Iban: "war der suchte / das si kam von dem hirñ" (128,1–2); "med guds til

Salbe Feimurgans als das probate Mittel ausgemacht. Auch hier deckt sich die Vorgehensweise mit zeitgenössischem Fachwissen:

> Quia tamen melancholia est diversa, varia debent esse medicamina. Universalis autem medicina, qua purgari debet cholera nigra, erit pharmacia, & sex illa praedicta necessaria bene ordinata. Particularis uniuscuiusque medela est adhuc subdenda. Quae est cum febri, secundum phrenesim debet medicari. In ea, quae in essentia est cerebri, soli cerebro studium est adhibendum, ut post rasum caput lac muliebre, maxime puellare, vel lac asinae craneo superponamus; sternutatio fiat cum lacte mulieris & similibus. [...]
>
> Melancholia ascendente ad cerebrum a corpore inferiori, oportet toti corpori aequaliter studeri, sed tamen cerebrum non negligi. In hypochondria cis oportet chymos expelli.[137]

Wie diese Passage aus dem Melancholietraktat exemplifizieren kann, war die Spezifizierung des Krankheitsbefundes bereits im 11. Jahrhundert sehr genau, ohne daß diese Differenzierung sich in der literarischen Umdeutung wiederfinden ließe. Andererseits war das Einreiben mit verschiedensten Mitteln gängige Therapie und die Feensalbe durchaus geeignetes Heilmittel. Die Unterscheidung zwischen Melancholie, die ausschließlich im Kopf beheimatet ist und deshalb auch nur dort behandelt werden muß (die sog. leoninische Melancholie), und Melancholie, die vom ganzen Körper aus in den Kopf aufsteigt, könnte auf den Text eingewirkt haben: Während die Dame von Narison ihrer Hofdame ausdrücklich einschärft, nur den Kopf zu salben, behandelt diese den ganzen Iwein ausführlich. Nachdem die korrekte Diagnose aber bereits gestellt wurde, geht es bei der Ganzkörpermassage wohl doch in erster Linie um die erotische Spannung der Situation. Daß das Fräulein umfassend Hand angelegt haben soll, um das Problem der *retentio seminis* mit zu kurieren, wie Graf insinuiert,[138] zeigt, daß diese Szene heute noch erotische Phantasien des Publikums auszulösen vermag.[139]

---

hialp skulum vid ath visv or koma hofdí hans. ok hug ædí stormí þeim er hann kuelr. nema hann vndan flyí." (Ivens saga, MS A: 90; "with God's help we two shall certainly rid his head and heart of that raging storm of madness which torments him.")

137 Constantinus Africanus, De melancholia: 139.

138 Vgl. Graf, Liebe, Zorn, Trauer, Adel: 53–55, 112 und 137–138. Eine "Überbewertung [Grafs] des erotischen Flairs" sieht auch Speckenbach, "Rîter – geselle – herre": 138, Anm. 55.

139 Die einzige bildliche Darstellung der Wahnsinnsszene, die in einer Pariser Handschrift (Bibliothèque Nationale, MS fr. 1433, fol. 85R) überliefert ist, kann auf-

Bei den von Constantin angesprochenen "sex illa praedicta necessaria" handelt es sich um die *sex res non naturales*, die die gesundheitliche Balance des Körpers bestimmen: Klima (*aër*), Diät (*cibus et potus*), Bewegung (*motus et quies*), Schlaf (*somnus et vigilia*), Verdauung (*repletio et evacuatio*) sowie die Leidenschaften (*affectus animi*). Als negativ einwirkender Faktor wurde so zum Beispiel der Termin Laudines am achten Tag nach der Sonnenwende, also am 29. Juni ausgemacht,[140] der heißesten Jahreszeit, die sich auf den Humoralhaushalt ungünstig auswirkt[141] und die Umwandlung der schwarzen Galle in Dampf fördert. Dem Austrocknen durch die Sonneneinstrahlung wird durch das Auftragen der Salbe entgegengewirkt. Graf verweist außerdem auf Ishaq ibn Imrams diätetische Regeln,[142] die beispielsweise von Gebratenem abraten, da es zusätzlich Feuchtigkeit zur Verdauung abzieht. Weder werden jedoch die anderen Mitglieder der Artusrunde wahnsinnig, obwohl sie das gleiche wie Iwein zu essen bekommen, noch hat später die kärgliche Nahrungsversorgung durch den Einsiedler im Wald eine positive oder negative Einwirkung. Auch die körperliche Erhitzung beim Turnieren vernichtet Feuchtigkeit und wird von Graf angesprochen.[143] All diese Indizien sind jedoch aus dem Text erschlossen und werden mit einer außerordentlich hohen Interpretationslast befrachtet. Eine literarisch präzise Umsetzung medizinischen Fachwissens ist andernorts durchaus zu beobachten;[144] ihr Nichtvorhandensein läßt also auf die Autorintention schließen. Vor allem aber ist die Zaubersalbe als das perfekte Heilmittel beschrieben, genau für diesen Zustand geschaffen und deshalb so kostbar:

---

grund ihres schlechten Erhaltungszustandes leider nicht weiterhelfen. Vgl. Abb. 31 bei Hindman, Sealed in Parchment: 66.

[140] Zu den 'Hundstagen' vgl. Philippe Walter und Michel Zink, Vorw., Canicule: Essai de mythologie sur Yvain de Chrétien de Troyes. Paris: Sedes, 1988. Kritik durch Haage in: Okken, Kommentar zur Artusepik Hartmanns von Aue: 543.

[141] Siehe hierzu Yvain: "Tant li froia au chaut soloil / les tanples et trestot le cors, / Que del cervel li issi fors / la rage et la melancolie." (Chrétien de Troyes, Yvain: 3002–3005). Dies ist übrigens die einzige Passage in der Iweintradition, die den Terminus *melancolie* gebraucht, und dazu die früheste im Altfranzösischen.

[142] Graf, Liebe, Zorn, Trauer, Adel: 68–75.

[143] Graf, Liebe, Zorn, Trauer, Adel: 59.

[144] Geradezu Lehrbuchcharakter hat die Schilderung des Wahnsinns von König Charles VI. im Jahre 1392 durch Froissart. Vgl. Jean Froissart, Œuvres publiées avec les variantes des divers manuscrits. Tome Quinzième: 1392–1396. Hg. v. Kervyn de Lettenhove. 1867–1877, repr. Osnabrück: Biblio, 1967: 37–78.

> wand ich noch einer salben hân
> die dâ Feimorgân
> machte mit ir selber hant.
> dâ ist ez umbe sô gewant
> daz niemen hirnsühte lite,
> wurd er bestrichen dâ mite,
> erne wurde dâ zestunt
> wol varende und gesunt.[145]

Dennoch ist die Diagnose der heilkundigen Dame in einigen der Versionen nicht ausschließlich auf verzweifelte Liebe als Krankheitsursache beschränkt. In Hartmanns Text kann nach ihrer Ansicht ein hervorragender Ritter wie Iwein nur durch zweierlei derart in seiner Persönlichkeit erschüttert werden:

> im ist benamen vergeben,
> ode ez ist von minnen komen
> daz im der sin ist benomen.[146]

Die hier angesprochene Vergiftung ist der externe Auslöser der Krankheit im Gegensatz zur endogenen Melancholie, in der körpereigene Säfte das System vergiften. Die nahe Verwandtschaft beider Befunde scheint in der Literatur immer wieder auf, wie zum Beispiel in der oben bereits angeführten Wirkung des Impotenztrankes im Cligès,[147] des Zaubertranks auf Tristan und Isolde[148] oder des Schlaftrunks, den Amurfina Gawein in der Crône Heinrîchs von dem Türlîn verabreicht.[149] Auch als nach den Ursachen für den Anfall von Charles VI. gefahndet wird, berichtet Froissart,

---

[145] Hartmann von Aue, Iwein: 3423–3430. Vgl. auch: "Car d'un oignemant me sovient, / Que me dona Morgue, la sage, / Et si me dist, que nule rage / N'est an teste, que il n'an ost" (Chrétien de Troyes, Yvain: 2948–2955); "He [Morgan the Wise] sayd, 'This unement es so gode, / That if a man be braynwode / And he war anes anoynt with yt, / Smertly sold he have his wit'" (Ywain and Gawain: 1755–1758) und: "þui ath ek áá smyrsl þau er mer gaf Morgna hínn hyggna ok s(agdi) mer aldri mættí ædí ne vuítt spilla þers manz hugg ne hofdí er smurdr yrdí med þessum smyrslum." ([Ivens saga, A: 90]; "[...] I have an ointment which Morgan the Wise gave me. She told me that neither frenzy nor foolishness would ever destroy the head or the heart of the person who was rubbed with that ointment." [61])

[146] Hartmann von Aue, Iwein: 3404–3406.

[147] Chrétien de Troyes, Cligès: 3316–3321.

[148] Vgl. hierzu Schnell, Causa amoris: 325–344 und Kistler, Heinrich von Veldeke und Ovid: 101–105.

[149] Vgl. Heinrîch von dem Türlîn. Diu Crône. Hg. v. Gottlob Heinrich Friedrich Scholl. Stuttgart: Litterarischer Verein, 1852; repr. Amsterdam: Rodopi, 1966: 467–694.

daß man als erstes genau eruierte, was der König an diesem Tag gegessen und getrunken hatte. Um sicherzugehen, daß er nicht "empoisonné et ensorcéré"[150] war, wurde auch der Mundschenk verhört, der versicherte, er habe den Wein vorgekostet. Die *mellencolie* des Comte d'Anjou, ausgelöst durch den Verlust der inzestuös begehrten Tochter, soll ebenfalls dadurch bestraft und geheilt werden, daß er die Nahrungsaufnahme verweigert.[151]

Chrétiens Dame schränkt die Auslöser für Iweins Wahnsinn ebensowenig ausschließlich auf die Liebe ein, sondern hält es auch für möglich, daß eine Sünde[152] oder *duel*, allgemeiner, also auch körperlicher Schmerz, dafür verantwortlich sein könnten: "Mes je ne sai, par quel pechié / est au franc home mescheü. / Espoir aucun duel a eü, / Qui le fet einsi demener; / Qu'an puet bien de duel forsener."[153] Eindeutig hingegen sieht es Ulrich Füetrer: "Ob diss nicht ÿban seÿ, der hochgeporñ?! / durch seinr ameÿen mÿnne / hat er peÿ nam sein witz allsus verlorñ."[154]

Iweins Wahnsinn als humoralpathologisches Phänomen ist ebenso einem Automatismus unterworfen wie seine plötzliche Verliebtheit in Laudine. So wie die Liebe direkt von Iweins Augen in sein Herz fährt, so schießt der Wahnsinn vom Körper in sein Gehirn. Während die Liebe aber noch einen externen Auslöser in Laudines einzigartiger Schönheit hat, ist der Wahnsinn rein endogen dargestellt. Selbst wenn man Iwein Unmäßigkeit in den *sex res non naturales* unterstellt, die seinen Zustand verschlechtern konnte, so ist die Melancholieerkrankung eine rein mechanische Angele-

---

150 Jean Froissart, Chronik: 43.

151 Vgl. Le Roman du Comte d'Anjou: 1619–1666.

152 Jerome Kroll und Bernard Bachrach, "Sin and Mental Illness in the Middle Ages," Psychological Medicine 14 (1984): 507–514 kommen zu dem Ergebnis, daß sich eine Verbindung zwischen Sünde und Geistesgestörtheit nicht nachweisen läßt. Ihr Ansatz ist naturwissenschaftlich-empirisch (Kroll ist Psychiater); das Corpus von 57 Beschreibungen von Geisteskrankheit aus Chroniken und Heiligenleben vor dem 1. Kreuzzug, das sie statistisch auswerten, ist jedoch nicht geeignet, um daraus auf das gesamte Mittelalter rückzuschließen. Ihre Ergebnisse sind stark durch die ausgewählten Genres und die zeitliche Einschränkung beeinflußt.

153 Chrétien de Troyes, Yvain: 2924–2928.

154 Ulrich Füetrer, Iban: 126,5–7. So auch die romance: "Allas, him es bityd so wa; / In sum sorow was he stad, / And tharfore es he waxen mad. / Sorow wil meng a mans blode / And make him forto wax wode." (Ywain and Gawain: 1736–1740) und die Saga: "þat grunar mik ath hann hafi ofmikínn harm ok hafi tynt vití sínu." (Ivens saga, A: 89; "I suspect that he has suffered a great sorrow and lost his reason because of it." [61]).

genheit, gleich einem Beinbruch etwa. Iweins Körper und Geist nehmen eine "Auszeit", die jedoch problemlos nach einer angemessenen Behandlung ihr Ende findet. Der Protagonist "geht aus dieser Krankheit weder geläutert noch gelöst oder auf eine höhere Daseinsstufe gehoben hervor", wie auch Speckenbach resümiert.[155] Damit ist Iweins Krise aber nicht adäquat beschrieben.

4.6. Iweins Wahnsinn: Liebe und Selbst-Beherrschung

Der medizinisch diagnostizierbare und therapierbare Wahnsinn Iweins wird flankiert durch Phasen sowohl zuvor als auch danach, die seine Krise mit bezeichnen.[156] Eingeleitet wird sein Unglück jedoch bereits durch Gaweins Mahnrede, die die Bindung Iweins zu seiner Gattin *gender*spezifisch maskulin beschreibt. Zwei Passagen, die durch ihr Spiel von Gleichheit und Variation aufeinander Bezug nehmen, schildern sowohl die Einheit von Frau und Land als selbstverständliche Tatsache als auch das Charakteristikum Laudines, das Iwein an beide bindet, ihre Schönheit:

iu hât erworben iuwer hant	Iu hât verdienet iuwer hant
ein schœne wîp unde ein lant.	eine künegîn unde ein lant:
sît iu nû wol geschehen sî,	sult ir nû dâ verderben bî,
sô bewaret daz dâ bî	sô wæn ich daz noch rîcher sî
daz iuch iht gehœne	âne huobe ein werder man.[158]
iuwers wîbes schœne.[157]	

Die erste Passage, Gaweins einleitende Worte, bezieht sich auf den eben erworbenen Besitz, seinem Freund ist *wol geschehen*. Die Passage zur Rechten steht am Schluß von Gaweins Ausführungen, in denen er drastisch die negativen Folgen des *verligens* geschildert hat und nun vor einer Zukunft im *verderben* warnt. Das *schœne wîp*, bzw. synonym die Königin, wird beide Male als mit dem Land gekoppelt aufgeführt; die Schlußfolgerungen treffen jedoch eine harsche Unterscheidung. Während Frau und

---

[155] Speckenbach, "Rîter – geselle – herre": 126.

[156] Speckenbach verweist in diesem Zusammenhang auf die Ausgewogenheit der Proportionen: Lunetes Botschaft vor dem Wahnsinnsanfall und Iweins Reflexion nach seinem 'Erwachen' sind gleich lang, ebenso wie die Passagen, die den Ausbruch des Wahnsinns bzw. dessen Heilung beschreiben. Vgl. Speckenbach, "Rîter – geselle – herre": 131.

[157] Hartmann von Aue, Iwein: 2781–2786.

[158] Hartmann von Aue, Iwein: 2879–2883.

Schönheit dem Mann zur Gefahr werden können, läßt sich der neu erworbene Reichtum vorteilhaft verwenden.[159] Muß jedoch eine Wahl getroffen werden, so Gawein, dann ist es besser, auf beides zu verzichten als in Schande zu leben. Wie schon der bereits erwähnte Wunsch Laudines, Ehe und Herrschaft doch trennen zu können, ist auch diese Diskussion eine Innovation Hartmanns. Chrétien und seine weiteren Übersetzer sprechen dagegen nur von den Fangstricken der Liebe. So vergleicht der Gauvain der altfranzösischen Version die Liebe mit grünem Holz, das umso heftiger brennt, je länger man es schwelen läßt,[160] während der Autor der mittelenglischen *romance* einen proportionalen Zusammenhang zwischen ritterlicher Bewährung und weiblicher Liebe herstellt: "For when a knight es chevalrouse, / His lady es the more jelows. / Also sho lufes him wele the bet."[161]

Die Liebe ist es auch, die sich in Iwein wieder regt, der "senede gedanc",[162] die "senlîche triuwe"[163] in seinem Herzen, die ihn erneut so mit Beschlag belegt, daß die Sehnsucht nicht nur zu einem Verlust des Sprach-, Hör- und Sehvermögens führt, sondern darüber hinaus zu einem Verlust seiner gesamten Identität. Hartmann verweist auf die Parallelität dieses Ereignisses zur Gefangenschaft zwischen den Fallgattern, indem er die Formulierung wiederholt, mit der er schon zuvor die Absolutheit der Liebe Iweins beschrieben hatte: "in begreif ein selch riuwe / daz er sîn selbes vergaz."[164]

Lunetes Anklage hingegen ist geprägt vom Vorwurf des Vertragsbruchs. Ihr öffentlicher Auftritt prangert die Rechtsverletzung Iweins an; sie bezeichnet ihn als "verrâtære"[165] und "triuwelôsen man".[166] Nach ihrem

---

[159] Vgl. Hartmann von Aue, Iwein: 2905–2908.

[160] Vgl. Chrétien de Troyes, Yvain: 2519–2523.

[161] Ywain and Gawain: 1463–1465.

[162] Vgl. Hartmann von Aue, Iwein: 3083.

[163] Vgl. Hartmann von Aue, Iwein: 3088–3089.

[164] Hartmann von Aue, Iwein: 3090–3091; vgl. "daz im ir minne / verkêrten die sinne, / daz er sîn selbes gar vergaz" (Hartmann von Aue, Iwein: 1335–1337). Vgl. auch: "Yvains tant ancomança / A panser" (Chrétien de Troyes, Yvain: 2694–2695) und: "Sir Ywaine umbithought him than, / He had forgeten his leman." (Ywain and Gawain: 1583–1584). Das reflexive Vergessen ist einzigartig bei Hartmann.

[165] Hartmann von Aue, Iwein: 3118.

[166] Hartmann von Aue, Iwein: 3183. Insgesamt wird in der Schmährede Lunetes elfmal der Ausdruck *triuwe* gebraucht. Dieselbe Anhäufung von Rechtstermini läßt sich auch in den anderen Versionen beobachten; besonders drastisch in der romance: "Thou es / Traytur untrew and trowthles / and also an unkind cumlyng" (Ywain and

Abschied listet Hartmanns Erzähler in einer langen Kette von Versen die Gründe für Iweins Wahnsinn auf, die er in Parallelkonstruktionen aneinanderreiht und diese jeweils mit Varianten von *der/die/das* einleitet. Im Einzelfall kann es sich hierbei um den Artikel, das Personalpronomen oder die Konzessivkonjunktion handeln. Hartmanns sorgfältige Synchronisation der Verszeilen unterstreicht den additiven Charakter der Symptome:

> Daz smæhen daz vrou Lûnete
> den herren Îweinen tete,
> daz gæhe wider kêren,
> der slac sîner êren,
> daz sî sô von im schiet
> daz sî in entrôste noch enriet,
> daz smæhlîche ungemach,
> dazs im an die triuwe sprach,
> diu versûmde riuwe
> und sîn grôziu triuwe
> sînes stæten muotes,
> diu verlust des guotes,
> der jâmer nâch dem wîbe,
> die benâmen sînem lîbe
> vil gar vreude und den sin.[167]

Iweins Wahnsinn ist ein Syndrom; eine ganze Palette von auslösenden Momenten konvergiert zu diesem Zeitpunkt: die öffentliche Schande, die verweigerte Hilfeleistung Lunetes, der Verlust seiner Güter und die Sehnsucht nach der Gattin, die verloren zu sein scheint. Wichtig ist, daß er nach den Kriterien beider bisher parallel verlaufender Diskurse versagt hat: Weder hat er seinen eigenen Anforderungen genügt und sein Liebesverhältnis zu Laudine angemessen gepflegt, noch hat er den Anforderungen des Laudinehofes Genüge getan und ist seinen Aufgaben als Beschützer nachgekommen. Aus diesem Dilemma gibt es kein Entkommen, nur die Flucht vor der Gesellschaft und vor deren Geringschätzung.

Nach seiner Salbung, nach Wiedererlangen des Bewußtseins, ist Iwein immer noch nicht derselbe, "sîn selbes gast",[168] dem sein vorheriges Leben

---

Gawain: 1625–1627) und in der Saga: "But Iven she called a real traitor (*sannan suikara*), a liar (*lygí mann*), and a deceiver (*falsara*)." (Ivens saga, MS A: 83; bzw. Übers.: 60). Zum semantischen Spektrum von *triuwe* vgl. Elisabeth Schmid, Studien zum Problem der epischen Totalität in Wolframs Parzival. Erlangen: Palm & Enke, 1976: 113–186.

[167] Hartmann von Aue, Iwein: 3201–3215.

[168] Hartmann von Aue, Iwein: 3563.

wie ein Traum erscheint. Wolfgang Mohr verweist auf die Selbstzitate Hartmanns aus seinem Gregorius, die er an dieser Stelle einfließen läßt.[169] Die Vergleiche, die der verwilderte nackte Mann zwischen seiner äußeren Erscheinung und seiner ritterlichen Prädisposition anstellt, werden so in Bezug gebracht zu dem Gregorius im Mönchskleid, der ebenfalls weiß, daß er eigentlich zum Ritter geboren ist.

> Die besondere Wendung, die es [das Thema] im 'Iwein' erfährt, liegt darin, daß hier nicht die verdeckte *art* zum erstenmal durchbricht, sondern daß sich der ritterliche Mensch aus einer Existenzkrise wieder in seine *art* zurückfindet.[170]

Mohr vergleicht Iweins Erwachen mit Christi Tod und Wiederauferstehung.[171] Die drei Damen sind dementsprechend typologisch den drei Marien gleichgesetzt. Die Heilsgeschichte als zugrundeliegendes Denkmuster hat viel Überzeugendes,[172] worauf auch die kürzlich erschienene Publikation von Marianne und Klaus Ley zu Chrétiens Yvain verweist.[173] Leider scheinen die Autoren weder von den altgermanistischen Arbeiten zu diesem Thema noch von der romanistischen Interpretation von Anne Hunsaker Hawkins[174] Kenntnis genommen zu haben. So bleibt ihre Interpretation auf Basis der Confessiones Augustins hinter den Arbeiten Wehrlis und Mohrs zurück, wenn Begriffe Augustins undifferenziert auf Chrétien übertragen werden. Für die Leys symbolisiert die Krankheit die sündhafte Grundverfassung der Erbsünde,[175] die Salbung entspricht dem Sakrament

---

169 Hartmann von Aue, Iwein: 3557–3562 und 3537–3538 bzw. Hartmann von Aue, Gregorius: 1569–1578.

170 Mohr, "Iweins Wahnsinn": 84.

171 Vgl. Mohr, "Iweins Wahnsinn": 84 und Wehrli, "Iweins Erwachen": 179 und 186.

172 Zur Schwierigkeit, Einflüsse aus der Bibelexegese zu Nabuchodonosors Wahnsinn eindeutig festzumachen bzw. von ähnlichen Stoffen (wilder Mann) abzugrenzen, vgl. David A. Wells, "Die Ikonographie von Daniel IV und der Wahnsinn des Löwenritters." In: Kathryn Smits et al., Hgg., Interpretation und Edition deutscher Texte des Mittelalters. Festschrift für John Asher zum 60. Geburtstag. Berlin: Schmidt, 1981: 39–57 sowie Wells, "The Medieval Nebuchadnezzar."

173 Marianne und Klaus Ley, "Yvains Nacktheit: Zur spirituellen Deutung von Chrétiens Roman." In: Klaus Ley et al. Hgg., Text und Tradition: Gedenkschrift Eberhard Leube. Frankfurt/M.: Peter Lang, 1996: 253–280.

174 Anne Hunsaker Hawkins, "Yvain's Madness." Philological Quarterly 71 (1992): 377–397. Hawkins ihrerseits redupliziert bereits geleistete Forschung der Altgermanistik, die sie nicht zu kennen scheint.

175 Vgl. Ley, "Yvains Nacktheit": 275.

der Taufe.[176] "In der Wiedergeburt wird Yvain von der Sonne erleuchtet, das neue Kleid füllt seinen Mangel auf, und die Salbe heilt seine Krankheit."[177] Ob eine Zaubersalbe aus dem Feenreich und die erotische Applikation durch eine junge Dame dem Taufritual gleichkommen können, sei dahingestellt.

Nachdem Iwein von der Dame von Narison und ihrem Hofstaat gesundgepflegt worden ist, erbringt er all die Hilfeleistungen für bedrängte Mitmenschen, auf die ich bereits eingegangen bin. Nun sind seine Handlungen nicht mehr übereilt oder egoistisch, aber von einem bewußten Lernprozeß kann trotzdem nicht gesprochen werden. Iwein fängt noch einmal von vorne an, buchstäblich nackt und alleine, auf die Hilfe mitfühlender Fremder angewiesen. Die heilsgeschichtliche Vorstellung von Tod und Wiedergeburt, das Bild eines neuen Adam, der in die Fußstapfen des alten tritt, um dessen Fehler wiedergutzumachen, trifft mehr die Kernaussage. Es ist ein neuer, gewandelter Iwein, der uns nach dem Erwachen aus dem Wahnsinn entgegentritt, doch diese Erkenntnis bleibt dem Publikum vorbehalten. Laudine hingegen ist die Konstante, die sich nicht ändert. An ihrem veränderten Verhalten läßt sich ihr verändertes Gegenüber ausmachen.

---

[176] Vgl. Ley, "Yvains Nacktheit": 268. Ähnlich auch Monique Santucci, die Bad und Rasur auf der Burg zu Narison als "une sorte de baptême" versteht. Vgl. Monique Santucci, "La folie dans le chevalier de lion." In: Jean Dufournet, Hg., Le chevalier au lion. Approches d'un chef-d'œuvre. Paris und Genf: Champion-Slatkine, 1988: 153–172; Zitat: 164.

[177] Ley, "Yvains Nacktheit": 271.

5. Gahmuret und Fetischismus

5.1. Fragestellung

Wolfram von Eschenbach kannte eine beträchtliche Anzahl der Texte und Autoren, die zu seiner Zeit gerade *en vogue* waren. Mit Sicherheit kannte er den Eneasroman Heinrichs von Veldeke und sowohl den Erec als auch den Iwein Hartmanns. Ob er auch den Gregorius nachweisbar im Parzival rezipiert hat, ist unterschiedlich diskutiert worden. Sicherlich ist aber die Beobachtung Christine Wands grundsätzlich zutreffend, wenn sie Wolfram ein Desinteresse am Gregorius attestiert,[1] der durch kein direktes Zitat belegbar ist. Der Grund für diese Diskrepanz liegt in der Funktionalisierung der intertextuellen Bezüge. Die Zitate aus anderen höfischen Werken, vorrangig der Epik Hartmanns, dienen dazu, ein Artusuniversum aufzubauen, eine arthurische Ritterwelt, die bevölkert ist von bekannten Gestalten. So ist es nicht verwunderlich, daß "mehr als die Hälfte aller Namen, die mit Hartmanns Namengebung in Zusammenhang gebracht werden können, [...] in den einleitenden Büchern I-III zu finden [sind]."[2] Besonders die erste Begegnung des bislang isoliert aufgewachsenen Knaben mit der Ritterwelt ist unterfüttert mit intertextuellen Anspielungen, die für den Eingeweihten sowohl den Bezug zu anderen arthurischen Ereignissen herstellen als auch diesen simultan ironisch brechen. So ist der Anlaß der Begegnung im Wald die Entführung einer Dame durch Meljahkanz, der schon im Iwein als Entführer, in diesem Fall Ginovers, auffällig geworden war.[3] Auch "vroun Lûneten rât",[4] beide Male absichtlich durch einseitiges Zitieren entstellt, verweist auf die Einbindung der Parzivalhandlung in ein gesamtarthurisches Universum.[5] Hartmann, von Wolfram direkt als Gewährsmann apostrophiert,[6] wird auch als Verfasser des Erec mit zahlreichen Zitaten herangezogen. Wand betont in ihrer Diskussion den Humor

---

[1] Wand, Wolfram von Eschenbach und Hartmann von Aue: 181–196. Hier ist auch die bisherige Forschung zu einer eventuellen Gregoriusrezeption im Parzival aufgeführt und überzeugend widerlegt.

[2] Wand, Wolfram von Eschenbach und Hartmann von Aue: 123–124.

[3] Zu Meljahkanz vgl. Ulrike Draesner, Wege durch erzählte Welten. Intertextuelle Verweise als Mittel der Bedeutungskonstitution in Wolframs Parzival. Frankfurt/M. et al.: Peter Lang, 1993: 194–198.

[4] Vgl. Wolfram von Eschenbach, Parzival: 253,10–17 und 436,4–10.

[5] Für einen Überblick über die Iwein-Anspielungen, vgl. Wand, Wolfram von Eschenbach und Hartmann von Aue: 176.

[6] Vgl. Wolfram von Eschenbach, Parzival: 143,21–144,4.

Wolframs, der sich über Hartmann durchaus lustig macht, zum Beispiel in der Art und Weise, wie er dessen Namen wiederaufgreift. So wird aus *Erec fil de roi lac* ein *Lachfilirost schahtelakunt*[7] und die Hauptstadt von Erecs Königreich wird komisch redupliziert zu Karnahkarnanz.[8]

In Gahmurets Partei kämpfen die Väter von Artus, Gawan und Erec.[9] Gahmuret selbst ist modelliert nach dem Vorbild des Eneas in einer, so Dennis Green, "typologische[n] Denkweise, um Gahmurets Freiheit und Überlegenheit über Eneas und die armen Ritter der eigenen Umgebung zu veranschaulichen."[10] Dabei ist es wichtig, sich vor Augen zu halten, daß diese typologische Dopplung nur dem gebildeten Publikum erkennbar ist, nicht jedoch auf der Figurenebene Gahmuret oder Herzeloyde selbst. "Though neither he nor Herzeloyde knew it at the time, the outcome (if not the specifics) had been determined centuries earlier by Aeneas."[11] Dennoch ist es diese Mittelstellung, die den Gahmuret-Büchern ihre besondere Bedeutung gibt: Der Rückbezug auf Eneas und die *chanson de geste* einerseits und der Vorverweis auf Parzival und sein *erbe* andererseits. Diesem breiten inter- und intratextuellen Netzwerk, das Wolfram entwickelt, steht das für die mittelhochdeutsche Literatur seltene Phänomen gegenüber, daß die Gahmuret-Bücher – soweit wir wissen – keine direkte Vorlage im Altfranzösischen hatten. Wolfram hatte also offenbar freie Hand, um seine Vorgeschichte zu entwickeln.

---

7 Vgl. Wolfram von Eschenbach, Parzival: 43,19.

8 Anderer Meinung ist Holger Noltze, Gahmurets Orientfahrt. Kommentar zum ersten Buch von Wolframs Parzival (4,27–58–26). Würzburg: Königshausen und Neumann, 1995: 161–162. Noltze referiert an dieser Stelle auch die übrigen Forschungsmeinungen zu diesem Thema.

9 Zum intertextuellen Personal des Kampfes vor Kanvoleiz vgl. Draesner, Wege durch erzählte Welten: 177–183.

10 Dennis H. Green, "Der Auszug Gahmurets." Wolfram-Studien 1 (1970): 62–86; hier: 78. Vgl. hierzu auch: Julius Schwietering, "Einwürkung der Antike auf die Entstehung des frühen deutschen Minnesangs." ZfdA 61 (1924): 61–82; Petrus W. Tax, "Gahmuret zwischen Äneas und Parzival: Zur Struktur der Vorgeschichte von Wolframs Parzival." ZfdPh 92 (1973): 24–37 sowie R. William Leckie, Jr., "Mutable Substance: The Diamond Helmet and the Death of Gahmuret in Wolfram's Parzival." Arthurian Interpretations 3 (1989): 23–37; hier: 26–30.

11 Leckie, "Mutable Substance": 30.

5.2. Gahmurets erzwungene Ehe

Bevor Wolfram von Eschenbach auf die Geschichte Parzivals, seines Titelhelden, eingeht, stellt er erst dessen Eltern vor: Gahmuret und Herzeloyde. Die Darstellung der Eltern des "maereshalp noch ungeborn[en]"[12] erschöpft sich jedoch nicht in ihrer Funktion als pränatale *enfance*. Neben der Prädestination seines Helden in spe deutet Wolfram so auch die Wichtigkeit der genealogischen Verstrickungen an, innerhalb derer die Mitglieder der weitverzweigten Gralsdynastie miteinander, gegeneinander und nebeneinander agieren.[13] Aber die Geschichte der Eltern Parzivals entwikkelt darüber hinaus ein Eigenleben, das auch separat gesehen eine interessante Facette der Liebes- und Ehekonzeption wolframscher Prägung aufzeigt.

Dieses Liebes- und Eheleben scheint durchaus den Konventionen höfischen Benehmens zu folgen, zumindest im Bereich öffentlichen Zeremonialhandelns. In seinem Privatleben jedoch hat das Paar eine Umgangsform entwickelt, die auf einer rituellen Vernetzung sexueller und aggressiver Elemente beruht, wobei Herzeloydes Hemd eine besondere Rolle zufällt: Es wird fetischisiert zum Schauplatz des Konflikts. Dieser Konflikt hat seinen Ursprung in den unausgeglichenen Hierarchieverhältnissen des Paares. Herzeloyde, eine Königin mit eigenem Reich, hat einen (zunächst) landlosen Zweitgeborenen geheiratet und nutzt das soziale Gefälle, um ihre Dominanz auch im privaten Bereich zu manifestieren. Gahmuret ist sich seiner prekären Situation bewußt, die ihn zwingt, die Umkehrung der herkömmlichen Machtverhältnisse hinzunehmen. Seine Gegenwehr muß daher auf einer Ebene erfolgen, die Herzeloyde verschlossen ist – dem ritterlichen Zweikampf. Nachdem es ihm nicht möglich ist, über Herzeloyde selbst Kontrolle zu erlangen, projiziert er seine "Aggressionsphantasien"[14]

---

[12] Wolfram von Eschenbach, Parzival: 4,24.

[13] Eine umfassende Übersicht über die reichhaltige Forschungsliteratur bietet Ursula Peters, "Familienhistorie als neues Paradigma der mittelalterlichen Literaturgeschichte?" In: Joachim Heinzle, Hg., Modernes Mittelalter: Neue Bilder einer populären Epoche, Frankfurt/Main und Leipzig: Insel, 1994: 142–144. Für den Zeitraum 1945–1968 vgl. Joachim Bumke, Die Wolfram von Eschenbach-Forschung seit 1945. Bericht und Bibliographie. München: Wilhelm Fink, 1970; zu den Gahmuret-Büchern: 187–190 sowie 286–290; speziell zum 1. Buch für den Zeitraum bis 1990 vgl. Noltze, Gahmurets Orientfahrt: 7–32.

[14] Dieser Ausdruck wurde geprägt von Karl Bertau, "Versuch über die Struktur einiger Aggressionsphantasien." In: Ders., Wolfram von Eschenbach: Neun Versuche

auf ihr Unterkleid, das er im Turnier über der eigenen Rüstung trägt und von seinen Opponenten zerschleißen läßt. Hier spielt Wolfram auf den Topos des Liebespfands an, in der Regel des Ärmels der Dame, wie er durch viele literarische Beispiele belegt ist.[15] In dieser Passage aber wird dieses Liebespfand dramatisch uminterpretiert. Wolfram bedient sich dazu einer Sprache, die ihr aggressives Vokabular sowohl aus der Kampfes- als auch der Schneiderterminologie entlehnt und beide auf geniale Weise verbindet.

Die endgültige Flucht aus seiner unerträglichen Situation findet Gahmuret erst im Tod, der ihn vor Baldac schließlich ereilt. Unmittelbar darauf überträgt Herzeloyde ihre überwältigende Liebe auf ihren neugeborenen Sohn, um ihre Dominanz in die nächste Generation fortzusetzen; ein Versuch, der ihr zunächst durchaus gelingt.

Gahmuret Anschevîn verläßt seine Heimat nach dem Tode seines Vaters. Gemäß der französischen Primogeniturgesetze geht er – als zweitgeborener Sohn – in der Erbfolge leer aus. Er demonstriert seine nunmehr landlose Existenz nach außen hin durch die Wahl eines neuen Wappens, eines Ankers, als sichtbaren Ausdruck seiner Mobilität und Freiheit. "Indem Gahmuret Anschouwe verläßt und auf Abenteuer auszieht", so Dennis Green, "vollzieht er den Übergang vom Bereich der sozialwirtschaftlichen Notwendigkeit zu dem der sittlichen Freiheit, aber auch von der kollektiven zur persönlichen Erlebnissphäre. [...] In jeder Hinsicht bietet ihm sein Aufbruch die Möglichkeit der Selbstbefreiung."[16]

Im Titurel, der Vorgeschichte zu Parzival, die Wolfram später nachliefert und in der er wesentliche Aspekte des Gralsepos wiederaufgreift, wird die Vorstellung von Gahmurets 'aufgesetztem' neuen Leben nochmals unterstrichen. Dort wird beschrieben, wie seine zweite heraldische Identität

über Subjektivität und Ursprünglichkeit in der Geschichte. München: Beck, 1983: 126–144.

15 Im Parzival z. B. trägt Gawan Obilots Ärmel auf seinen Schild genagelt, als er vor Bearosche kämpft (vgl. Wolfram von Eschenbach, Parzival: 374,25–375,30).

16 Green, "Der Auszug Gahmurets": 71. Besonders verweisen möchte ich auf Greens Abgrenzung von Gahmurets Verhalten, das "den Anschein erwecken könnte, als handle es sich wie bei Roland oder Eneas um ein militärisches Kollektivgeschehen" (Green, "Der Auszug Gahmurets": 70) von dem der beiden 'epischen' Helden. Damit nimmt Green *en passant* einen Gedankengang vorweg, den Gaunt oder Baswell mehr als zwei Jahrzehnte nach ihm ausarbeiten würden. Vgl. meine Ausführungen in Kapitel 2.7.

buchstäblich die erste überlagert: "Sîn pantel wart verkêret";[17] der Panther, sein Familienwappen, wird verdeckt, als der Anker auf den Schild genagelt wird.[18] Diese Stelle trägt auch für den Minnedienst Bedeutung, denn hier wird traditionell das Liebespfand der Dame befestigt, für die der Ritter in den Kampf zieht. Gahmuret jedoch macht es für jedermann erkenntlich, daß er keinem Mann – und keiner Frau – untertan ist und unter seinem eigenen Zeichen zu kämpfen gedenkt. In dieser Rolle als fahrender Ritter – einer Rolle, die er freiwillig annimmt, da sein Bruder ihm anbietet, das Königreich ihres Vaters gemeinsam zu regieren[19] – versucht er jedoch nicht, wie ein typischer *juvenis*[20] eine reiche Erbin zu finden, in deren Königreich er einheiraten könnte.[21] Ganz im Gegenteil: Weder Ampflises noch Belakanes noch Herzeloydes Königreiche stellen ihn zufrieden. Erst als sein Bruder stirbt und Gahmuret an der Reihe ist, das Erbe des eigenen Vaters anzutreten, nimmt er seine ureigene Identität als "der Anschevîn" wieder an. Erst dann führt er aufs Neue sein Familienwappen.

Gahmurets Eheschließung ist, zumindest von seinem Standpunkt aus gesehen, ein großes Versehen. Ohne zu wissen, wie ihm geschah, hat er sich in

---

17 Wolfram von Eschenbach, Titurel and the Songs. Hg. und übers. v. Marion E. Gibbs und Sidney M. Johnson. New York und London: Garland, 1988: 80a,1. Die Zuschreibung dieser Strophe an Wolfram wird in der Forschung unterschiedlich gehandhabt. Sie ist nur im Jüngeren Titurel (754) überliefert und deshalb nicht in alle Textausgaben aufgenommen. (Vgl. Wolfram von Eschenbach, Titurel. Hg. und übers. v. Helmut Brackert und Stephan Fuchs-Jolie. Berlin und New York: de Gruyter, 2002: 22.)

18 Weitere Beispiele hierfür siehe Michel Pastoureau, "Désigner ou dissimuler? Le rôle du cimier dans l'imaginaire médiéval". In: Marie-Louise Ollier, Hg., Masques et Déguisements dans la littérature médiévale. Montreal: Les Presses de l'Université de Montreal, 1988: 127–140.

19 Anders Walter Delabar, der einen Staatsstreich Gahmurets gegen seinen Bruder postuliert, den Galoes mit Degradierung und Verbannung ahndet. Vgl. Walter Delabar, Erkantiu sippe unt hoch geselleschaft. Studien zur Funktion des Verwandschaftsverbandes [*sic*] in Wolframs von Eschenbach Parzival. Göppingen: Kümmerle, 1990 (GAG 518): 55–73.

20 Vgl. hierzu grundsätzlich Georges Duby, The Chivalrous Society. Übers. v. Cynthia Postan. Berkeley und Los Angeles: University of California Press, 1977 sowie Ursula Peters, Dynastengeschichte und Verwandtschaftsbilder. Die Adelsfamilie in der volkssprachigen Literatur des Mittelalters. Tübingen: Niemeyer, 1999.

21 Vgl. Green, "Der Auszug Gahmurets": 72–75. Green spricht von "schürzenjägerischen Neigungen" und " 'überflüssige[m]' 'emotional luxury' " (Green, "Der Auszug Gahmurets": 74).

den Ehestand manövriert, indem er an einem Turnier teilgenommen hat, als dessen Preis die Hand der Königin ausgesetzt war. Mit seinem Sieg muß er nun auch den ausgesetzten Siegespreis in Kauf nehmen. Er versucht, sich aus dieser Verpflichtung zu lösen, aber Herzeloyde bringt ihn vor Gericht, um seinen Teil des Handels einzufordern.[22]

Die Insistenz, mit der Herzeloyde Gahmuret in die Ehe zwingt, zeigt, wie sehr ihr daran gelegen ist.[23] Sie begehrt Gahmuret von dem Moment an, da sie ihn zum ersten Mal sieht, und nötigt ihm einen Willkommenskuß auf, dem Gahmuret diplomatisch – und erfolglos – auszuweichen versucht.[24] Aber Herzeloyde hat ihre Entscheidung gefällt und ist nicht zimperlich in der Wahl ihrer Mittel. Als er sich neben sie setzt, packt sie ihn und zieht ihn nahe an sich heran. "Si twanc iedoch sîn minne",[25] wie Wolfram es ausdrückt, ist syntaktisch zweideutig: Wohl könnte Gahmurets Minne das Subjekt und Herzeloyde das Objekt der Begierde sein; der Kontext jedoch suggeriert anderes. Auf die zusätzliche Bedeutung des Verbums *twingen* im Sinne von *eng heranziehen, an sich binden*, werde ich später noch eingehen. Wie ungebührlich Herzeloydes Verhalten ist, wird von Wolfram besonders betont, indem er hervorhebt, daß sich so etwas für eine unverheiratete Jungfrau nun gar nicht gehört: "Si was ein magt und niht ein wîp, / diu in sô nâhen sitzen liez."[26]

Zusätzlich gibt er seinem Publikum durch einen genealogischen Exkurs Zeit und Gelegenheit, sich die Szene in ihrer ganzen erotischen Spannung auszumalen, bevor er die eigentliche Handlung wieder aufgreift. Diese Spannung wird dadurch intensiviert, daß hier die Geschlechterrollen umgekehrt verteilt sind und es die Frau ist, die dem Mann Avancen macht. Vor allem aber etabliert die Königin sofort eine soziale Hierarchie: Gah-

---

22 Die Rechtsverbindlichkeit der Situation ist vergleichbar der Ehe Iweins und Laudines.

23 Eine Zusammenfassung der Herzeloyden-Literatur bieten David Duckworth, "Herzeloyde and Antikonie. Some Aspects Compared." German Life and Letters 41 (1988): 332–341 sowie Susanne Heckel, "'die wîbes missewende vlôch' (113,12). Rezeption und Interpretation der Herzeloyde." In: Alois M. Haas und Ingrid Kasten, Hgg. Schwierige Frauen – schwierige Männer in der Literatur des Mittelalters. Bern et al.: Peter Lang, 1999: 35–52.

24 Vgl. Wolfram von Eschenbach, Parzival: 83,11–24. Schmid spricht von einem "Neutralisierungsversuch". Vgl. Schmid, Studien zum Problem der epischen Totalität: 85.

25 Vgl. Wolfram von Eschenbach, Parzival: 84,2.

26 Wolfram von Eschenbach, Parzival: 84,6–7.

muret mag wohl der Hausherr innerhalb seines Zeltes sein, sie jedoch ist die Landesherrin und damit auch die seine.[27] Diese Autoritätsstellung ermöglicht es ihr, seine höflichen Ausweichmanöver zu ignorieren. "Auch ihre Sexualität ist herrschaftlich",[28] wie Schmid es ausdrückt. Herzeloyde verkehrt die traditionellen Geschlechterrollen und nimmt sich den Mann 'mit Gewalt'. Die Frage, die sich nun stellt, ist, ob die Ehe sie genau dieser Macht beraubt, die sie so effektiv einzusetzen wußte. Wer ist der Herr im Haus Anjou? Herzeloyde, die Ehefrau, scheint ihre Dominanz freiwillig aufzugeben und sich ihrem Gatten unterzuordnen. Die Polarität ihrer Aussage jedoch kündigt bereits an, daß der Machtkampf sich fortsetzen wird: "Hêr, nu sît ir mîn. / ich tuon iu dienst nâch hulden schîn."[29] Herzeloyde hat sich die Kontrolle über ihre Unterwerfung vorbehalten.

Dem eigentlichen Eheleben Gahmurets und Herzeloydes widmet Wolfram nur wenig Aufmerksamkeit. Jedoch exkulpiert er Gahmurets Willigkeit zum Vollzug, indem er herausstellt, daß dieser nur durch die Libido, die er von seinen Vorfahren im Feenreich geerbt hat, seinen ehelichen Pflichten nachkommt: "sîn art von der feien / muose minnen oder minne gern".[30] Die Interpretation Ulrich Pretzels, die ebenfalls nach einer Entschuldigung für Gahmurets Verhalten sucht, deutet dessen erotischen Drang zum Vollzug (ohne Textgrundlage) um: "Für den Mann, und gar für Gahmuret, bedeutet es eine große Lockung, einer jungen Frau noch ungewecktes Liebesgefühl als erster wecken zu dürfen oder durch sich als erster geweckt zu sehen."[31] Pretzels zahlreiche Chauvinismen, die mehr über seine Definition der Geschlechterrollen aussagen denn über Wolframs, seien durch ihr Entstehungsdatum entschuldigt.[32]

---

[27] "Ir sît hie wirt dâ ih iuch vant: / sô bin ich wirtîn überz lant." (Wolfram von Eschenbach, Parzival: 83,13–14)

[28] Schmid, Studien zum Problem der epischen Totalität: 87.

[29] Wolfram von Eschenbach, Parzival: 96,7–8.

[30] Wolfram von Eschenbach, Parzival: 96,20–21.

[31] Ulrich Pretzel, "Gahmuret im Kampf der Pflichten." In: Ursula Hennig und Herbert Kolb, Hgg. Mediævalia litteraria. Festschrift für Helmut de Boor zum 80. Geburtstag. München: Beck, 1971: 379–395; hier: 391.

[32] Vgl. z. B. seine Interpretation Herzeloydes: "[...] sucht sie etwa echt weiblich, halb bewußt, halb unbewußt auch ein wenig die Eifersucht Gahmurets zu wecken?" (Pretzel, "Gahmuret im Kampf der Pflichten": 392) oder seine Bewertung der Dissertation einer jungen Wissenschaftlerin als "einfühlsam", was er mit deren Vita in Verbindung bringt (vgl. Pretzel, "Gahmuret im Kampf der Pflichten": 382).

Eigentlich aber wird Gahmuret von Herzeloyde in die Kemenate beordert. Nicht er nimmt ihre Jungfernschaft, Herzeloyde gibt sie auf und transformiert so die konventionelle Unterordnung der Frau in aktives, phallisches Verhalten.[33] Ihr Mann hingegen wird in die submissive Position genötigt, die im normalen Geschlechterdiskurs Femininität markiert. Um die Kontrolle über seinen Körper und sein Geschick wiederzugewinnen, muß Gahmuret die Flucht antreten in eine rein maskuline Welt, die seiner Frau verschlossen bleibt: den Turnierplatz. Einmal im Monat hat er die Erlaubnis seiner Frau, auf ein Turnier auszureiten. In seiner "naiv komischen Turnierbesessenheit"[34] trägt er das Wappen seiner Familie auf dem Schild und das Hemd seiner Frau über der Rüstung.

> Dez pantel, daz sîn vater truoc,
> von zoble ûf sînen schilt man sluoc.
> al kleine wîz sîdîn
> ein hemde der künegîn,
> als ez ruorte ir blôzen lîp,
> diu nu worden was sîn wîp,
> daz was sîns halsperges dach.
> ahzehniu manr durchstochen sach
> und mit swerten gar zerhouwen,
> ê er schiede von der frouwen.
> daz leit ouch si an blôze hût,
> sô kom von rîterschaft ir trût,
> der manegen schilt vil dürkel stach.[35]

So wie er zunächst sein Familienwappen mit dem Anker überlagert hatte, um seine genealogische Unabhängigkeit zu demonstrieren,[36] macht Gahmuret nun erneut seine veränderten Verhältnisse heraldisch sichtbar. Er

---

33 "frou Herzeloyd diu künegîn / ir magettuom dâ âne wart." Wolfram von Eschenbach, Parzival: 100,14–15.

34 Christa Ortmann, "'Ritterschaft': Zur Frage nach der Bedeutung der Gahmuret-Geschichte im Parzival Wolframs von Eschenbach." DVjs 47 (1973): 664–710; hier: 694. John M. Clifton-Everest spricht sogar von einem "moralischen Versagen" im Zusammenhang mit Herzeloydes Prozeß und den anschließenden Turnierfahrten: "And even then his early departure evinces little respect for the decision." (John M. Clifton-Everest, "Knights-Servitor and Rapist Knights. A Contribution to the Parzival/Gawan Question." ZfdA 119 [1990]: 290–317; hier: 297, Anm. 8.)

35 Wolfram von Eschenbach, Parzival: 101,7–19.

36 Zum Wappen Gahmurets als individualisierendes Identifikationsmittel vgl. Dennis H. Green, The Art of Recognition in Wolfram's Parzival. Cambridge et al.: Cambridge University Press, 1982: 48–50.

bezeugt seine dynastische Identität durch den Panther seines Vaters auf dem Schild[37] und seine Zugehörigkeit zu Herzeloyde, indem er ihr Hemd über der Rüstung trägt.[38] Was auf den ersten Blick wie eine öffentliche Liebesbezeugung aussieht – Christa Ortmann beispielsweise sieht eine "konfliktlose Einheit von Minne und Kampf"[39] –, erweist sich jedoch bei näherer Betrachtung als Minnedienst mit zweideutigem Charakter. Gahmuret wählt mit Herzeloydes Hemd ein Kleidungsstück, das noch intimer und noch erotischer befrachtet ist als ein Ärmel. Doch was geschieht mit diesem Fetisch?

5.3. Exkurs: Herzeloydes Hemd[40]

Bei jedem seiner Ausritte setzt Gahmuret den symbolischen Platzhalter seiner Frau den Angriffen seiner Gegner aus. Das Hemd[41] wird "durchstochen" und "zerhouwen"; die Schwerthiebe seiner Opponenten zerstören das Symbol seiner Unfreiheit, das Kleidungsstück, das Herzeloyde am nächsten kommt.[42] Beim Rückbezug auf diese Passage im Titurel bezeich-

---

37 Stephen Carey verweist auf die Tatsache, daß der Panther in der Physiologus-Tradition der einzige natürliche Feind des Drachen ist und in Herzeloydes Traum als Vorausdeutung Parzivals erscheint. Vgl. Stephen Carey, "Wolframs heilsgeschichtliche Ironie: Die biblische Tragi-komik des elterlichen Erbes Parzivals." [unveröffentlichtes Manuskript]: 12. Ich danke Dr. Carey, der mir sein Manuskript vor seiner Veröffentlichung zur Verfügung stellte. Die Seitenzahlen sind daher vorläufig. Zum Panther vgl. Henkel, Studien zum Physiologus: 167–168.

38 Falsch verstanden von Gabriele Raudszus, die meint, Gahmuret hätte das Hemd auf seinen Schild genagelt. Vgl. Gabriele Raudszus, Die Zeichensprache der Kleidung. Untersuchungen zur Symbolik des Gewandes in der deutschen Epik des Mittelalters. Hildesheim et al.: Georg Olms, 1985: 106 und 213.

39 Vgl. Ortmann, " 'Ritterschaft' ": 697.

40 Eine Frühfassung dieses Teilkapitels erschien als "Herzeloydes Hemd: Ein Dessous obenauf." In: Danielle Buschinger und Wolfgang Spiewok, Hgg., Sexuelle Perversionen im Mittelalter / Les Perversions Sexuelles au Moyen Age. Greifswald: Reineke, 1994: 97–105.

41 Zum Hemd vgl. Elke Brüggen, Kleidung und Mode in der höfischen Epik des 12. und 13. Jahrhunderts. Heidelberg: Winter, 1989, bes. 71–105.

42 Wilhelm von Malmesbury schildert ca. 1120 eine vergleichbare Kampfessituation, bei der ein Hemd zu Schaden kommt. In diesem Fall handelt es sich um eine Reliquie, das Hemd der Jungfrau Maria selbst. Die feindlichen Truppen werden sowohl für ihr Hohngelächter als auch für den Pfeilhagel, den sie auf das Hemd niedergehen lassen, mit Blindheit geschlagen: "Camisiam quoque eiusdem uirginis [Mari-

net Wolfram das Ziel dieser Aggression noch deutlicher: Das Hemd hat nicht nur die bloße Haut der Königin berührt, sondern sogar ihr Schamhaar: "ez ruorte ouch etwaz brûnes an ir huf."[43] Der Ehegatte wider Willen schlägt zurück, indem er Herzeloydes Fetisch einem rituellen Gewaltakt aussetzt – einer Vergewaltigung, wenn man das Hemd als Symbol für Herzeloydes weiblichen Körper ansieht, oder einer Kastration, wenn man den Hauptakzent auf die Beschneidung ihrer maskulinen Rolle setzt.

Wolframs Vokabular ist mit großer Bedachtsamkeit gewählt. Er faßt die Verstümmelung des Hemds in Worte, die angemessen doppeldeutig sind. Die Verba *stechen* und *houwen*, durch Präfixe intensiviert zu *durchstechen* und *ver-houwen,* um die Totalität der Zerstörung zum Ausdruck zu bringen, bezeichnen die beiden wesentlichen Techniken des Schwertkampfs. Dadurch, daß die Stöße und Schläge hier nicht nur einem ritterlichen Gegenüber gelten, sondern darüber hinaus einem Fetisch, der eine Frau repräsentiert, erhalten sie ein zusätzliches Assoziationspotential im sexuellen Bereich. Vor allem aber werden sie in einem weiteren Kontext verwendet, der zunächst nichts mit Turnierkämpfen zu tun hat. *Stechen* und *houwen* sind Spezialausdrücke, die eine besondere Schneidertechnik bezeichnen[44] und in dieser Bedeutung mehrfach überliefert sind. So zum Beispiel im Tristan:

> diu ritterschaft diu vuorte cleit
> mit wunderlîcher rîcheit
> zersniten und zerhouwen.[45]

Die Mode des Mittelalters war in vielerlei Hinsicht androgyn.[46] Sowohl Männer als auch Frauen waren bekleidet mit Untergewand (*hemde*), Ober-

---

ae], quam Karolus Caluus cum aliis reliquiis a Constantinopoli aduexerat, in modum uexilli super propugnacula, custodum trita pectoribus, uentis exponunt. Hostes uisam ridere et in eam per inane sagittas dirigere, non impune; nam mox oculis obnubilatis nec retro regredi nec ante tendere ualuere." (William of Malmesbury, Gesta Regvm Anglorvm. The History of the English Kings. Hg. und übers. von R. A. B. Mynors et al. Oxford: Clarendon, 1998: 2,127). Interessant ist die Bemerkung im Nebensatz, das Hemd sei durch das viele Tragen (der Ritter?) schon fadenscheinig geworden. Leider bietet der Text keine weitere Erklärung.

43 Wolfram von Eschenbach, Titurel. 85,4.

44 Vgl. Brüggen, Kleidung und Mode in der höfischen Epik: 198–199.

45 Gottfried von Straßburg, Tristan: 673–675.

46 Vgl. die Ausführungen von Burns zur "unisex chemise" in Burns, "Ladies don't Wear Braies": 155–158.

gewand und Mantel. Der Hauptunterschied in der Bekleidung bestand im Zuschnitt des Hemdes, der die jeweiligen geschlechtsspezifisch erotischen Merkmale vorteilhaft zur Geltung bringen sollte. So war das Oberteil eines Frauenhemds eng anliegend, um Brust, Taille und Hüfte zu betonen. Um diese körpernahe Paßform zu erreichen, wurde die Frau regelrecht in ihr Hemd eingeschnürt. Dazu wurde der Saum an einer Seite bis zur Hüfte nicht zugenäht, sondern durch Kordeln am Körper festgezurrt. Der fachsprachliche Ausdruck hierfür ist *twingen.*[47] Heinrich von Veldeke, dessen Eneasroman auch in Hinsicht auf die Beschreibung von Kleidung und Mode für den deutschen Sprachraum Vorbildcharakter hatte, beschreibt Didos Hemd denn auch als "cleine, / wîz unde wol genât. / dar an was manich goltdrât. / ez was gedwenget an ir lîb."[48] Auf die Ambiguität des Begriffs an späterer Stelle der Gewandbeschreibung verweist bereits Gabriele Raudszus: "Die Forschung hat allerdings die erotische Signalfunktion dieser Gewandbeschreibung bisher fast durchweg schamhaft kaschiert und damit der sublimen Kunstfertigkeit des Dichters Unrecht getan, der mit seiner Doppeldeutigkeit – sî weste wole waz si dwanc (1726) – auf die Kürze von Didos Mantel anspielt und zugleich ihre Motivation dekouvriert."[49] Die Liebe eines Mannes zu *twingen,* wie Herzeloyde es in der voraufgehenden Passage tut, beinhaltet also auch diese Konnotationen: So fest anzuziehen, daß er an ihr haftet wie eine zweite Haut.

Ordericus Vitalis, der in seiner Historia Ecclesiastica den modischen Unsinn seiner Zeit anprangert, schildert die Kleidung der jungen Männer zu Hofe mit derselben Vorstellung unangemessener Enge und Länge. Während er seinen Vorfahren Vernunft und praxisorientierte Kleiderwahl zubilligt, die es einem Mann ermöglichte, zu reiten und sich frei zu bewegen, sind die Hemden der jungen Männer *prolixi*, zu lang, und *nimium*

---

47 Im Gegensatz zu Schultz sehe ich einen Unterschied zwischen "close fitting" und "cut to fit". Auch in den Beispielen, die er aus dem Tristan zitiert, ist ein Unterschied zu erkennen zwischen den eng geschnürten Hemden der Damen, die deren Körperrundungen betonen sollen, und Tristans *gewant*, daß "nâch sînem lîbe gesniten" ist, also speziell für ihn angefertigt und daher genau passend. Vgl. Schultz, "Bodies that Don't Matter": 97 bzw. Gottfried von Straßburg, Tristan: 3345–3347.

48 Heinrich von Veldeke, Eneasroman: 1696–1699.

49 Raudszus, Die Zeichensprache der Kleidung: 64. (Textzitat angeglichen an die hier verwendete Ausgabe.) Raudszus bezieht sich hier auf Didos bewußte Wahl eines verführerisch kurzen Mantels für ihren Jagdausflug mit Eneas: sowohl der Mantel als auch Dido sind *gedwungen*.

stricti, übermäßig eng geschnürt.[50] Dies schildert er in einer Sprache, die die modebewußten Höflinge als effeminiert und dekadent darstellt und sie in Kontrast setzt zu den ritterlich Aktiven, die köpergerecht geschnittene Kleidung tragen:

> Nam capillos a uertice in frontem discriminabant, longos crines ueluti mulieres nutriebant, et summopere comebant, prolixisque nimiumque strictis camisiis indui tunicisque gaudebant. [...]
> Illi [patres antiquores] enim modestis uestiebantur indumentis, optimeque coaptatis ad sui mensuram corporis. et erant habiles ad equitandum et currendum, et ad omne opus quod ratio suggereret agendum.[51]

Beim Mann galten die Beine als besonders erotischer Körperteil und dementsprechend war der Schnitt des Hemdes. So stellt Gahmuret beim Einritt in Kanvoleis provokativ sein bloßes Bein zur Schau, indem er es quer vor sich über das Pferd legt.[52] Blake Lee Spahr interpretiert die Reaktion Gahmurets auf den Anblick Herzeloydes und sein zuckendes Bein: "ûf rihte sich der degen wert, / als ein vederspil, daz gert"[53] als *pars pro toto*. Daß Gahmuret auf den Anblick der Frau mit großer Erregung reagiert, ist evident. Leider vergibt Spahr viel von der Glaubwürdigkeit seines Arguments, zum einen durch seine Ausdrucksweise (so unterstellt er Margaret Richey, sie wäre wohl selbst dem Charme Gahmurets erlegen), zum anderen durch die fehlerhafte Etymologisierung des Begriffs *degen*. Spahr setzt *Degen, Krieger*, wie von Wolfram gebraucht (< 8. Jh., aus g. **þegna*) gleich mit *Degen, Stichwaffe* (< 14. Jh., vermutlich entlehnt aus ofrz. *degue*).[54]

James Schultz schreibt im Zusammenhang mit Riwalins und Tristans Beinen:

> Although the basic elements of courtly clothing were the same for men and women in this period, men's and women's clothes were not identical. Women's garments reached to the floor, while men's only extended part of the way down

---

50 Vgl. hierzu Jane Burns: "Even these 'tight shirts' appear to depart somehow from the contours of the 'naturally' sexed male body to construct an anatomy seen as foreign and other, that is female." (Burns, "Refashioning Courtly Love": 117.)

51 Ordericus Vitalis, Historia ecclesiastica: 4,188.

52 Vgl. Wolfram von Eschenbach, Parzival: 63,13–64,12.

53 Wolfram von Eschenbach, Parzival: 64,7–8.

54 Vgl. Blake Lee Spahr, "Gahmuret's Erection: Rising to Adventure." Monatshefte 83 (1991): 403–413. Zur Etymologie von *degen* vgl. Friedrich Kluge, Etymologisches Wörterbuch der deutschen Sprache. Bearb. v. Elmar Seebold. Berlin und New York: de Gruyter, [23]1995: 166–167.

> the leg, and since the leg coverings fit very closely, the contours of men's legs were clearly visible. As a result shapely legs came to be regarded as the hallmark of masculine beauty. [...] Evidently, beautiful legs are an excellence that is peculiarly masculine. [...] Of course, legs in themselves are not peculiarly male. Thus one cannot say that men's clothes reveal a sexed body. Rather, men's clothes create a gendered body. Exposing the legs turns the body into a man's, since the body with visible legs can only be a man's. It is the clothes, not the legs, that make the body masculine.[55]

Außerdem war das Hemd vorne und/oder hinten geschlitzt.[56] Der *terminus technicus* für die Applikation dieses Schlitzes ist auf Mittelhochdeutsch – wie auch aus der bereits zitierten Tristan-Passage ersichtlich – *durchstechen*, auf Altfranzösisch *fendre*. Im Verzweiflungsmonolog Lavines, den ich im Zusammenhang mit dem Sodomievorwurf bereits angesprochen habe,[57] wird die Bedeutung des geschlitzten Hemdes als distinktives *Gender*merkmal deutlich: "Il a asez garçons o sei, / [...] fendue trueve la chemise; / maint en i a en son servise"[58] bzw. "Molt me prisast mielz Eneas, / se g'eüsse fenduz les dras".[59] Unter den zahlreichen Textbeispielen, die Tobler-Lommatzsch auflisten,[60] finden sich unter den Rubriken zu *fendre*, aufschlitzen, oder *fendace*, *fendëure*, Schlitz, auch jeweils Beispiele mit deutlich sexuellen Konnotationen, die *fendace* synonym gebrauchen zu *con* oder *cul*.

So gewinnen die Stöße und Schläge, die Herzeloydes Hemd zerfetzen, zusätzliche Bedeutung. Ihr textiler Platzhalter wird nicht nur einer gewalttätigen Strafaktion ausgesetzt, sondern gleichzeitig auch auf den Mann zugeschnitten, der ihn nun trägt. Gahmuret verläßt Herzeloydes Machtbereich in einem Hemd, das seine Bewegungsfreiheit einengt. Bei seiner Rückkehr jedoch ist es ihm nicht mehr zu lang und zu eng; durch die Mithilfe seiner Kampfgenossen wird es zum Männerhemd zurechtgestutzt.

Die visuelle Rückeroberung seiner maskulinen Autonomie, die Gahmuret durch seine Turnierkämpfe erreicht, stößt dabei keineswegs auf Herzeloydes Widerstand. Vielmehr zieht sie jedesmal nach Gahmurets Heimkunft das Hemd erneut an. Die Unterordnung unter sein männliches Regime, die sie ihm zu Anfang ihrer Ehe versprochen hat und die sie nun

---

55 Schultz, "Bodies that Don't Matter": 97.
56 Vgl. Brüggen, Kleidung und Mode in der höfischen Epik: 103–105.
57 Vgl. Kapitel 2.7.
58 Roman d'Eneas: 9159–9162.
59 Roman d'Eneas: 9155–9156.
60 Tobler-Lommatzsch: 3,1710–1712.

symbolisch überstreift, hat aber ihre Grenzen: Ihr Fetisch mag beschnitten sein, doch ihr Mann ist zurückgekehrt, in ihren Machtbereich, innerhalb ihrer Burgmauern.

Zu dem Zeitpunkt, als Gahmuret im Heiligen Land erschlagen wird, hat Herzeloyde dieses fetischistische Ritual so sehr internalisiert, daß sie sogar das Hemd, in dem ihr Mann gestorben ist, erneut überstreifen will. Gahmurets 'Leichenhemd' ist völlig zerfetzt und mit seinem Blut getränkt:

> daz hemde ein hader was von slegen.
> diu vrouwe woldez an sich legen,
> als si dâ vor hete getân,
> sô kom von ritterschaft ir man:
> dô nâmen siz ir ûzer hant.
> die besten über al daz lant
> bestatten sper und ouch daz bluot
> ze münster, sô man tôten tuot.[61]

Nun steht das Hemd nicht mehr sinnbildlich für Herzeloydes erotisch weißen Körper; durch seinen Tod hat Gahmuret ihre Dominanz ausgelöscht. Sein Blut durchtränkt den Fetisch bis zur Selbstauflösung und sein Körper, der im Heiligen Land bestattet wird, ist für immer Herzeloydes Zugriff entzogen. Wie sehr auch dies eine Feminisierung der Figur Gahmurets darstellt, läßt sich an den zahlreichen Parallelbeispielen in der Studie Elisabeth Bronfens erkennen, die in Over Her Dead Body[62] genau diesen Zusammenhang zwischen weiblicher Machtlosigkeit und dem Tod als einziger Fluchtmöglichkeit untersucht.

Die Umkehrung dieser Konstellation spielt Wolfram in seinem Willehalm nach dessen Rückkehr in die heimische Burg durch: Gyburc, die wie ein Mann gewappnet die Burg verteidigt hatte, legt die Rüstung wieder ab, um ihren Mann zu begrüßen.

> diu künegin in dem venster lac,
> diu der gesellekeite phlac:
> des marcgraven umbevanc
> an sine brust si dicke twanc.
> des was si guote wile entwent,
> und hete sich anders vil gesent.
> mir wære ein zagheit geschehen,

---

61 Wolfram von Eschenbach, Parzival: 111,25–112,2.

62 Elisabeth Bronfen, Over her Dead Body. Death, Femininity and the Aesthetic. New York: Routledge, 1992.

ob ich ein wip het ersehen
so küenlich gestanden.
mir wirt halt sus enblanden,
so ich ungewapent wip grif an,
ob ich mit eren scheide dan.
Gyburc was noch harnaschvar:
er nams durh liebe kleine war.[63]

Auch hier kommt es zu einer Liebesbegegnung bzw. deren Vorausdeutung durch die Schlüsselbegriffe *gesellekeit* und *umbevanc*, nach der siegreichen Heimkehr des Mannes. Hier ist es jedoch der Mann, der nach Transgression der Geschlechterrolle die Frau an die Brust *twingt*. Der "liehte schin"[64] von Gyburgs erotisch-weißem Körper ist noch durch die Schmutzspuren der Rüstung entstellt.[65] Jedoch ist die kurzfristige Maskulinisierung der Frauenfigur, die sich im Harnisch "manlich, ninder als ein wip"[66] bewegt, sogleich wieder aufgehoben; einer Maskulinisierung, die sich in einer momentanen Gleichstellung der Figuren äußert – beide gewappnet, er unrasiert, sie ungewaschen.[67] Schon als Gyburc und ihre Hofdamen noch den Harnisch tragen, löst der Erzähler die Bedrohung des maskulinen Monopols dadurch auf, daß er über die weiblichen Körper darunter phantasiert, besonders über den Bereich unterhalb der Gürtellinie.[68] Und auch sein komischer Einschub, selbst bei einer unbewaffneten Frau hätte er Mühe, seinen Mann zu stehen, betont erneut die Unerhörtheit der Rollenanmaßung. Die Nennung Gahmurets als Beispielfigur just in diesem Kontext[69] ist auffällig. Sie ermöglichte es einem parzivalkundigen Publikum durchaus, den Bezug zu Herzeloydes Hemd herzustellen. Dies umso mehr, als es die Armut Gahmurets ist, auf die der Text rekurriert, und Gahmurets Wunsch, sich als Ritter zu bestätigen.

Arthur Groos verweist auf die Änderungen, die Wolfram bei der Adaptation der ersten Nacht Parzivals mit Condwiramurs vornimmt:[70] Die Königin

---

63 Wolfram von Eschenbach, Willehalm: 243,17–30.

64 Wolfram von Eschenbach, Willehalm: 229,20.

65 Vgl. hierzu Sarah Westphal-Wihl, "Smut and Armor." Discours Social/Social Discourse 1 (1988): 149–171.

66 Wolfram von Eschenbach, Willehalm: 226,30.

67 Vgl. Wolfram von Eschenbach, Willehalm: 229,20–26.

68 Vgl. Wolfram von Eschenbach, Willehalm: 231,22–27.

69 Vgl. Wolfram von Eschenbach, Willehalm: 243,10–16.

70 Arthur Groos, Romancing the Grail. Genre, Science, and Quest in Wolfram's Parzival. Ithaca und London: Cornell University Press, 1995: 105–106.

des Conte du Graal trägt einen kurzen scharlachfarbenen Mantel über ihrem Hemd,[71] während Condwiramurs einen langen Mantel über einem weißen Hemd trägt. Groos betont zurecht den erotischen Unterton beider Passagen und den Gegensatz, den Wolfram zu seiner Quelle aufbaut, "the lack of physical love intimated by the hero's and heroine's ignorance, not the innuendos shared by the narrator and audience."[72] Er vermittelt jedoch durch die unchronologische Reihung der Textzitate einen falschen Eindruck. Condwiramurs trägt das konventionelle weißseidene Hemd, über das sie den langen Samtmantel[73] wirft, um eine aufreizende Situation gar nicht aufkommen zu lassen: Was sie von Parzival will, sind *helfe* und *rât*, *auxilium* und *consilium*. Der Erzählerkommentar, der ihr Hemd mit einer Rüstung vergleicht, stellt jedoch über die Metaphorik den Bezug zu Aggressivität und ritterlicher Bewährung – und Parzivals Eltern – wieder her:

dô gienc diu küneginne,
niht nâch sölher minne
diu sölhen namen reizet
der meide wîp heizet,
si suochte helfe unt friundes rât.
an ir was werlîchiu wât,
ein hemde wîz sîdîn:
waz möhte kampflîcher sîn,
dan gein dem man sus komende ein wîp?
ouch swanc diu frouwe umbe ir lîp
von samît einen mantel lanc.[74]

---

71 "Un mantel cort de soie an grainne / A afublé sor sa chemise" (Chrétien de Troyes, Perceval: 1952–1953). Hier differieren jedoch die Handschriften: Die von Groos benutzte Edition von Foerster und Hilka basiert auf Ms A (Paris, Bibliothèque Nationale, fr. 794), der von mir benutzten Ausgabe liegt Ms T (Paris, Bibliothèque Nationale, fr. 12576) zugrunde. Hier heißt es: "Mantel de soie taint en graine / A affublé sor sa chemise"; es fehlt also die Verweis auf die Kürze. Es läßt sich nur spekulieren, ob die Saumhöhe dem jeweiligen Schreiber so unwichtig war, daß die Versionen differieren, oder ob die Varianten gerade auf die Sinnträchtigkeit der Information verweisen. Für eine ausführliche Darstellung der Handschriftenlage vgl. Chrétien de Troyes, Le Roman de Perceval ou le Conte du Graal. Hg. v. Keith Busby. Tübingen: Niemeyer, 1993.

72 Groos, Romancing the Grail: 106.

73 Nicht "silk coat", wie Groos übersetzt. Der Unterschied ist wichtig, da es Condwiramurs darum geht, den transparent-erotischen Stoff züchtig unter dem dichten Gewebe zu verdecken.

74 Wolfram von Eschenbach, Parzival: 192,9–19.

Stephen Carey verweist ebenfalls auf einen Rückbezug auf Herzeloydes Hemd, den Wolfram auch im Parzival an späterer Stelle durchführt.[75] Auch Parzival, Gahmurets Sohn, bekommt von einer Dame ein Kleidungsstück überlassen: Repanse de Schoyes Mantel. Wie sein Vater phantasiert er über die erotische Attraktivität der Mantel-Geberin und wie sein Vater befleckt er das Kleidungsstück mit Blut. Anders als im Präzedenzfall jedoch ist Repanse de Schoye eine Frau von völlig anderer Art als ihre Schwester Herzeloyde: Sie muß ihre *kiusche*[76] bewahren, um als Gralsträgerin fungieren zu können. Auch Parzivals Verhalten unterscheidet sich wesentlich von dem seines Vaters: Obwohl er die Schönheit der Dame bewundert, auch den Mantel als bedeutungstragende Leihgabe erkennt und durchaus hofft, der schönen Dame dienen zu können, erinnert er sich doch an die daheimgebliebene Gattin und will Dienst und Minne trennen:

> hât dirre wirt urliuges nôt,
> sô leist ich gerne sîn gebot
> und ir gebot mit triuwen,
> diu disen mantel niuwen
> mir lêch durch ir güete.
> wan stüende ir gemüete
> daz si dienst wolde nemn!
> des kunde mich durch si gezemn,
> und doch niht durch ir minne:
> wan mîn wîp de künneginne
> ist an ir lîbe alse clâr,
> oder fürbaz, daz ist wâr.[77]

Repanse de Schoyes Mantel ist im Gegensatz zu Herzeloydes Hemd nicht zu eng *getwungen*; Wolfram erwähnt, daß Parzival ihn "mit offener snüere"[78] trägt. Er durchlebt denselben symbolischen Kampf wie Gahmuret, diesmal in Form eines Alptraums, der den nackten Parzival wie ein Kleidungsstück umhüllt, doch auch dieser Traum wird von Schwerthieben bearbeitet wie zuvor Herzeloydes Hemd:

---

75 Carey spricht nicht ganz zutreffend von einem "Hemdtausch" bzw. "Manteltausch". Er verweist jedoch zurecht "auf die enge Beziehung zwischen Aggression und Sexualität", die sich auch an dieser Stelle manifestiert. Stephen Carey, "Wolframs heilsgeschichtliche Ironie": 24.

76 Vgl. Wolfram von Eschenbach, Parzival: 235,25–30.

77 Wolfram von Eschenbach, Parzival: 246,11–22.

78 Wolfram von Eschenbach, Parzival: 228,11.

ir boten künftigiu leit
sanden im in slâfe dar,
sô daz der junge wol gevar
sîner muoter troum gar widerwac,
des si nâch Gahmurete pflac.
sus wart gesteppet im sîn troum
mit swertslegen umbe den soum,
dervor mit maneger tjoste rîch.[79]

5.4. Parzivals Geburt

Speer und Blut, die Symbole der Ritterlichkeit und Männlichkeit Gahmurets, sind alles, was Herzeloyde nach seinem Tod im heiligen Land von ihm zurückerhält. Mit deren Bestattung im Münster wird jedoch der Einfluß der väterlichen Linie zu Parzival abgeschnitten; Gahmurets männliche Eigenschaften werden zwar genetisch weitergereicht, durch die mütterliche Erziehung jedoch unterlaufen.[80] Der Sohn Gahmurets muß sich seine Erbanlagen mühsam erarbeiten.

Als Gahmuret in seinem letzten Kampf vor Baldac fällt, hat er achtzehnmal ein Hemd zu Herzeloyde nach Hause gebracht, das von seinen Gegnern durchdrungen worden ist. Herzeloydes Kind, Parzival, hat sich seit achtzehn Wochen im Mutterleib bewegt.[81] Die Identität dieser Zahlen schafft eine direkte Verbindung zwischen Gahmurets Turnieren und der fortschreitenden Schwangerschaft Herzeloydes. Fast scheint es, als ob nicht Gahmuret der Urheber dieser Schwangerschaft ist, sondern als ob es die Stöße seiner Gegner sind, die die Entwicklung Parzivals im Mutterleib vorantreiben. Jeder dieser Stöße bringt Gahmuret seinem Tode und Parzival seiner Geburt näher.[82] Auch Herzeloyde ist sich dieser engen Bezie-

---

[79] Wolfram von Eschenbach, Parzival: 245,4–11.

[80] Zu Gahmurets *art* als Eigenschaft, die "both individual nature and lineage" einschließt vgl. Schultz, The Knowledge of Childhood: 2 und 54–56; Zitat: 55. Einen Forschungsüberblick bietet Sylvia Stevens, Family in Wolfram von Eschenbach's Willehalm: mîner mâge triwe ist mir wol kuont. New York et al.: Peter Lang, 1997: 14–18.

[81] Wolfram von Eschenbach, Parzival 109,2–6. Zum medizinischen Hintergrund dieser Passage siehe Eberhard Nellmann, "Zum zweiten Buch des Parzival." In: Wolfram-Studien 12 (1992): 191–193.

[82] Green verweist auf die starke Zeitraffung, die den Eindruck entstehen läßt, "als handle es sich bei Parzivals Auszug um ein zeitlich unmittelbar nach Gahmurets Tode zu datierendes Ereignis." Green, "Der Auszug Gahmurets": 78, Anm. 48.

hung bewußt. In ihrer Vorstellung nimmt das Kind den Platz des toten Mannes ein:

> ich was vil junger danne er,
> und bin sîn muoter und sîn wîp.
> ich trage alhie doch sînen lîp
> und sînes verhes sâmen.[83]

So wie ihr Hemd erfüllt ist von Gahmurets Blut, so ist ihr Leib erfüllt mit seinem Samen. Vater und Sohn werden zusammengefaßt in einer Person,[84] vereint in ihrem Körper, dem Gefäß für Reliquie und Relikt.[85] Diese Verwirrung von Verwandtschaftskategorien erinnert an die Inzesträtsel, wie sie andere Textzusammenhänge überliefern, die mittelalterliche Ödipustradition etwa oder die Gregoriusfabel. Arnold von Lübeck beispielsweise beschreibt die Königin von Aquitanien, die ihren Sohn zum Manne nimmt als: "mater, uxor et amita / persona erat unica".[86] Gleichzeitig jedoch gibt Herzeloyde dieser Zweifaltigkeit religiöse Bedeutung, indem sie sich direkt mit Maria als *regina lactans* gleichsetzt. Was uns widersprüchlich anmutet, war jedoch nach mittelalterlichem Verständnis simultan möglich: Herzeloyde erotisiert und sanktifiziert tatsächlich gleichzeitig das Verhältnis zu ihrem neugeborenen Sohn.[87] Auch prominente Theologen wie etwa

---

83 Wolfram von Eschenbach, Parzival: 109,24–27.

84 Vgl. David Blamires, Characterization and Individuality in Wolfram's Parzival. Cambridge: University Press, 1966: 93–96.

85 Eine Visualisierung dieser Vorstellung findet sich im Typus der *vierge ouvrante*, einer aufklappbaren Marienstatue, die im geschlossenen Zustand Maria als stillende Gottesmutter mit dem Jesusknaben darstellt. Geöffnet gibt der Körper Marias den Blick frei auf Jesus als Bestandteil der Dreifaltigkeit und weist so auf die Funktion Marias als Tabernakel Christi hin, der als Erwachsener den Opfertod stirbt. Man sah die Mutter Gottes auch als Tabernakel, der den Leib Christi in sich trug, und dies bisweilen auch in der Eucharistie. Es gibt *vierges ouvrantes*, die tatsächlich Tabernakel sind. So gibt Maria dem Jesuskind außen die physische Nahrung, indem sie es stillt, während sie in ihrem Leib die spirituelle Nahrung der Gemeinde in Form der geweihten Hostie trägt. Vgl. Caroline Walker Bynum, Holy Feast and Holy Fast. The Religious Significance of Food to Medieval Women. Berkeley et al.: University of California Press, 1987: 268 und Abb. 13.

86 Arnold von Lübeck, Gesta Gregorii Peccatoris: IV,XXX,1–2.

87 So auch Lydia Miklautsch: "Die erotische Komponente, die in einer solchen Gleichsetzung des Gatten mit dem Sohn mitschwingt, wird durch religiöse Stilisierung mystisch überhöht." (Lydia Miklautsch, Studien zur Mutterrolle in den mittelhochdeutschen Großepen des zwölften und dreizehnten Jahrhunderts. Erlangen: Palm & Enke, 1991: 55.)

Petrus Damiani oder Peter Abaelard beziehen sich auf das Paradoxon von Maria als Mutter und Tochter Gottes, ebenso wie Chrétien de Troyes in seinem Lancelot, der Gott anruft als "Deu qui est fiz et pere", Gott den Sohn und Vater, und "sa mere / Qui estoit sa fille et s'ancele",[88] seine Mutter, Tochter und Geliebte.[89]

Auf diese Art und Weise inszeniert Herzeloyde Gahmurets Wiedergeburt. Sofort etabliert sie auch dasselbe Verhältnis zu ihrem Sohn, das sie zu ihrem Gatten hatte. Parzival wird zum weiblichen Lustobjekt, die Mutter und die Hofdamen bewundern und befühlen "zwischen beinen sîn visellîn",[90] das stattliche Proportionen aufweist und zu den größten Hoffnungen für die Zukunft des Jungen berechtigt.[91] Auch hier vereinigen und überlagern sich erotische und religiöse Symbolik. Es gibt keinen Grund, anzunehmen, daß die Freude, die Herzeloydes Damen beim Anblick dieser *ostentatio genitalium*[92] zum Ausdruck bringen, nicht aufrichtig ist.

---

88 Vgl. Chrétien de Troyes, Le Chevalier de la Charette: 2835–2937. Zitiert aus: Christian von Troyes. Der Karrenritter. Hg. v. Wendelin Foerster. Halle: Niemeyer, 1884; repr. Amsterdam: Rodopi, 1965.

89 Ein Hamburger Beispiel für den Wandel von sowohl Geschmack als auch Empfindlichkeiten des Publikums vom Mittelalter zur Neuzeit ist Meister Bertrams Hochaltar von Sankt Petri, heute in der örtlichen Kunsthalle. Das Herzstück des geöffneten Altarschreins war von Meister Bertram konzipiert als Darstellung der Hochzeit des Messias. In der Tradition der Hoheliedexegese stand Maria als *sponsa* Jesu sinnbildlich für die menschliche *anima* und die Gemeinschaft der *ecclesia*. Nachdem bildlich aber auch die Hochzeit des Sohnes mit der Mutter dargestellt war, wurde das Mittelstück 1596 gegen eine konventionelle Golgathaszene ausgetauscht. Zu Ikonographie und Schicksal des Hamburger St. Petri-Altars vgl. Christian Beutler, Meister Bertram: Der Hochaltar von St. Petri. Christliche Allegorie als protestantisches Ärgernis. Frankfurt/M.: Fischer, ²1997: 9–26 und 72–77.

90 Wolfram von Eschenbach, Parzival: 112,25.

91 James Marchand verweist auf die lautliche Ähnlichkeit von *vis, Penis* und den Kosenamen, die Herzeloyde für ihren Sohn findet ("bon fîz, scher fîz, bêâ fîz"; Wolfram von Eschenbach, Parzival: 113, 4): "The fact that [Wolfram] has just used a French loan word [...] which sounded much like *fiz*, 'son', makes the queen sound like she is calling Parzival 'pretty putz' or the like, and the *double entendre* is confirmed by Sigune's later recognition of Parzival by exactly that name [vgl. Wolfram von Eschenbach, Parzival: 140,6]." James W. Marchand, "Wolfram's Bawdy." Monatshefte 69 (1977): 131–149; hier: 139.

92 Zur Ikonographie der *ostentatio genitalium*, vgl. Leo Steinberg, The Sexuality of Christ in Renaissance Art and in Modern Oblivion. Chicago und London: University of Chicago Press, ²1996: v. a. 118–119, 147–154 und 173–195 (mit reichhaltigem Bildmaterial). Vgl. hierzu Caroline Walker Bynum: "The Body of Christ in the

Schließlich ist Parzival der Erbe von Herzeloydes Königreichen und der designierte Gralkönig. Eine seiner wichtigsten königlichen Pflichten wird es sein, sich fortzupflanzen und so den Fortbestand der Dynastie zu sichern. Eine Überprüfung der dafür notwendigen biologischen Gegebenheiten nach der Geburt des Knaben ist nur sinnvoll. Die weitverbreiteten Darstellungen der *ostentatio* Christi verweisen auf die Menschwerdung Gottes und die Humanität Christi. Jesus ist sowohl der Sohn Gottes als auch ein Säugling.[93]

Die Situation nach Herzeloydes Entbindung ist von derselben Ambiguität gekennzeichnet. Herzeloyde stillt ihren Sohn selbst, was ungewöhnlich ist für eine adlige Dame ihres Ranges. Für die Königin jedoch ist dieser körperliche Kontakt sowohl die Wiederholung des mariologischen Vergleichs zur *regina lactans*[94] als auch die Wiederholung der Liebkosungen ihres Gatten. Nun nimmt sie den Sohn in die Arme:

> an ir brüste si in zôch,
> die wîbes missewende vlôch.
> si dûht, si hete Gahmureten
> wider an ir arm erbeten.[95]

Herzeloyde hat die weibliche Dominanz wiederhergestellt, die ihr Gahmuret dadurch entzogen hat, daß er in einem weit entfernten Land die ewige Ruhe gefunden hat. Sie versucht, sie zu erhalten, indem sie die Möglichkeit zur Unabhängigkeitsfindung von Parzival fernhält und ihn in Unwissenheit aufzieht. Parzival weiß nicht, was das Rittertum ihm bietet, und bis zum Einbruch der ritterlichen Welt in die Einsamkeit Soltanes kann seine Mutter diese ödipale Situation auch aufrecht erhalten. Wolfram bringt diesen mütterlichen Egoismus neu in seine Version ein; in Chrétiens Text ist der Wald die letzte Zufluchtsstätte beider Eltern Percevals. Bei Wolfram dagegen handelt die Mutter alleine und gegen die Interessen ihres Kindes,

---

Later Middle Ages: A Reply to Leo Steinberg." In: Dies., Fragmentation and Redemption. Essays on Gender and the Human Body in Medieval Religion. New York: Zone Books, 1992: 79–117. Bynum sieht in der *ostentatio* eine Betonung des Penis als Objekt der Beschneidung, erst in zweiter Linie als Fortpflanzungsorgan.

93 Wie James A. Schultz in seinen Publikationen herausarbeitet, ist Kindheit ein kulturelles Konstrukt analog zu "gender, race and sexuality". Vgl. Schultz, The Knowledge of Childhood in the German Middle Ages: 12.

94 Vgl. hierzu Karl Bertau, "Regina lactans." In: Ders., Wolfram von Eschenbach: Neun Versuche über Subjektivität und Ursprünglichkeit in der Geschichte. München: Beck, 1983: 259–285.

95 Wolfram von Eschenbach, Parzival: 113,11–14.

da sie zwei ihrer Königreiche, deren Erbe er ist, aufgibt. Herzeloyde kann diesen Zustand jedoch nicht für immer bewahren. Phallische Femininität bleibt ein Oxymoron: Reizvoll als Spekulation, aber instabil in der Realisation. Wie schon sein Vater vor ihm entflieht Parzival dem weiblichen Machtbereich und findet in der Welt jenseits Soltanes Bestätigung als Ritter, König und Mann.

6. Schlußbemerkung

Die Maskulinität des höfischen Protagonisten ist stets nur diskursgebundenes Mittel zum Zweck. Die Männlichkeit eines Helden anzugreifen heißt, ihn existentiell in Frage zu stellen. Die Möglichkeiten hierfür sind vielfältig und einzigartig für jeden Text. Deshalb waren die einzelnen Kapitel der vorliegenden Arbeit ursprünglich als relativ eigenständige Einheiten konzipiert. Es hat sich jedoch erwiesen, daß die einzelnen Untersuchungen mehr gemeinsam haben als zunächst angenommen. Ihnen allen unterliegt die Vorstellung vom männlichen Körper als hermetischem Organismus, in dem Prozesse ablaufen, die ihren eigenen Gesetzmäßigkeiten gehorchen und auf die das Individuum selbst keinen Einfluß nehmen kann. Der Mann ist der Macht der Liebe ausgeliefert, die über die Schönheit der Frau durch die Augen in den Körper eindringt. Diese Liebe ist oft zunächst einseitig – und notwendig, um den Mann an Haus und Hof zu binden. Der Mann wird durch festgelegte Mechanismen zur Liebe gebracht, und problematisch wird es dann, wenn das falsche Objekt diese Liebe auslöst.

In einem ersten Teil habe ich mich zunächst mit der Aeneis Vergils und ihrer Rezeption in der lateinischen Literatur des Mittelalters befaßt. Dieses Kapitel unterscheidet sich im Aufbau von den folgenden, da die Textgeschichte mehr als elfhundert Jahre vor der altfranzösischen Quelle ihren Ausgang nimmt. Konzentriert habe ich mich dabei auf die drei Passagen, in denen die Feinde der Trojaner deren Männlichkeit schmähen, insbesondere auf den Monolog des Turnus im 12. Buch, in dem er seinen Nebenbuhler als *semivir Phrygus* bezeichnet und ihm vorwirft, seine Haare mit Myrrhenöl zu salben und künstlich aufzudrehen. Während Vergil die Herabsetzung seines Protagonisten zum *semivir* ausschließlich als Reduktion seiner Kampfeskraft versteht, erfuhren diese Passagen schon im frühen Mittelalter eine Uminterpretation, die die "fehlende" Hälfte des *semivir* als dekadent-weibisch ergänzt. Die defizitäre Maskulinität des Helden wird also abgeleitet aus der in seinen Körper eingeschriebenen Symbolik seiner Haare. Genauso wichtig ist der beständige Verweis auf Aeneas als phrygischen Ausländer, der als *alter Paris* die trojanische Unsitte des gewaltsamen Brautraubs ins Land bringt und damit einen zweiten trojanischen Krieg zu provozieren droht.

In einem Vergleich der Sodomiepassage Veldekes mit ihrer altfranzösischen Vorlage kann ich im Anschluß aufzeigen, wie der deutsche Autor durch gezielte Auslassungen und Umstellungen eine völlig neue Aussage erreicht. Die Königin im Roman d'Eneas will ihrer Tochter vor allem ein Leben in dauernder Konkurrenz zu Eneas' männlicher Entourage ersparen. Im beständigen Werben um seine Aufmerksamkeit, Liebe und sexuelle Zuwendung würde sie, so die Köngin, stets das Nachsehen haben. Heinrich von Veldeke dagegen greift die sexuell expliziten Beispiele sowie auch die namentliche Bezeichnung der Sodomie aus seiner Vorlage gar nicht auf. Was er beibehält, sind die Anführung Didos als Beispiel – dies verweist bereits auf einen Kontext, der über den Rahmen mann-männlicher Liebe hinausgeht – sowie das Argument, daß der Fortbestand der Menschheit durch einen sodomitischen Lebenswandel ernsthaft bedroht sei. In diese – neue – Reihenfolge gebracht, ergibt sich so die Uminterpretierung der Didofigur zum Prototyp der verlassenen und kinderlosen Frau. Als Eneas sie verläßt, ohne ein "kindelîn" zu zeugen, sind Dido, ihre Dynastie und in letzter Konsequenz auch Karthago selbst zum Untergang verurteilt. Der direkte Vergleich, den die Königin zwischen Dido und Lavine anstellt, enthüllt den wahren Grund ihrer Sorge: Eneas der Sodomie zu bezichtigen kommt der Anklage gleich, er sei nicht willens, den Fortbestand der Dynastie zu sichern. Diese Prokreationsverweigerung konstituiert für mich das ausschlaggebende Definitionskriterium der Sodomie im Eneasroman und ist nicht, wie in der romanistischen Forschung meist angenommen, die Manifestation einer (proto-)homosexuellen Identität.

Gregorius hat, wenn man so will, das gegenteilige Problem. Auch oder gerade prokreationsorientierte Sexualität ist verwerflich, wenn sie sich – wie in diesem Kontext – auf das falsche Objekt bezieht. Der Inzest der Eltern, die Bruder und Schwester sind, und den Gregorius mit seiner Mutter schießlich wiederholt, definiert Gregorius' Identität. Dabei sind die beiden Fälle von Inzest aber von grundsätzlich unterschiedlicher Natur: Der erste Inzest zwischen Bruder und Schwester wurde wissentlich begangen und nur zwangsweise durch die Schwangerschaft der Schwester beendet. Diese Transgression ist geschlechtsspezifisch differenziert dargestellt: Während im Vorfeld der Sünde die Verführbarkeit des Bruders und deren Ursachen zum Thema gemacht werden, ist es nach der Trennung der Geschwister der Seelenzustand der Schwester, den Hartmann detailliert herausarbeitet. Bruder und Schwester sind nicht komplementär konzipiert, sondern wesensmäßig völlig unterschiedlich.

Der Mutter/Sohn-Inzest hingegen wird ganz im Sinne einer herkömmlichen höfischen Brautwerbung geschildert, die die Ehe vorrangig als Instrument zur Sicherung von Herrschaft versteht und in der Mutter und

Sohn die ihnen zugewiesenen Rollen fatal vorbildhaft ausfüllen. Die Popularität dieses Themas wird an den zahlreichen weiteren Inzesterzählungen, vor allem in der altfranzösischen Literatur, ersichtlich. Bisweilen werden sogar ganz pragmatische Möglichkeiten dafür aufgezeigt, wie das Problem der Konsanguinität aus der Welt zu schaffen wäre, indem man etwa die Schuld an den Klerus delegiert oder sich einen Dispens vom Papst erwirkt.

Der unauflösliche Nexus von Liebe und Herrschaft ist von jeher auch ein zentrales Thema der Iweinforschung gewesen. Sowohl Iwein als auch Laudine sind exemplarische Figuren: Iwein ist als der beste Ritter auch der prädestinierte Gatte, und dies an jedem Hof, an dem er eine Erlösungstat begeht, nicht nur bei Laudine. Laudine ist die schönste Frau und damit als Gattin für den Helden vorherbestimmt. Während Hartmann in seinem Gregorius die Grenzen der Idealität dieser *coutume* dadurch aufzeigt, daß dort zweimal eine Verbindung entsteht, die gerade wegen ihrer Kompatibilität nicht sein darf, begehren im Iwein Mann und Frau gegen die automatische Kopplung von Liebe und Herrschaft auf. Durch die nuancierte Ausgestaltung dieses Konflikts der Hauptfiguren mit ihren Geschlechterrollen kommt Hartmanns Werk eine Sonderstellung innerhalb der Iweintradition zu, die sich besonders im Vergleich zu Chrétiens Yvain herausarbeiten läßt.

Zentral hierfür ist die Beschreibung des Wahnsinns, in den Iwein verfällt, als er erkennt, daß er Laudine verloren hat. Dieser Wahnsinn ist eine Krankheit, die ebenso einem Automatismus unterworfen ist wie Iweins plötzliche Verliebtheit in Laudine. So wie die Liebe direkt von Iweins Augen in sein Herz fährt, so schießt der Wahnsinn vom Körper in seinen Kopf. Während die Liebe aber einen externen Auslöser in Laudines einzigartiger Schönheit hat, ist der Wahnsinn rein endogen. Wichtig ist auch hier die Inszenierung des Körpers: wahnsinnig, schwarz und nackt.

Den *gender*spezifischen Unterschieden zwischen Männer- und Frauenhemd bin ich im Zusammenhang mit Wolframs Parzival nachgegangen. Dieses intime Kleidungsstück wird fetischisiert zum Schauplatz des Konflikts zwischen Gahmuret und seiner Frau. Der Konflikt hat seinen Ursprung in den unausgeglichenen Hierarchieverhältnissen des Paares. Herzeloyde, eine Königin mit eigenem Reich, hat einen (zunächst) landlosen Zweitgeborenen geheiratet und nutzt das soziale Gefälle, um ihre Dominanz auch im privaten Bereich zu manifestieren. Gahmurets Gegenwehr erfolgt in einem rein maskulinen Bereich, der Herzeloyde verschlossen ist – dem ritterlichen Zweikampf. Nachdem es ihm nicht möglich ist, über

Herzeloyde selbst Kontrolle zu erlangen, projiziert Gahmuret seine Aggressionsphantasien auf ihr Unterkleid. Er trägt das Hemd im Turnier über der eigenen Rüstung und läßt es im Verlauf der Kampfeshandlungen von seinen Opponenten zerschleißen. Wolfram spielt hier auf den Topos des Liebespfands an, wie er durch viele literarische Beispiele belegt ist. In dieser Passage aber wird das Liebespfand dramatisch uminterpretiert. Der Autor bedient sich dazu einer Sprache, die ihr Vokabular sowohl aus der Kampfes- als auch der Schneiderterminologie entlehnt und beide auf geniale Weise verbindet. Das Damenhemd, eng und bodenlang, als Gahmuret ausreitet, wird zurechtgestutzt zu einem maskulinen Schnitt: kürzer und geschlitzt.

Die vorliegenden Versuche zu Maskulinität in der höfischen Erzählliteratur richten ihr Augenmerk auf Sodomie, Inzest, Wahnsinn und Fetischismus. Dennoch sind die Protagonisten, die diesen Prüfungen ausgesetzt sind, vorbildliche Männer: siegreiche Krieger, kompetente Herrscher und Ehemänner, die das Verhältnis zu ihren Frauen wohl problematisch beginnen, dann jedoch korrekt beenden. Die Frage "Was ist ein Mann in der höfischen Epik?" ist dabei relativ schematisch zu beantworten: Ein höfischer Held erringt Herrschaft und eine Ehefrau, die den Fortbestand der Dynastie in der nächsten Generation sichern kann. Die Erlangung dieses Ziels wird nie in Frage gestellt; wohl aber wird der Weg dorthin problematisiert. Das Gleiche gilt für die Ausgangsfrage dieser Untersuchung: Jeder der Protagonisten ist ein Mann, doch Maskulinität ist relativ.

7. Anhang

7.1. Abkürzungsverzeichnis

ABäG	Amsterdamer Beiträge zur älteren Germanistik
APSL	Amsterdamer Publikationen zur Sprache und Literatur
ATB	Altdeutsche Textbibliothek
AUMLA	Journal of the Australasian Universities Language and Literature Association
BMZ	Mittelhochdeutsches Wörterbuch. Mit Benutzung des Nachlasses v. Georg Friedrich Benecke ausgearbeitet v. Wilhelm Müller und Friedrich Zarncke. Leipzig: Hirzel, 1854–1866; repr. Stuttgart: Hirzel, 1990
CChrist	Corpus Christianorum Continuatio Mediaevalis
CSEL	Corpus Scriptorum Ecclesiasticorum Latinorum
DTM	Deutsche Texte des Mittelalters
dtv	Deutscher Taschenbuch Verlag
DVjs	Deutsche Vierteljahrsschrift für Literaturwissenschaft und Geistesgeschichte
GAG	Göppinger Arbeiten zur Germanistik
GLQ	Journal of Lesbian and Gay Studies
GRM	Germanisch-romanische Monatsschrift
JEGP	Journal of English and Germanic Philology
MF	Minnesangs Frühling
MGH	Monumenta Germaniae Historica
MlatJb	Mittellateinisches Jahrbuch
MLN	Modern Language Notes
MMS	Münstersche Mittelalter-Schriften
MTU	Münchener Texte und Untersuchungen zur deutschen Literatur des Mittelalters
Nd. Jb	Niederdeutsches Jahrbuch
PBB	Beiträge zur Geschichte der deutschen Sprache und Literatur
PL	Patrologia Latina
PMLA	Publications of the Modern Language Association of America
PUF	Presses Universitaires de France
RLA	Romance Languages Annual
TEAMS	Consortium for the Teaching of the Middle Ages

TLL	Thesaurus Linguae Latinae
TPMA	Thesaurus Proverbiorum Medii Aevi
^{2}VL	Die deutsche Literatur des Mittelalters. Verfasserlexikon. Hg. v. Kurt Ruh et al. Berlin und New York: de Gruyter, ^{2}1978–2004
ZfdA	Zeitschrift für deutsches Altertum und deutsche Literatur
ZfdPh	Zeitschrift für deutsche Philologie

7.2. Literaturverzeichnis

7.2.1. Bibliographien und Nachschlagewerke

Adams, James N. The Latin Sexual Vocabulary. London et al.: Duckworth, 1982.

Angermann, Norbert et al., Hgg. Lexikon des Mittelalters. Bd. 1–6 München und Zürich: Artemis Verlag, 1980–1993; Bd. 7–9 München und Zürich: LexMA-Verlag, 1995–1998.

Benecke, Georg F. Wörterbuch zu Hartmanns Iwein. Zweite Auflage besorgt v. E. Wilken. Göttingen: Dieterich, 1874.

Bullogh, Vern L. und James A. Brundage. Hgg. Handbook of Medieval Sexuality. New York und London: Garland, 1996.

Bumke, Joachim. Die Wolfram von Eschenbach-Forschung seit 1945. Bericht und Bibliographie. München: Wilhelm Fink, 1970.

Du Cange, Charles du Fresne. Glossarium Mediae et Infimiae Latinitatis. Unveränderter Nachdruck der Ausgabe v. 1883–1887. Graz: Akademische Druck- und Verlagsanstalt, 1954.

Die deutsche Literatur des Mittelalters. Verfasserlexikon. Hg. v. Kurt Ruh et al. Berlin und New York: de Gruyter, 1978–2004.

Duden. Das große Wörterbuch der deutschen Sprache. Hg. v. Wissenschaftlichen Rat und den Mitarbeitern der Dudenredaktion unter der Leitung v. Günther Drosdowski. Mannheim et al.: Dudenverlag, ²1994.

Eichert, Otto. Wörterbuch zu den Verwandlungen des Publius Ovidius Naso. Elfte, verbesserte Auflage besorgt v. Franz Fügner. Hannover und Leipzig: Hahn, 1904.

Enciclopedia Virgiliana. Hg. v. Istituto della Enciclopedia Italiana. Roma: Istituto della Enciclopedia, 1985.

Encyclopedia of Homosexuality. Hg. v. Wayne R. Dynes et al. 2 Bde. New York: Garland, 1990 oder Chicago und London: St. James Press, 1990.

Foerster, Wendelin. Wörterbuch zu Kristian von Troyes' sämtlichen Werken. Revidiert und neubearbeitet v. Herrmann Bauer. Tübingen: Niemeyer, ³1973.

Grimm, Jacob und Wilhelm Grimm. Deutsches Wörterbuch. Leipzig: Hirzel, 1854–1971. Nachdruck München: dtv 1984.

Grosse, Siegfried und Ursula Rautenberg. Die Rezeption mittelalterlicher deutscher Dichtung. Eine Bibliographie ihrer Übersetzungen und Bearbeitungen seit der Mitte des 18. Jahrhunderts. Tübingen: Niemeyer, 1989.

Hunt, Tony. “The Medieval Adaptations of Chrétien’s Yvain: A Bibliographical Essay.” In: Kenneth Varty, Hg. An Arthurian Tapestry: Essays in Memory of Lewis Thorpe. Glasgow: French Department of the University of Glasgow, 1981: 203–213.

Kelly, Douglas. Chrétien de Troyes: An Analytic Bibliography. London: Grant and Cutler, 1976.

Kluge, Friedrich. Etymologisches Wörterbuch der deutschen Sprache. Bearb. v. Elmar Seebold. Berlin und New York: de Gruyter, ^{23}1995.

Lewis & Short Latin Dictionary. In: Crane, Gregory R., Hg. The Perseus Project. http://www.perseus.tufts.edu (1. Mai 2004).

Martin, Ernst. Wolframs von Eschenbach Parzival und Titurel. Zweiter Teil: Kommentar. Darmstadt: Wissenschaftliche Buchgesellschaft, 1976.

Merguet, Hugo. Lexicon zu Vergilius mit Angabe sämtlicher Stellen. Hildesheim: Georg Olms, 1960.

Mittelhochdeutsches Wörterbuch. Mit Benutzung des Nachlasses v. Georg Friedrich Benecke ausgearbeitet v. Wilhelm Müller und Friedrich Zarncke. Leipzig: Hirzel, 1854–1866; repr. Stuttgart: Hirzel, 1990.

Mittellateinisches Wörterbuch bis zum ausgehenden 13. Jahrhundert. Begr. von Paul Lehmann und Johannes Stroux. Hg. v. der Bayerischen Akademie der Wissenschaften, München und der Akademie der Wissenschaften in Berlin. München: C. H. Beck, 1967–2004.

Neubuhr, Elfriede. Bibliographie zu Hartmann von Aue. Berlin: Erich Schmidt, 1977 (Bibl. z. deutschen Lit. des Mittelalters 6).

Noltze, Holger. Gahmurets Orientfahrt. Kommentar zum ersten Buch von Wolframs Parzival. (4,27–58–26). Würzburg: Königshausen und Neumann, 1995 (Würzburger Beiträge zur deutschen Philologie 13).

Okken, Lambertus. Kommentar zur Artusepik Hartmanns von Aue. Im Anhang: Bernhard Dietrich Haage. Die Heilkunde und Der Ouroboros. Amsterdam: Rodopi, 1993 (APSL 103).

Pretzel, Ulrich und Wolfgang Bachofer. Bibliographie zu Wolfram von Eschenbach. Berlin: Erich Schmidt, ^{2}1968.

Rice, Joanne A. Middle English Romance: An Annotated Bibliography 1955–1985. New York und London: Garland, 1987.

Rubin, Rick und Greg Byerly. Incest: The Last Taboo. An Annotated Bibliography. New York und London: Garland, 1983.

Rushing, James A. Images of Adventure. Ywain in the Visual Arts. Philadelphia: University of Pennsylvania Press, 1995.

Schieb, Gabriele et al. Henric van Veldeken. Eneide. Bd. III: Wörterbuch. Berlin: Akademie-Verlag, 1970 (DTM 62).

Thesaurus Proverbiorum Medii Aevi. Hg. v. Kuratorium Singer der Schweizerischen Akademie der Geistes- und Sozialwissenschaften. 13 Bde. Berlin und New York: de Gruyter, 1995–2002.

Thesaurus Linguae Latinae. Stuttgart und Leipzig: Teubner (bis 1999); München und Leipzig: Saur-Verlag (ab 2000).

Tobler-Lommatzsch. Altfranzösisches Wörterbuch. Weitergeführt von Hans H. Christmann. Frankfurt/M.: Steiner, 1925–2002. Neu hg. v. Peter Blumenthal und Achim Stein. 4 CD-ROM. Frankfurt/M.: Steiner, 2002.

Walde, Alois. Lateinisches etymologisches Wörterbuch. Heidelberg: Carl Winter, [4]1965.

Wetmore, Monroe N. Index verborum Vergilianus. Darmstadt: Wissenschaftliche Buchgesellschaft, 1961.

Wheeler, J. A. "Hartmann's Iwein and Chrétien's Yvain as seen by the Critics." AUMLA 2 (1954): 49–56.

Woledge, Brian. Commentaire sur Yvain (Le Chevalier au Lion) de Chrétien de Troyes. 2 Bde. Genève: Droz, 1986/1988 (Publications Romanes et Françaises 170).

Yeandle, David N. Commentary on the Soltane and Jeschute Episodes in Book III of Wolfram von Eschenbach's Parzival. (116,5–138,8). Heidelberg: Carl Winter, 1984.

7.2.2. Arabische, griechische und lateinische Primärtexte

[Alanus ab Insulis. De Planctu Naturae.] Alan of Lille. "De Planctu Naturae." Hg. v. Nikolaus M. Häring. In: Studi Medievali, Serie Terza, Anno 19/2. Spoleto: Centro Italiano di Studi sull' alto Medioevo, 1978: 797–879.

Andreas Capellanus. [De Amore.] On Love. Hg. v. P. G. Walsh. London: Duckworth, 1982.

Arnold von Lübeck. Gesta Gregorii Peccatoris. Untersuchungen und Edition. Hg. v. Johannes Schilling. Göttingen: Vandenhoeck und Ruprecht, 1986 (Palaestra 280).

[Ausonius] D. Magni Avsoni Opvscvla. Hg. v. Carolvs Schenkl. Berlin: Weidmann, 1883; repr. 1961 (MGH Auct. antiquissimi 5).
Beda Venerabilis. "Super Acta Apostolorum Expositio." PL 92: 937–1033.
Bernard of Cluny. De Contemptu Mundi. The Latin Text with English Translation and Introduction. Hg. v. Ronald E. Pepin. East Lansing: Colleagues Press, 1991.
Bernardus Silvestris. Commentum super sex libros Eneidos Virgili. Hg. v. Guilielmus Riedel. Gryphiswaldae: Julius Abel, 1924.
Biblia Sacra Iuxta Vulgatam Versionem. Hg. v. Robert Weber. Stuttgart: Deutsche Bibelgesellschaft, [3]1983.
Carmina Burana. Lateinisch/Deutsch. Hg. und übers. v. Günter Bernt. Stuttgart: Reclam, 1992.
Dares Phrygius. De Excidio Troiae Historia, Rec. Ferdinandus Meister. Lipsiae: in Aedibus B. G. Teubneri, 1873.
"De Albano". [Lat. Prosaversion der Gregoriuslegende aus dominikanischer Exemplasammlung.] In: Joseph Klapper, Hg. Erzählungen des Mittelalters in deutscher Übersetzung und lateinischem Urtext. Breslau: Marcus, 1914; repr. Hildesheim 1978: 296–298.
"De mirabili divina dispensatione et ortu beati Gregorii pape." In: Gesta Romanorum. Hg. v. Hermann Oesterley. Berlin: Weidmannsche Buchhandlung, 1872; repr. Hildesheim: Olms, 1963: 399–409.
Dictys Cretensis. Ephemeridos Belli Troiani Libri a Lvcio Septimio ex Graeco in Latinvm Sermonem Translati. Hg. v. Werner Eisenhut. Ed. stereotypa ed. secundae (1973). Stuttgart und Leipzig: Teubner, 1994.
Excidium Troie. Hg. v. Alan K. Bate. Frankfurt/M. et al.: Peter Lang, 1986 (Lateinische Sprache und Literatur des Mittelalters 23).
Fulgentius, Fabius Planciadus. Opera. Hg. v. Rudolfus Helm. Lipsiae: Teubner, 1908.
Gilbert von Hoyland. "Gilleberti Abbatis Sermones in Canticum Salomonis XIV." PL 184: 11–74.
"Gregorius." [Hexameter-Fassung] Hg. v. J. A. Schmeller. ZfdA 2 (1842): 486–500.
[Hieronymus] Isidor Hilberg, Hg. Sancti Eusebii Hieronymi Epistulae, 1910/1918. Repr. editio altera supplementis aucta. Wien: Verlag der Österreichischen Akademie der Wissenschaften, 1996 (CSEL Bd. 54).
[Hildegard von Bingen.] S. Hildegardis Abbatissae Opera Omnia. PL 197.
Homer, Ilias. Kritische Ausgabe. Hg. v. Helmut van Thiel. Hildesheim und New York: Olms, 1996.

Homer, Odyssea. Kritische Ausgabe. Hg. v. Helmut van Thiel. Hildesheim und New York: Olms, 1991.

Ishaq ibn 'Imran. Maqala Fi 'L-Malihuliya (Abhandlung über die Melancholie) und Constantini Africani libri duo de melancholia. Hg. und Übers. des arab. Textes v. Karl Garbers. Hamburg: Buske, 1977.

San Isidoro de Sevilla. Etimologías. Edicion Bilingüe. Hg. und übers. v. José Oroz Reta et al. Madrid: Biblioteca de Autores Cristianos, 1982.

Jacques de Vitry. Historia Occidentalis. Hg. v. John F. Hinnebusch. Fribourg: University Press, 1972.

[Johannes von Salisbury, Policraticus.] Ioannis Saresberiensis episcopi Carnotensis Policratici sive de nugis curialum et vestigiis philosophorum libri VIII. Hg. v. Clemens Charles Julian Webb. London: [ohne Verlagsangabe], 1909; repr. Frankfurt/M.: Minerva, 1965.

John of Salisbury. Policraticus I-IV. Hg. v. Katherine S. B. Keats-Rohan. Turnholti: Brepols, 1993 (CChrist. CXVIII).

Ordericus Vitalis, Historia ecclesiastica. Hg. und übers. v. Marjorie Chibnall. Oxford: Clarendon, 1973; repr. 1983.

Ovid. Ars Amatoria: Liebeskunst. Hg. und übers. v. Michael von Albrecht. Stuttgart: Reclam, 1992.

Ovid. Metamorphosen. Hg. und komm. v. Rudolf Ehwald nach den Kommentaren v. Moriz Haupt und Otto Korn, ergänzt v. Michael von Albrecht. Bd 1: Zürich und Dublin: Weidmann, ^{10}1966. Bd 2: Zürich und Dublin: Weidmann, ^{5}1966.

Petrus Abælardus. "Epistolæ." PL 178: 113–380.

Petrus de Ebulo, Liber ad Honorem Augusti sive de Rebus Siculis. Codex 120 II der Burgerbibliothek Bern. Hg. v. Theo Kölzer und Marlis Stähli. Sigmaringen: Thorbecke, 1994.

Servii Grammatici qui Feruntur in Vergilii Carmina Commentarii. Hg. v. Georgius Thilo et Hermannus Hagen. Lipsiae et Berolini: in Aedibus B. G. Teubneri, 1923.

[Simon Aurea Capra. "Ylias." {Version Paulinæ Leipzig.}]. "Versus de excidio Troiæ." In: Venerabilis Hildeberti Opera Omnia. PL 171: 1447–1453.

[Simon Aurea Capra. "Ylias." {Version Bodleian MS Rawlinson G. 109}]. André Boutemy, Hg. "La Geste d'Enée par Simon Chèvre d'Or." Le Moyen Age 52 (1946): 243–256.

[Simon Aurea Capra. "Ylias." {Version BN MS Lat. 8430}]. André Boutemy et al., Hgg. "La Version Parisienne du Poème de Simon Chèvre

d'Or sur la Guerre de Troie (MS. Lat. 8430)." Scriptorium 1 (1946/47): 267–288.
[Donat] Tiberi Claudi Donati ad Tiberium Claudium Maximum Donatianum Filium Suum Interpretationes Vergilianae. Hg. v. Henricus Georgii. Lipsiae: in Aedibus B. G. Teubneri, 1906.
Vergil. Aeneis. Lateinisch und deutsch. Hg. v. Johannes und Maria Götte. München: Ernst Heimeran, ²1965.
Virgil. Aeneid. Book IX. Hg. v. Philip Hardie. Cambridge: Cambridge University Press, 1994.
[Viaticum] Wack, Mary F. Lovesickness in the Middle Ages: The Viaticum and Its Commentaries. Philadelphia: University of Pennsylvania Press, 1990.

7.2.3. Volkssprachige Primärtexte

Bartsch, Karl, Hg. Mitteldeutsche Gedichte. Stuttgart: Literarischer Verein, 1860; repr. Amsterdam: Rodopi, 1969.
Birkhan, Helmut, Übers. Keltische Erzählungen vom Kaiser Arthur I. Wien et al.: Böhlau, 1985 (Fabulae mediaevales 5); wieder: Kettwig 1989 (Erzählungen des Mittelalters).
Blaisdell, Foster W., Jr. und Marianne E. Kalinke, Übers. Erex Saga and Ivens Saga: The Old Norse Versions of Chrétien de Troyes's Erec and Yvain. Lincoln und London: University of Nebraska Press, 1977.
"[Der Bussard.] Der Busant." In: Heinrich Meyer-Benfey, Hg. Mittelhochdeutsche Übungsstücke. Halle/S.: Niemeyer, ²1920.
[Chrétien de Troyes] Christian von Troyes. [Le Chevalier de la Charette.] Der Karrenritter. Hg. v. Wendelin Foerster. Halle: Niemeyer, 1884; repr. Amsterdam: Rodopi, 1965.
[Chrétien de Troyes] Christian von Troyes. Cligès. Hg. v. Wendelin Foerster. Halle: Niemeyer, 1899; repr. Amsterdam: Rodopi, 1965.
Chrétien de Troyes. Le Roman de Perceval ou Le Conte du Graal – Der Percevalroman oder die Erzählung vom Gral. Hg. v. Felicitas Olef-Krafft. Stuttgart: Reclam, 1991.
Chrétien de Troyes. Le Roman de Perceval ou le Conte du Graal. Hg. v. Keith Busby. Tübingen: Niemeyer, 1993.
Chrestien de Troyes. Yvain. Übers. und eingel v. Ilse Nolting-Hauff. München: Wilhelm Fink, ³1983 (Klassische Texte des Romanischen Mittelalters in zweisprachigen Ausgaben 2).

Frauenlob (Heinrich von Meissen). Leichs, Sangsprüche, Lieder. Hg. v. Karl Stackmann und Karl Bertau auf Grund der Vorarbeiten v. Helmuth Thomas. Göttingen: Vandenhoeck und Ruprecht, 1981.

Froissart, Jean. Œuvres publiées avec les variantes des divers manuscrits. Tome Quinzième: 1392–1396. Hg. v. Kervyn de Lettenhove. 1867–1877, repr. Osnabrück: Biblio, 1967.

Füetrer, Ulrich. Iban. Hg. v. Alice Carlson. Riga: A. Nitawsky, 1927.

Gautier de Tournay. L'Histoire de Gille de Chyn. Hg. v. Edwin B. Place. Evanston: Northwestern University Press, 1941.

Gottfried von Straßburg. Tristan. Nach dem Text v. Friedrich Ranke hg. und übers. v. Rüdiger Krohn. Stuttgart: Reclam, ²1981.

Gregorius auf dem Stein. Frühneuhochdeutsche Prosa (15. Jh.) nach dem mittelhochdeutschen Versepos Hartmanns von Aue. Die Legende (Innsbruck UB Cod. 631), der Text aus dem 'Heiligen Leben' und die sogenannte Redaktion. Hg. v. Bernward Plate. Darmstadt: Wissenschaftliche Buchgesellschaft, 1983 (Texte zur Forschung 39).

Guillaume de Lorris und Jean de Meun. Le Roman de la Rose. Hg. v. Félix Lecoy. Paris: Champion, 1965–1970.

Hartmann von Aue. Der arme Heinrich. Hg. und übers. v. Helmut de Boor. Frankfurt/M.: Fischer, 1981.

Hartmann von Aue. Der arme Heinrich. Hg. v. Hermann Paul. 16. Aufl. v. Kurt Gärtner. Tübingen: Niemeyer, 1996 (ATB 3).

Hartmann von Aue. Gregorius der gute Sünder. Hg. v. Friedrich Neumann. Übers. v. Burghard Kippenberg. Nachw. v. Hugo Kuhn. Stuttgart: Reclam, 1988.

Hartmann von Aue. Gregorius. Hg. v. Hermann Paul. 15. Aufl. v. Burghart Wachinger. Tübingen: Niemeyer, 2004 (ATB 2).

Hartmann von Aue. Iwein. Hg. v. Georg Friedrich Benecke und Karl Lachmann. Neu bearbeitet v. Ludwig Wolff. Berlin und New York: de Gruyter, 1968.

Hartmann von Aue. Iwein. Hg. und übers. v. Thomas Cramer nach der siebenten Ausgabe v. Benecke/Lachmann/Wolf. Berlin und New York: de Gruyter, ³1981.

Heinrîch von dem Türlîn. Diu Crône. Hg. v. Gottlob H. F. Scholl. Stuttgart: Litterarischer Verein, 1852; repr. Amsterdam: Rodopi, 1966.

Heinrich von Veldeke. Eneasroman. Hg. und übers. v. Dieter Kartschoke nach dem Text v. Ludwig Ettmüller. Stuttgart: Reclam, 1986.

Ivens saga. Hg. v. Foster W. Blaisdell. Kopenhagen: Reitzel, 1979 (Editiones Arnamagnæanæ B 18).

Jansen Enikel. Weltchronik. Hg. v. Philipp Strauch. Hannover: Hahn, 1891.

Der Karrenritter. Episode des mhd. Prosa-Lancelot. Hg. v. Reinhold Kluge. München: Wilhelm Fink, 1972.

Konrad von Megenberg. Das Buch der Natur. Hg. v. Franz Pfeiffer. Hildesheim und New York: Georg Olms, 1971.

Konrad von Würzburg, Der trojanische Krieg. Hg. durch Adelbert von Keller, Stuttgart: Litterarischer Verein, 1858; repr. Amsterdam: Rodopi, 1965.

Die Kreuzfahrt des Landgrafen Ludwigs des Frommen von Thüringen. Hg. v. Hans Naumann. Berlin: Weidmann, 1923; repr. München: MGH, 1980 (MGH 4,2).

Maillart, Jehan. Le Roman Du Comte D'Anjou. Hg. v. Mario Roques. Paris: Champion, 1931.

Marie de France. Die Lais. Übers. und komm. v. Dietmar Rieger unter Mitarbeit v. Renate Kroll. München: Wilhelm Fink, 1980 (Klassische Texte des Romanischen Mittelalters in zweisprachigen Ausgaben 19).

Des Minnesangs Frühling. Hg. v. Hugo Moser und Helmut Tervooren. 38., erneut revidierte Auflage. Stuttgart: Hirzel, 1988.

Die mittelenglische Gregoriuslegende. Hg. v. Carl Keller. Heidelberg: Carl Winter und New York: Stechert, 1914.

Sir Perceval of Galles and Ywain and Gawain. Hg. v. Mary Flowers Braswell. Kalamazoo, MI: Medieval Institute Publications, 1995 (TEAMS).

Philippe de Remi, Sire de Beaumanoir. La Manekine. Hg. v. Hermann Suchier. Paris: Didot, 1884 (Œuvres Poétiques de Philippe de Rémi, Sire de Beaumanoir I).

Le Roman d'Eneas. Hg. und übers. v. Monica Schöler-Beinhauer. München: Wilhelm Fink, 1972 (Klassische Texte des Romanischen Mittelalters in zweisprachigen Ausgaben 9).

Le Roman de Thèbes. Hg. v. Léopold Constans. Paris: Didot, 1890.

Rothe, Johannes. Ritterspiegel. Hg. v. Hans Neumann. Halle/Saale: Niemeyer, 1936.

Schweigel, Max, Hg. Esclarmonde, Clarisse et Florent, Yde et Olive. Drei Fortsetzungen der Chanson von Huon de Bordeaux. Marburg: Elwert, 1891.

Schwencke, Olaf. "Gregorius de grote sünder. Eine erbaulich-paränetische Prosaversion der Gregorius-Legende im zweiten Lübecker Mohnkopf-Plenarium." Nd. Jb. 90 (1967): 63–88.

von Steinmeyer, Elias, Hg. Die kleineren althochdeutschen Sprachdenkmäler. Berlin und Zürich: Weidmann, ²1963.

Der Stricker. Die Kleindichtung. Hg. v. Wolfgang Wilfried Moelleken et al. 5 Bde. Göppingen: Kümmerle, 1973–1978 (GAG 107).

La vie du pape saint Grégoire ou la légende du bon pécheur. Übers. und eingel. v. Ingrid Kasten. München: Wilhelm Fink, 1991 (Klassische Texte des Romanischen Mittelalters in zweisprachigen Ausgaben 29).

Walther von der Vogelweide: Leich, Lieder, Sangsprüche. Hg. v. Christoph Cormeau. Berlin und New York: de Gruyter, 1996.

Winsbeckische Gedichte nebst Tirol und Fridebrant, hg. v. Albert Leitzmann. 3. Aufl. hg. v. Ingo Reiffenstein. Tübingen: Niemeyer, 1962 (ATB 9).

Wolfram von Eschenbach. Parzival. Hg. v. Karl Lachmann, übers. v. Peter Knecht und eingel. v. Bernd Schirok. Berlin und New York: de Gruyter, 1998.

Wolfram von Eschenbach. Titurel. Hg. und übers. v. Helmut Brackert und Stephan Fuchs-Jolie. Berlin und New York: de Gruyter, 2002.

Wolfram von Eschenbach, Titurel and the Songs. Hg. und übers. v. Marion E. Gibbs und Sidney M. Johnson. New York und London: Garland, 1988 (Garland Library of Medieval Literature, Series A, 57).

Wolfram von Eschenbach. Willehalm. Werner Schröder, Hg. und Dieter Kartschoke, Übers. und Vorw. Berlin und New York: de Gruyter, 1989.

7.2.4. Forschungsliteratur

Adler, Alfred. "Eneas and Lavine: Puer et puella senes." Romanische Forschungen 71 (1959): 73–91.

Archibald, Elizabeth. "The Flight from Incest: Two Classical Precursors of the Constance Theme." The Chaucer Review 20 (1986): 259–272.

Archibald, Elizabeth. "Incest in Medieval Literature and Society." Forum for Modern Language Studies 25 (1989): 1–15.

Armstrong, Grace M. "Women of Power: Chrétien de Troyes's Female Clerks." In: Michel Guggenheim, Hg. Women in French Literature. Saratoga, Ca.: Anima libri, 1988: 29–46.

Arnold, Klaus. Kind und Gesellschaft in Mittelalter und Renaissance: Beiträge und Texte zur Geschichte der Kindheit. Paderborn: Schöningh, 1980.

Ashcroft, Jeffrey. "Renovatio Amoris – Translatio Imperii: Hausen und Aeneas." In: Thomas Cramer und Ingrid Kasten, Hgg. Mittelalterliche Lyrik: Probleme der Poetik. Berlin: Erich Schmidt, 1999: 57–84 (Phlilologische Studien und Quellen 154).

Baron, F. Xavier. "Mother and Son in Sir Perceval of Galles." Papers on Language and Literature 8 (1972): 3–14.

Bastert, Bernd. "Dô si der lantgrâve nam. Zur 'Klever Hochzeit' und der Genese des Eneas-Romans." ZfdA 123 (1994): 253–273.

Baswell, Christopher. "Men in the Roman d'Eneas. The Construction of Empire." In: Clare Lees, Hg. Medieval Masculinities. Regarding Men in the Middle Ages. Minneapolis und London: University of Minnesota Press, 1994 (Medieval Cultures, 7): 149–168.

Baum, Paul Franklin. "The Mediæval Legend of Judas Iscariot." PMLA 31 (1916): 481–632.

Bein, Thomas. "Orpheus als Sodomit. Beobachtungen zu einer mhd. Sangspruchstrophe mit (literar-)historischen Exkursen zur Homosexualität im hohen Mittelalter." ZfdPh 109 (1990): 33–55.

Benkert, Renate L. "The Gahmuret Episode in Wolfram's Parzival again." West Virginia University Philological Papers 25 (1979): 1–11.

Bertau, Karl. Wolfram von Eschenbach: Neun Versuche über Subjektivität und Ursprünglichkeit in der Geschichte, München: Beck, 1983.

Bertau, Karl. "Der Ritter auf dem halben Pferd oder Die Wahrheit der Hyperbel." PBB 116 (1994): 285–301.

Beutler, Christian. Meister Bertram: Der Hochaltar von St. Petri. Christliche Allegorie als protestantisches Ärgernis. Frankfurt/M.: Fischer, ²1997.

Blamires, David. Characterization and Individuality in Wolfram's Parzival. Cambridge: Cambridge University Press, 1966.

Bonnet, Anne-Marie. Rodenegg und Schmalkalden. Untersuchungen zur Illustration einer ritterlich-höfischen Erzählung und zur Entstehung profaner Epenillustration in den ersten Jahrzehnten des 13. Jahrhunderts. München: tuduv, 1986.

Boswell, John. Christianity, Social Tolerance and Homosexuality. Chicago und London: University of Chicago Press, 1980.

Boswell, John. "Revolutions, Universals, and Sexual Categories." In: Martin Duberman et al., Hgg. Hidden From History: Reclaiming the Gay and Lesbian Past. New York: Meridian, 1990: 17–36.

Brackert, Helmut. " 'der lac an ritterschefte tôt.' Parzival und das Leid der Frauen." In: Rüdiger Krüger et al., Hgg. Ist zwîvel herzen nâchgebûr.

Festschrift für Günther Schweikle zum 60. Geburtstag. Stuttgart: Helfant, 1989: 143–163
Brall, Helmut. "Geschlechtlichkeit, Homosexualität, Freundesliebe: Über mann-männliche Liebe in mittelalterlicher Literatur." Forum Homosexualität und Literatur 13 (1991): 5–27.
Brandt, Wolfgang. Die Erzählkonzeption Heinrichs von Veldeke in der 'Eneide'. Ein Vergleich mit Vergils 'Aeneis'. Marburg: N. G. Elwert, 1969 (Marburger Beitr. z. Germanistik 29).
Brinker-von der Heyde, Claudia. "Ez ist ein rehtez wîphere: Amazonen in mittelalterlicher Dichtung." PBB 119 (1997): 399–424.
Bronfen, Elisabeth. Over her Dead Body. Death, Femininity and the Aesthetic. New York: Routledge, 1992.
Brown, Peter. The Body and Society. Men, Women and Sexual Renunciation in Early Christianity. New York: Columbia University Press, 1988.
Brüggen, Elke. Kleidung und Mode in der höfischen Epik des 12. und 13. Jahrhunderts. Heidelberg: Carl Winter, 1989 (Beihefte zum Euphorion 23).
Brüggen, Elke. "Kleidung im Mittelalter: Fiktion und Realität." Jahrbuch für Volkskunde, n. F. 14 (1991): 7–23.
Brundage, James A. Law, Sex, and Christian Society in Medieval Europe. Chicago und London: University of Chicago Press, 1987.
Brunner, Horst, Hg. Die deutsche Trojaliteratur des Mittelalters und der frühen Neuzeit. Wiesbaden: Reichert, 1990.
Bullough, Vern L. und James Brundage, Hgg. Sexual Practices and the Medieval Church. Buffalo, NY: Prometheus Books, 1982.
Bullough, Vern L. und James Brundage, Hgg. Handbook of Medieval Sexuality. New York und London: Garland, 1996.
Bumke, Joachim. Die Wolfram von Eschenbach-Forschung seit 1945. Bericht und Bibliographie. München: Wilhelm Fink, 1970.
Bumke, Joachim. Höfische Kultur. Literatur und Gesellschaft im hohen Mittelalter. München: dtv, ^{5}1990.
Bumke, Joachim. "Höfischer Körper – Höfische Kultur." In: Joachim Heinzle, Hg. Modernes Mittelalter: Neue Bilder einer populären Epoche, Frankfurt/Main und Leipzig: Insel, 1994: 67–102.
Burgwinkle, William. "Knighting the Classical Hero: Homo/hetero Affectivity in Eneas." Exemplaria 5 (1993): 1–43.
Burns, E. Jane. Bodytalk. When Women Speak in Old French Literature. Philadelphia: University of Pennsylvania Press, 1993.

Burns, E. Jane. "Ladies don't Wear Braies: Underwear and Outerwear in the French Prose Lancelot." In: William Kibler, Hg. The Lancelot-Grail Cycle: Texts and Transformations. Austin: University of Texas Press, 1994: 152–174.

Burns, E. Jane. "Refashioning Courtly Love: Lancelot as Ladies' Man or Lady/Man?" In: Karma Lochrie et al. Hgg. Constructing Medieval Sexuality. Minneapolis und London: University of Minnesota Press, 1997 (Medieval Cultures 11): 111–134.

Busby, Keith. "Sir Perceval of Galles, Le Conte du Graal, and La Continuation-Gauvain: The Methods of an English Adaptor." Etudes Anglaises 31 (1978): 198–202.

Busby, Keith. "Chrétien de Troyes English'd." Neophilologus 71 (1987): 596–613.

Buschinger, Danielle. "Das Inzest-Motiv in der mittelalterlichen Literatur." In: Jürgen Kühnel, Hg. Psychologie in der Mediävistik. Gesammelte Beiträge des Steinheimer Symposions. Göppingen: Kümmerle, 1985 (GAG 431): 107–140.

Bußmann, Hadumod und Renate Hof, Hgg. Genus. Zur Geschlechterdifferenz in den Kulturwissenschaften. Stuttgart: Kröner, 1995.

Butler, Judith. Gender Trouble. Feminism and the Subversion of Identity. New York und London: Routledge, 1990.

Bynum, Caroline W. Holy Feast and Holy Fast. The Religious Significance of Food to Medieval Women, Berkeley et al.: University of California Press, 1987.

Bynum, Caroline W. Fragmentation and Redemption. Essays on Gender and the Human Body in Medieval Religion. New York: Zone Books, 1992.

Cadden Joan. Meanings of Sex Difference in the Middle Ages: Medicine, Science, and Culture. Cambridge: University Press, 1993.

Calin, William. "Saints' Stories: The Literary Quality of Anglo-Norman Martyr Hagiography." In: Emanuel J. Mickel, Jr., Hg. The Shaping of Text: Style, Imagery, and Structure in French Literature: Essays in Honor of John Porter Houston. Lewisburg, PA: Bucknell University Press, 1993: 24–44.

Carey, Stephen. "Wolframs heilsgeschichtliche Ironie: Die biblische Tragi-komik des elterlichen Erbes Parzivals." [unveröffentlichtes Manuskript]

Christoph, Siegfried R. Wolfram von Eschenbach's Couples. Amsterdam: Rodopi, 1981.

Christoph, Siegfried R. "Gahmuret, Herzeloyde, and Parzival's 'erbe'." Colloquia Germanica 17 (1984): 200–219.

Clark, Robert L. A. "A Heroine's Sexual Itinerary: Incest, Transvestism, and Same-Sex Marriage in 'Yde et Olive'". In: Karen J. Taylor, Hg. Gender Transgressions. Crossing the Normative Barrier in Old French Literature. New York und London: Garland, 1998: 89–180.

Clifton-Everest, John M. "Knights-Servitor and Rapist Knights. A Contribution to the Parzival/Gawan Question." ZfdA 119 (1990): 290–317.

Cohen, Jeffrey J. und Bonnie Wheeler, Hgg. Becoming Male in the Middle Ages. New York und London: Garland, 1997.

Colby[-Hall], Alice M. The Portrait in Twelfth-Century French Literature. Genf: Droz, 1965.

Cormier, Raymond J. "The Structure of the Roman d'Eneas." Classical Folia 26 (1971): 107–113.

Cormier, Raymond J. "Classical Continuity and Transposition in Two Twelfth-Century Adaptations of the Aeneid." Symposium 47 (1994): 261–274.

Cormier, Raymond J. "Taming the Warrior: Responding to the Charge of Sexual Deviance in Twelfth-Century Vernacular Romance." In: Donald Maddox und Sara Sturm-Maddox, Hgg. Literary Aspects of Courtly Culture. Selected Papers from the Seventh Triennial Congress of the International Courtly Literature Society, Amherst, University of Massachusetts, 27 July–1 August 1992. Cambridge: Brewer, 1994: 153–160.

Crane, Susan. Gender and Romance in Chaucer's Canterbury Tales. Princeton: Princeton University Press, 1993.

Creizenach, Wilhelm. "Judas Ischarioth in Legende und Sage des Mittelalters." PBB 2 (1876): 177–207.

Crohns, Hjalmar. "Zur Geschichte der Liebe als 'Krankheit'." Archiv für Kulturgeschichte 3 (1905): 66–86.

Cucuel, Ernst. Die Eingangsbücher des Parzival und das Gesamtwerk. Frankfurt/M.: Moritz Diesterweg, 1937; repr. Hildesheim: Gerstenberg, 1973 (Deutsche Forschungen 30).

Curschmann, Michael. Vom Wandel im bildlichen Umgang mit literarischen Gegenständen: Rodenegg, Wildenstein und das Flaarsche Haus in Stein am Rhein. Freiburg (Schweiz): Universitätsverlag, 1997.

Dahlgrün, Corinna. Hoc fac, et vives (Lk 10, 28) – vor allen dingen minne got. Theologische Reflexionen eines Laien im Gregorius und in Der arme Heinrich Hartmanns von Aue. Frankfurt/M. et al.: Peter Lang, 1991 (Hamburger Beiträge zur Germanistik 14).

Delabar, Walter. Erkantiu sippe unt hoch gesellschaft. Studien zur Funktion des Verwandschaftsverbandes [*sic*] in Wolframs von Eschenbach Parzival. Göppingen: Kümmerle, 1990 (GAG 518).

Desmond, Marilyn R. Reading Dido: Gender, Textuality and the Medieval Aeneid. Minneapolis: University of Minnesota Press, 1994 (Medieval Cultures 6).

Dick, Ernst S. "Fels und Quelle. Ein Landschaftsmodell des höfischen Epos." Wolfram-Studien 6 (1980): 167–180.

Diem, Albrecht. "'nu suln ouch wir gesellen sîn' – Über Schönheit, Freundschaft und mann-männliche Liebe im Tristan Gottfrieds von Straßburg." Tristania 19 (1999): 45–95.

Dirscherl, Ulrike. Ritterliche Ideale in Chrétiens Yvain und im mittelenglischen Ywain and Gawain. Von "amour courtois" zu "trew luf", vom "frans chevaliers debonaire" zum "man of mekyl might". Frankfurt/M. et al.: Peter Lang, 1991 (Regensburger Arbeiten zur Anglistik und Amerikanistik 33).

Dittrich, Marie-Luise. Die 'Eneide' Heinrichs von Veldeke. 1. Teil: Quellenkritischer Vergleich mit dem Roman d'Eneas und Vergils Aeneis. Wiesbaden: Franz Steiner Verlag, 1966.

Donavin, Georgiana. Incest Narratives and the Structure of Gower's Confessio Amantis. Victoria, BC: University of Victoria Press, 1993 (English Literary Studies 56).

Doob, Penelope B. R. Nebuchadnezzar's Children: Conventions of Madness in Middle English Literature. New Haven und London: Yale University Press, 1974.

Dover, Kenneth J. Greek Homosexuality. Cambridge und London: Harvard University Press, 1978.

Draesner, Ulrike. Wege durch erzählte Welten. Intertextuelle Verweise als Mittel der Bedeutungskonstitution in Wolframs Parzival. Frankfurt/M. et al.: Peter Lang, 1993.

Dubé, Waltraut F. Medieval Medicine in Middle High German Epics. Ph.D Diss. Indiana University, 1981.

Duby, Georges. The Chivalrous Society. Übers. v. Cynthia Postan. Berkeley und Los Angeles: University of California Press, 1977.

Duckworth, David. "Herzeloyde and Antikonie. Some Aspects Compared." German Life and Letters 41 (1988): 332–341.

Eckhardt, Caroline D. "Arthurian Comedy: The Simpleton-Hero in Sir Perceval of Galles." The Chaucer Review 8 (1974): 205–220.

Ehlert, Trude. "Die Frau als Arznei. Zum Bild der Frau in hochmittelalterlicher deutscher Lehrdichtung." ZfdPh 105 (1986): 42–62.

Eifert, Christiane et al. Hgg. Was sind Frauen? Was sind Männer? Geschlechterkonstruktionen im historischen Wandel. Frankfurt/M.: Suhrkamp, 1996.

Eikelmann, Manfred. "Autorität und ethischer Diskurs. Zur Verwendung von Sprichwort und Sentenz in Hartmanns von Aue 'Iwein'." In: Autor und Autorschaft im Mittelalter. Kolloquium Meißen 1995. Hg. v. Elizabeth Andersen et al. Tübingen: Niemeyer, 1998: 73–100.

Eisenhut, Werner. "Spätantike Troja-Erzählungen. Mit einem Ausblick auf die mittelalterliche Trojaliteratur." MlatJb 18 (1983): 1–28.

Erhart, Walter und Britta Herrmann, Hgg. Wann ist der Mann ein Mann? Stuttgart und Weimar: Metzler, 1997.

Ernst, Ulrich. "Der Gregorius Hartmanns von Aue im Spiegel der handschriftlichen Überlieferung: Vom Nutzen der Kodikologie für die Literaturwissenschaft." Euphorion 90 (1996): 1–40.

von Ertzdorff, Xenja: "Die Dame im Herzen und das Herz bei der Dame." ZfdPh 84 (1965): 6–46.

Faral, Edmond. "Le récit du jugement de Paris dans l'Enéas et ses sources." Romania 41 (1912): 100–102.

Farron, Steven. Vergil's Aeneid: A Poem of Grief and Love. Leiden et al.: Brill, 1993.

Fechter, Werner. "Absalom als Vergleichs- und Beispielfigur im mittelhochdeutschen Schrifttum." PBB 83 (1961/62): 302–316.

Fenster, Thelma S. "Beaumanoir's La Manekine: Kin D(r)ead: Incest, Doubling, and Death." American Imago 39 (1982): 41–58.

Fichte, Joerg O. "Arthurische und nicht-arthurische Texte im Gespräch, dargestellt am Beispel der mittelenglischen Romanze Sir Perceval of Galles." In: Friedrich Wolfzettel, Hg. Artusroman und Intertextualität. Gießen: Schmitz, 1990 (Beträge zur deutschen Philologie 67): 19–34.

Fisher, Rodney W. Heinrich von Veldeke, 'Eneas': a Comparison with the Roman d'Eneas and a Translation into English. Bern et al.: Peter Lang, 1992 (Australian and New Zealand Studies in German Language and Literature 17).

Fochler, Petra. Fiktion als Historie: Der trojanische Krieg in der deutschen Literatur des 16. Jahrhunderts. Wiesbaden: Reichert, 1990. (Wissensliteratur im Mittelalter 3).

Foucault, Michel. Wahnsinn und Gesellschaft. Eine Geschichte des Wahns im Zeitalter der Vernunft. Frankfurt/M.: Suhrkamp, ^{11}1995.

Fowler, David C. "Le Conte du Graal and Sir Perceval of Galles." Comparative Literature Studies 12 (1975): 5–20.

Francke, Walter K. "The Function of 'wis' in the Characterization of Gahmuret, Gawan and Parzival." MLN 87 (1972): 409–418.

Frappier, Jean. Etude sur Yvain ou le Chevalier au lion. Paris: C.D.U. et S.E.D.E.S. reunis, 1969.

Freeman, Michelle A. "The Roman d'Enéas: Implications of the 'Prologue'." Medioevo Romanzo 8 (1981–1983): 37–45.

Freytag, Hartmut. "sun, des bewîse dich der/der dich nâch im gebildet hât. Bemerkungen zu Antonomasien in Hartmanns von Aue 'Gregorius' und seinen lateinischen und volkssprachlichen Bearbeitungen." In: Nikolaus Henkel und Nigel F. Palmer, Hgg. Latein und Volkssprache im deutschen Mittelalter 1100–1500. Regensburger Colloquium 1988. Tübingen: Niemeyer, 1992: 142–157.

Freytag, Wiebke. Das Oxymoron bei Wolfram, Gottfried und andern Dichtern des Mittelalters. München: Wilhelm Fink, 1972 (Medium Aevum 24).

Freytag, Wiebke. "rehte güete als wahrscheinlich gewisse lêre: Topische Argumente für eine Schulmaxime in Hartmanns Iwein." In: Martin H. Jones und Roy Wisbey, Hgg. Chrétien de Troyes and the German Middle Ages. Papers from an International Symposium. Cambridge: Brewer, 1993: 165–217.

Fritsch-Rößler, Waltraud. Der Tristan Gottfrieds von Straßburg in der deutschen Literaturgeschichtsschreibung (1768–1985). Frankfurt/M. et al.: Peter Lang, 1989 (Europäische Hochschulschriften. Reihe 1. Deutsche Sprache und Literatur 1119).

Fromm, Hans. "Der Eneasroman Heinrichs von Veldeke" (1987). In: H. F. Arbeiten zur deutschen Literatur des Mittelalters. Tübingen: Niemeyer, 1989: 80–100.

Fromm, Hans. "Die Unterwelt des Eneas. Topographie und Seelenvorstellung". In: H. F. Arbeiten zur deutschen Literatur des Mittelalters. Tübingen: Niemeyer, 1989: 101–121; zuerst in: Ludger Grenzmann et al., Hgg. Philologie als Kulturwissenschaft. Studien zur Literatur und Geschichte des Mittelalters. Festschrift für Karl Stackmann. Göttingen, 1987: 71–89.

Fromm, Hans. "Eneas der Verräter". In: Johannes Janota et al., Hgg. Festschrift Walter Haug und Burghart Wachinger. Bd. 1. Tübingen: Niemeyer, 1992: 139–163.

Gaunt, Simon. "From Epic to Romance: Gender and Sexuality in the Roman d'Eneas." Romanic Review 83 (1992): 1–27.
Gaunt, Simon. Gender and Genre in Medieval French Literature. Cambridge: Cambridge University Press, 1995.
Gewehr, Wolf. "Der Topos 'Augen des Herzens' – Versuch einer Deutung durch die scholastische Erkenntnistheorie." DVjs 46 (1972): 626–649.
Gibbs, Marion E., Wîplîchez wîbes reht. A Study of the Women Characters in the Works of Wolfram von Eschenbach. Pittsburgh: University of Duquesne Press, 1972.
Giedke, Adelheid. Die Liebeskrankheit in der Geschichte der Medizin. Diss. med. Düsseldorf, 1983.
Glei, Reinhold F. Der Vater der Dinge: Interpretationen zur politischen, literarischen und kulturellen Dimension des Krieges bei Vergil. Trier: Wissenschaftlicher Verlag, 1991 (Bochumer Altertumswissenschaftliches Colloquium 7).
Gössman, Elisabeth. "Typus der Heilsgeschichte oder Opfer morbider Gesellschaftsordnung? Ein Forschungsbericht zum Schuldproblem in Hartmanns Gregorius (1950–1971)." Euphorion 68 (1974): 42–80.
Goheen, Jutta. "'Bistuz Iwein, ode wer?' Hartmanns letztes Epos als Spätwerk." ABäG 7 (1974): 47–83.
Graf, Michael. Liebe, Zorn, Trauer, Adel – die Pathologie in Hartmann von Aues [*sic*] Iwein: Eine Interpretation auf medizinhistorischer Basis. Bern et al.: Peter Lang, 1989 (Deutsche Literatur von den Anfängen bis 1700 7).
Gravdal, Kathryn. Ravishing Maidens: Writing Rape in Medieval French Literature and Law. Philadelphia: University of Pennsylvania Press, 1991.
Green, Dennis H. "Der Auszug Gahmurets." Wolfram-Studien 1 (1970): 62–86.
Green, Dennis H. The Art of Recognition in Wolfram's Parzival. Cambridge et al.: Cambridge University Press, 1982.
Groos, Arthur. "Perceval and Parzival Discover Knighthood." In: Arthur Groos et al., Hgg. Magister Regis: Studies in Honor of Robert Earl Kaske. New York: Fordham University Press, 1986: 117–137.
Groos, Arthur. Romancing the Grail. Genre, Science, and Quest in Wolfram's Parzival. Ithaca und London: Cornell University Press, 1995.
Gruenter, Rainer. "Der Favorit. Das Motiv der höfischen Intrige in Gotfrieds Tristan und Isold." Euphorion 58 (1964): 113–128.

Guynn, Noah D. "Eternal Flame: State Formation, Deviant Architecture, and the Monumentality of Same-Sex Eroticism in the Roman d'Eneas", GLQ 6:2 (2000): 287–319.

Haferlach, Torsten. Die Darstellung von Verletzungen und Krankheiten und ihrer Therapie in mittelalterlicher deutscher Literatur unter gattungsspezifischen Aspekten. Heidelberg: Carl Winter, 1991.

Hafner, Susanne. "Herzeloydes Hemd: Ein Dessous obenauf." In: Danielle Buschinger und Wolfgang Spiewok, Hgg. Sexuelle Perversionen im Mittelalter / Les Perversions Sexuelles au Moyen Age. Greifswald: Reineke, 1994: 97–105.

Hagenlocher, Albrecht. Der "goute vride": idealer Friede in deutscher Literatur bis ins frühe 14. Jahrhundert. Berlin und New York: de Gruyter, 1992.

Hahn, Ingrid. "Güete und Wizzen: Zur Problematik von Identität und Bewußtsein im Iwein Hartmanns von Aue." PBB 107 (1985): 190–217.

Hallich, Oliver. Poetologisches, Theologisches. Studien zum Gregorius Hartmanns von Aue. Frankfurt/M. et al.: Peter Lang, 1995 (Hamburger Beiträge zur Geranistik 22).

Halperin, David M. "Sex before Sexuality: Pederasty, Politics, and Power in Classical Athens". In: Martin Duberman et al., Hgg. Hidden From History: Reclaiming the Gay and Lesbian Past. New York: Meridian, 1990: 38–53.

Hampel, Eva. Netzwerk Intersexualität. http://www.netzwerk-is.de. (1. Mai 2004.)

Hatto, Arthur T. "Zur Entstehung des Eingangs und der Bücher I und II des Parzival." ZfdA 84 (1952/53): 232–240.

Hawkins, Anne H. "Yvain's Madness." Philological Quarterly 71 (1992): 377–397.

Heckel, Susanne. "'die wîbes missewende vlôch' (113,12). Rezeption und Interpretation der Herzeloyde." In: Alois M. Haas und Ingrid Kasten, Hgg. Schwierige Frauen – schwierige Männer in der Literatur des Mittelalters. Bern et al.: Peter Lang, 1999: 35–52.

Henkel, Nikolaus. Studien zum Physiologus im Mittelalter. Tübingen: Niemeyer, 1976 (Hermaea 38).

Henkel, Nikolaus. "Bildtexte. Die Spruchbänder in der Berliner Handschrift von Heinrichs von Veldeke Eneasroman." In: Poesis et Pictura. Studien zum Verhältnis von Text und Bild in Handschriften und alten Drucken. Festschrift für Dieter Wuttke zum 60. Geburtstag. Hg. v. Stephan Füssel und Joachim Knape. Baden-Baden: Valentin Koerner, 1989: 1–47.

Henkel, Nikolaus. “Einführung.” In: Nikolaus Henkel und Andreas Fingernagel. Heinrich von Veldeke, Eneas-Roman. Vollfaksimile des Ms.germ.fol. 282 der Staatsbibliothek zu Berlin. Wiesbaden: Dr. Ludwig Reichert Verlag, 1992: 1–20.

Henkel, Nikolaus. “Vergils ‘Aeneis’ und die mittelalterlichen Eneas-Romane.” In: The Classical Tradition in the Middle Ages and the Renaissance. Hg. v. Claudio Leonardi und Birger M. Olsen. Spoleto: Centro Italiano di Studi Sull’ Alto Medioevo, 1995: 123–141.

Henkel, Nikolaus. “(Sprach-)Zeichen der Liebe: Mikrostrukturen der Sinnstiftung in den mittelalterlichen Tristan-Romanen.” [unveröffentlichtes Manuskript]

Hergemöller, Bernd-Ulrich. Krötenkuß und schwarzer Kater. Ketzerei, Götzendienst und Unzucht in der inquisitorischen Phantasie des 13. Jahrhunderts. Warendorf: Fahlbusch, 1996.

Herlem-Prey, Brigitte. Le Gregorius et la Vie de Saint Grégoire. Détermination de la source de Hartmann von Aue à partir de l’étude comparative intégrale des textes. Göppingen: Kümmerle, 1979 (GAG 215).

Hill, Thomas D. “The Evisceration of Bróðir in Brennu-Njáls Saga.” Traditio 37 (1981): 437–444.

Hindman, Sandra. Sealed in Parchment. Rereadings of Knighthood in the Illuminated Manuscripts of Chrétien de Troyes. Chicago und London: University of Chicago Press, 1994.

Hirschberg, Dagmar. “Die Ohnmacht des Helden. Zur Konzeption des Protagonisten im ‘Prosa-Lancelot’.” Wolfram-Studien 9 (1986): 242–266.

Hotchkiss, Valerie. Clothes Make the Man. Female Cross Dressing in Medieval Europe. New York und London: Garland, 1996 (The New Middle Ages 1).

Huber, Christoph. “Mittelalterliche Ödipusvarianten.” In: Johannes Janota, Hg. Festschrift Walter Haug und Burghart Wachinger. Bd. I, Tübingen: Niemeyer, 1992: 165–199.

Huchet, Jean-Charles. Le roman médiéval. Paris: PUF, 1984.

Hutcheson, Gregory S. “The Sodomitic Moor: Queerness in the Narrative of Reconquista.” In: Glenn Burger und Steven F. Kruger, Hgg. Queering the Middle Ages. Minneapolis: University of Minnesota Press, 2001: 99–122.

Jacquart, Danielle. “La maladie et le remède d’amour dans quelques écrits médicaux au moyen âge.” In: Danielle Buschinger und André Crépin,

Hgg. Amour, mariage et transgressions au moyen âge. Actes du colloque des 24, 25, 26, et 27 mars 1983. Göppingen: Kümmerle, 1984 (GAG 420): 93–101.
Jacquart, Danielle und Claude Thomasset. Sexuality and Medicine in the Middle Ages. Cambridge: Polity, 1988.
Jaeger, C. Stephen. “Mark and Tristan: The Love of Medieval Kings and their Courts.” In: Winder McConnell, Hg. In hôhem prîse. A Festschrift in Honor of Ernst S. Dick. Presented on the Occasion of his Sixtieth Birthday. Göppingen: Kümmerle, 1989 (GAG 480): 183–197.
Johnson, Sidney M. “Herzeloyde and the Grail.” Neophilologus 52 (1968): 148–156.
Jones, Timothy S. und David A. Sprunger, Hgg. Marvels, Monsters, and Miracles: Studies in the Medieval and Early Modern Imaginations. Kalamazoo: Western Michigan University Press, 2002.
Jordan, Mark D. The Invention of Sodomy in Christian Theology. Chicago und London: University of Chicago Press, 1997.
Kalinke, Marianne E. “‘Gregorius saga biskups’ and ‘Gregorius auf dem Stein’.” PBB 113 (1991): 67–88.
Karg, Ina. sîn süeze sûrez ungemach. Erzählen von der Minne in Wolframs Parzival. Göppingen: Kümmerle, 1993 (GAG 591).
Karras, Ruth M. From Boys to Men: Formations of Masculinity in Late Medieval Europe. Philadelphia: University of Pennsylvania Press, 2003.
Kartschoke, Dieter. “Didos Minne – Didos Schuld.” In: Rüdiger Krohn, Hg. Liebe als Literatur. Aufsätze zur erotischen Dichtung in Deutschland. München: Beck, 1983: 99–116.
Kasten, Ingrid. “Herrschaft und Liebe. Zur Rolle und Darstellung des Helden im Roman d'Eneas und in Veldekes Eneasroman.” DVjs 62 (1988): 227–245.
Kasten, Ingrid. “Schwester, Geliebte, Mutter, Herrscherin: die weibliche Hauptfigur in Hartmanns ‘Gregorius’.” PBB 115 (1993): 400–420.
Kellogg, Judith L. “Economic and Social Tensions Reflected in the Romance of Chrétien de Troyes.” Romance Philology 39 (1985): 1–21.
Kelly, Kathleen A. “‘Blue’ Indians, Ethiopians, and Saracens in Middle English Narrative Texts.” Parergon 11 (1993): 35–52.
Kerman, Gerald. “The ‘Sin against Nature’ and its Echoes in Medieval French Literature.’ Annuale Mediaevale 17 (1976): 70–87.
Kiening, Christian. “Der Körper der Humanisten.” Zeitschrift für Germanistik, N. F. 8 (1998): 302–316.

Kistler, Renate. Heinrich von Veldeke und Ovid. Tübingen: Niemeyer, 1993 (Hermaea 71).

Klibansky, Raymond, Erwin Panofsky und Fritz Saxl. Saturn und Melancholie: Studien zur Geschichte der Naturphilosophie und Medizin, der Religion und der Kunst. Frankfurt/M.: Suhrkamp, 1990.

Knauer, Georg N. Die Aeneis und Homer: Studien zur poetischen Technik Vergils, mit Listen der Homerzitate in der Aeneis. Göttingen: Vandenhoeck und Ruprecht, 1964, ²1979.

Köhler, Erich. "Le Rôle de la 'coutume' dans les romans de Chrétien de Troyes." Romania 81 (1960): 386– 397; deutsch "Die Rolle des 'Rechtsbrauchs' (costume) in den Romanen des Chrétien de Troyes" wieder in: Erich Köhler. Trobadorlyrik und höfischer Roman. Berlin: Rüten und Loening, 1962: 205–212.

Kolb, Herbert. Der Begriff der Minne und das Entstehen der höfischen Lyrik. Tübingen: Niemeyer, 1958.

Krappe, Alexandre H. "La Belle Hélène de Constantinople." Romania 63 (1937): 324–353.

Krause, Burkhardt. "Zur Psychologie von Kommunikation und Interaktion. Zu Iweins 'Wahnsinn'." In: Jürgen Kühnel et al., Hgg. Psychologie in der Mediävistik. Gesammelte Beiträge des Steinheimer Symposions. Göppingen: Kümmerle, 1985 (GAG 431): 215–242.

Krohn, Rüdiger. "Erotik und Tabu in Gottfrieds Tristan: König Marke." In: Rüdiger Krohn et al., Hgg. Stauferzeit: Geschichte, Literatur, Kunst. Stuttgart: Klett, 1978: 362–376.

Kroll, Jerome und Bernard Bachrach. "Sin and Mental Illness in the Middle Ages." Psychological Medicine 14 (1984): 507–514.

Krueger, Roberta L. "Love, Honor, and the Exchange of Women in Yvain: Some Remarks on the Female Reader." Romance Notes 25 (1985): 302–317.

Kühnel, Jürgen. "Ödipus und Gregorius." In: Jürgen Kühnel, Hg. Psychologie in der Mediävistik. Gesammelte Beiträge des Steinheimer Symposions. Göppingen: Kümmerle, 1985 (GAG 431): 141–170.

Kuster, Hendrikus J. Over homoseksualiteit in middeleeuws West-Europa. Phil. Diss. Utrecht 1977.

Kutz, Eleanor, "The Story of the Parents in Wolfram von Eschenbach's Parzival." Monatshefte 70 (1978): 364–374.

Langmeier, Beatrice M. Forschungsbericht zu Gottfrieds von Straßburg Tristan mit besonderer Berücksichtigung der Stoff- und Motivgeschichte für die Zeit von 1759–1925. Zürich: Juris, 1978.

Laqueur, Thomas W. Making Sex: Body and Gender from the Greeks to Freud. Cambridge, Mass. und London: Harvard University Press, 1990.

Leckie, R. William, Jr. "Mutable Substance: The Diamond Helmet and the Death of Gahmuret in Wolfram's Parzival." Arthurian Interpretations 3 (1989): 23–37.

Lees, Clare et al., Hgg. Medieval Masculinities. Regarding Men in the Middle Ages. Minneapolis und London: University of Minnesota Press, 1994 (Medieval Cultures 7).

Le Goff, Jacques und Pierre Vidal-Naquet. "Lévi-Strauss en Brocéliande." Critique 30 (1974): 541–571.

Legros, Huguette. "Parenté naturelle, alliance, parenté spirituelle: De l'inceste à la sainteté." In: Les relations de parenté dans le monde medieval. Hg. v. Centre Universitaire d'Etudes et de Recherches Médiévales d'Aix. Aix-en-Provence: Université de Provence, 1989: 509–548.

Levy, Raphael. "L'allusion à la sodomie dans Eneas." Philological Quarterly 27 (1948): 372–376.

Lewis, Gertrude J. "Die unheilige Herzeloyde: ein ikonoklastischer Versuch." JEGP 74 (1975): 465–485.

Ley, Marianne und Klaus Ley. "Yvains Nacktheit: Zur spirituellen Deutung von Chrétiens Roman." In: Klaus Ley et al. Hgg. Text und Tradition: Gedenkschrift Eberhard Leube. Frankfurt/M.: Peter Lang, 1996: 253–280.

Lieberknecht, Otfried. "A Medieval Christian View of Islam: Dante's Encounter with Mohammed in Inferno XXVIII" [im Druck].

Lieberknecht, Otfried. "Death and Retribution: Medieval Visions of the End of Judas the Traitor" [im Druck].

Liebertz-Grün, Ursula. "Kampf, Herrschaft, Liebe: Chrétiens und Hartmanns Erec- und Iweinromane als Modelle gelungener Sozialisation im 12. Jahrhundert." In: Lynne Tatlock, Hg. The Graph of Sex and the German Text: Gendered Culture in Early Modern Germany 1500–1700. Amsterdam und Atlanta: Rodopi, 1994 (Chloe 19): 297–328.

Liebertz-Grün, Ursula. "Geschlecht und Herrschaft. Multiperspektivität im Roman d'Enéas und in Veldekes Eneasroman." In: Thomas Kornbichler und Wolfgang Maaz, Hgg. Variationen der Liebe. Historische Psychologie der Geschlechterbeziehung. Tübingen: diskord, 1995: 51–93.

Lilja, Saara. Homosexuality in Republican and Augustan Rome. Helsinki: Societas Scientiarum Fennica, 1983.

Lochrie, Karma et al., Hgg. Constructing Medieval Sexuality. Minneapolis und London: University of Minnesota Press, 1997 (Medieval Cultures 11).
Maddox, Donald. "Yvain et le sens de la coutume." Romania 109 (1988): 1–17.
März, Christoph. "Anphlise und Wolfram: Eine Mésaillance?" ZfdA 121 (1992): 20–36.
Majetowski, Dirk. Das Motiv des Wahnsinns in der mittelalterlichen Dichtung. Frankfurt/M.: Suhrkamp, 1996.
Marchand, James W. "Wolfram's Bawdy." Monatshefte 69 (1977): 131–149.
Masser, Achim. "Gahmuret und Belakane. Bemerkungen zur Problematik von Eheschließung und Minnebeziehungen in der höfischen Literatur." In: Paola Schulze-Belli und Michael Dallapiazza, Hgg. Liebe und Aventiure im Artusroman des Mittelalters. Göppingen 1990 (GAG 532): 109–132.
Maurer, Friedrich. "Der Topos von den 'Minnesklaven'." DVjs 27 (1953): 182–206.
Mertens, Volker. Gregorius Eremita. Eine Lebensform des Adels bei Hartmann von Aue in ihrer Problematik und ihrer Wandlung in der Rezeption. München: Artemis, 1978 (MTU 67).
Mertens, Volker. Laudine: Soziale Problematik im Iwein Hartmanns von Aue. Berlin: Erich Schmidt, 1978 (ZfdPh Beiheft 3).
Mertens, Volker. "Iwein und Gwigalois: Der Weg zur Landesherrschaft." GRM 31 (1981): 14–31.
Miklautsch, Lydia. Studien zur Mutterrolle in den mittelhochdeutschen Großepen des zwölften und dreizehnten Jahrhunderts. Erlangen: Palm & Enke, 1991.
Mirrer, Louise. "Representing 'Other' Men: Muslims, Jews, and Masculine Ideals in Medieval Castilian Epic and Ballad." In: Clare Lees, Hg. Medieval Masculinities. Regarding Men in the Middle Ages. Minneapolis und London: University of Minnesota Press, 1994 (Medieval Cultures 7): 169–186.
Mohr, Wolfgang. "Iweins Wahnsinn. Die Aventüre und ihr 'Sinn'." ZfdA 100 (1971): 73–94.
Morvay, Karin. Die Albanuslegende. Deutsche Fassungen und ihre Beziehungen zur lateinischen Überlieferung. München: Wilhelm Fink, 1977 (Medium Aevum 32).

Murdoch, Brian. “Adam Sub Gratia: Zur Bußszene in Hartmanns Gregorius.” Archiv für das Studium der Neueren Sprachen und Literaturen 227 (1990): 122–126.

Murray, Jacqueline. “On the Origins and Role of ‘Wise Women’ in Causes for Annulment on the Grounds of Male Impotence.” Journal of Medieval History 16 (1990): 235–249.

von der Nahmer, Dieter. Die lateinische Heiligenvita. Eine Einführung in die lateinische Hagiographie. Darmstadt: Wissenschaftliche Buchgesellschaft, 1994.

Nellmann, Eberhard. “Zum zweiten Buch des Parzival.” Wolfram-Studien XII (1992): 191–193.

Nolan, Barbara. “The Judgment of Paris in the Roman d’Eneas: A New Look at Sources and Significance.” Classical Bulletin 56 (1980): 52–56.

Nolin-Benjamin, Corinne. “La Fonction charnière de l’ermite dans la quête de l’identité.” Romance Quarterly 39 (1992): 387–397.

Ohly, Friedrich. “Ein Admonter Liebesgruß.” ZfdA 87 (1956/57): 13–23.

Ohly, Friedrich. Metaphern für die Sündenstufen und die Gegenwirkungen der Gnade. Opladen: Westdeutscher Verlag, 1990. (Rhein.-Westfäl. Ak. d. Wiss. Vorträge G 302).

Ortmann, Christa. “‘Ritterschaft’: Zur Frage nach der Bedeutung der Gahmuret-Geschichte im Parzival Wolframs von Eschenbach.” DVjs 47 (1973): 664–710.

Ott, Norbert H. “Epische Stoffe in mittelalterlichen Bildzeugnissen.” In: Volker Mertens und Ulrich Müller, Hgg. Epische Stoffe des Mittelalters. Stuttgart: Kröner, 1984: 449–474.

Panzer, Friedrich. Gahmuret. Quellenstudien zu Wolframs Parzival. Heidelberg: Carl Winter, 1940 (Sitzungsberichte der Heidelberger Akademie der Wissenschaften. Phil.-hist. Klasse. Bd. 30/1).

Paschal, Mary. “The Structure of the Roman d’Eneas.” The French Review 54 (1980): 47–51.

Pastoureau, Michel. “Désigner ou dissimuler? Le rôle du cimier dans l’imaginaire médiéval”. In: Marie-Louise Ollier, Hg. Masques et Déguisements dans la littérature médiévale. Montreal: Les Presses de l’Université de Montreal, 1988: 127–140.

Pastré, Jean-Marc. “Die Auffindung des Pallas-Grabes in Veldekes Eneide und die renovatio und translatio imperii.” In: Danielle Buschinger und Wolfgang Spiewok, Hgg. Zum Traditionsverständnis in der mittelalterlichen Literatur. Amiens: Centre d’Etudes Médiévales de l’Université de Picardie, 1991 (Wodan 4, Serie 3, Bd. 3): 107–116.

Patterson, Lee. "Virgil and the Historical Consciousness of the Twelfth Century: The Roman d'Eneas and Erec and Enide." In: Ders. Negotiating the Past: The Historical Understanding of Medieval Literature. Madison: University of Wisconsin Press, 1987: 157–183.

Payer, Pierre J. The Bridling of Desire. Toronto et al.: Toronto University Press, 1993.

Penney, James. "Confessions of a Medieval Sodomite." In: Molly Anne Rothenberg, Dennis Foster und Slavoj Zizek, Hgg. Perversion and the Social Relation. Durham: Duke University Press, 2003: 126–158.

Peters, Ursula. "Familienhistorie als neues Paradigma der mittelalterlichen Literaturgeschichte?" In: Joachim Heinzle, Hg. Modernes Mittelalter: Neue Bilder einer populären Epoche, Frankfurt/M. und Leipzig: Insel, 1994: 142–144.

Peters, Ursula. Dynastengeschichte und Verwandtschaftsbilder. Die Adelsfamilie in der volkssprachigen Literatur des Mittelalters. Tübingen: Niemeyer, 1999.

Picozzi, Rosemary. A History of Tristan Scholarship. Bern und Frankfurt: Peter Lang, 1971 (Kanadische Studien zur deutschen Sprache und Literatur 5).

Pretzel, Ulrich. "Gahmuret im Kampf der Pflichten." In: Ursula Hennig und Herbert Kolb, Hgg. Mediævalia litteraria. Festschrift für Helmut de Boor zum 80. Geburtstag. München: Beck, 1971: 379–395.

Putnam, Michael C. J. "Possessiveness, Sexuality and Heroism in the Aeneid." Vergilius 31 (1985): 1–21.

Ragotzky, Hedda und Barbara Weinmayer. "Höfischer Roman und soziale Identitätsbildung. Zur soziologischen Deutung des Doppelwegs im Iwein Hartmanns von Aue." In: Christoph Cormeau, Hg. Deutsche Literatur im Mittelalter. Kontakte und Perspektiven. Gedenkschrift Hugo Kuhn. Stuttgart: Metzler, 1979: 211–253.

Ramey, Lynn T. Christian, Saracen and Genre in Medieval French Literature. New York: Routledge, 2001.

Raudszus, Gabriele. Die Zeichensprache der Kleidung. Untersuchungen zur Symbolik des Gewandes in der deutschen Epik des Mittelalters. Hildesheim et al.: Georg Olms, 1985.

Reil, Cornelia. Liebe und Herrschaft. Studien zum altfranzösischen und mittelhochdeutschen Prosa-Lanzelot. Tübingen: Niemeyer, 1996.

Richey, Margaret F. Gahmuret Anschevin: A Contribution to the Study of Wolfram von Eschenbach. Oxford: Blackwell, 1923.

Rodriguez, Marcia. Sir Perceval of Gales: A Critical Edition. Ph.D. Dissertation, University of Toronto, 1976.

Roussel, Claude. "Aspects du père incestueux dans la littérature médiévale." In: Danielle Buschinger und André Crepin, Hgg. Amour, mariage et transgressions au Moyen âge. Actes du Colloque de Mars 1983 du Centre d'Etudes Médiévales de l'Université de Picardie. Göppingen: Kümmerle, 1984(GAG 420): 47–62.

Salisbury, Joyce E. Medieval Sexuality: A Research Guide. New York und London: Garland, 1990.

Santucci, Monique. "La folie dans le chevalier de lion." In: Jean Dufournet, Hg. Le chevalier au lion. Approches d'un chef-d'œuvre. Paris und Genf: Champion-Slatkine, 1988: 153–172.

Schausten, Monika. "*Gender*, Identität und Begehren: Zur Dido-Episode in Heinrichs von Veldeke 'Eneit'." In: Ingrid Bennewitz und Helmut Tervooren. Hgg. Manlîchiu wîp, wîplîch man. Zur Konstruktion der Kategorien 'Körper' und 'Geschlecht' in der deutschen Literatur des Mittelalters. Berlin: Erich Schmidt, 1999 (ZfdPh Beiheft 9): 143–158.

Scheer, Eva B. *daz geschach mir durch ein schouwen.* Wahrnehmung durch Sehen in ausgewählten Texten des deutschen Minnesangs bis zu Frauenlob. Frankfurt/M. et al.: Peter Lang, 1990 (Europäische Hochschulschriften. Reihe 1. Deutsche Sprache und Literatur 1211).

Schipperges, Heinrich. Die Kranken im Mittelalter. München: Beck, 1990.

Schleusener-Eichholz, Gudrun. Das Auge im Mittelalter. 2 Bde. München, Wilhelm Fink: 1985 (MMS 35).

Schmid, Elisabeth. Studien zum Problem der epischen Totalität in Wolframs Parzival. Erlangen: Palm & Enke, 1976.

Schmid, Elisabeth. Familiengeschichten und Heilsmythologie. Die Verwandtschaftsstrukturen in den französischen und deutschen Gralromanen des 12. und 13. Jahrhunderts. Tübingen: Niemeyer, 1986.

Schmidt, Franz. Zur geschichte des wortes 'gut'. Ein beitrag zur wortgeschichte der sittlichen begriffe im deutschen. Diss. Leipzig. Berlin: Unger, 1898.

Schmitt, Wolfram. "Der 'Wahnsinn' in der Literatur des Mittelalters am Beispiel des 'Iwein' Hartmanns von Aue." In: Jürgen Kühnel et al., Hgg. Psychologie in der Mediävistik. Gesammelte Beiträge des Steinheimer Symposions. Göppingen: Kümmerle, 1985 (GAG 431): 197–214.

Schmitz, Heinz-Günter. "Iweins Zorn und Tobesuht: Psychologie und Physiologie in mittelhochdeutscher Literatur." In: Friedhelm Debus und

Ernst Dittmer, Hgg. Sandbjerg 85: Dem Andenken von Heinrich Bach gewidmet. Neumünster: Wachholtz, 1986: 87–111.

Schnell, Rüdiger. Causa amoris. Liebeskonzeption und Liebesdarstellung in der mittelalterlichen Literatur. Bern und München: Francke, 1985 (Bibliotheca Germanica 27).

Schnell, Rüdiger. Suche nach Wahrheit. Gottfrieds Tristan und Isold als erkenntniskritischer Roman. Tübingen: Niemeyer, 1992.

Schnell, Rüdiger. "Geschlechtergeschichte, Diskursgeschichte und Literaturgeschichte. Eine Studie zu konkurrierenden Männerbildern in Mittelalter und Früher Neuzeit." Frühmittelalterliche Studien 32 (1998): 307–364.

Schröder, Jens P. Arnolds von Lübeck Gesta Gregorii Peccatoris. Eine Interpretation, ausgehend von einem Vergleich mit Hartmanns von Aue Gregorius. Frankfurt/M. et al: Peter Lang, 1997 (Hamburger Beiträge zur Germanistik 23).

Schröder, Walter J. Die Soltane-Erzählung in Wolframs Parzival. Studien zur Darstellung und Bedeutung der Lebensstufen Parzivals. Heidelberg: Carl Winter, 1963.

Schultz, James A. The Knowledge of Childhood in the German Middle Ages, 1100–1350. Philadelphia: University of Pennsylvania Press, 1995.

Schultz, James A. "Bodies that Don't Matter: Heterosexuality before Heterosexuality in Gottfried's Tristan." In: Karma Lochrie et al. Hgg. Constructing Medieval Sexuality. Minneapolis und London: University of Minnesota Press, 1997 (Medieval Cultures 11): 91–110.

Schulze, Ursula. "Sie ne tet niht alse ein wîp. Intertextuelle Variationen der amazonenhaften Camilla." In: Deutsche Literatur und Sprache von 1050–1200. Festschrift für Ursula Hennig zum 65. Geburtstag. Hg. von A. Fiebig und Hans.-J. Schiewer. Berlin 1995: 235–260.

Schupp, Volker und Hans Szklenar. Ywain auf Schloss Rodenegg: Eine Bildergeschichte nach dem 'Iwein' Hartmanns von Aue. Sigmaringen: Thorbecke, 1996.

Schwietering, Julius. "Einwürkung der Antike auf die Entstehung des frühen deutschen Minnesangs." ZfdA 61 (1924): 61–82.

Sedgwick, Eve K. Between Men. English Literature and Male Homosocial Desire. New York: Columbia University Press, ²1992.

Sieverding, Norbert. Der ritterliche Kampf bei Hartmann und Wolfram. Seine Bewertung im Erec, Iwein und in den Gahmuret- und Gawan-Büchern des Parzival. Heidelberg: Carl Winter, 1985.

Spahr, Blake L. "Gahmuret's Erection: Rising to Adventure." Monatshefte 83 (1991): 403–413.
Sparnaay, Hendricus. Hartmann von Aue, Studien zu einer Biographie. 2 Bde. Halle/S.: Niemeyer, 1933/1938; repr. Darmstadt: Wissenschaftliche Buchgesellschaft, 1975.
Speckenbach, Klaus. "Rîter – geselle – herre. Überlegungen zu Iweins Identität." In: Dietmar Peil et al., Hgg. Erkennen und Erinnern in Kunst und Literatur. Kolloquium Reisensburg, 4.–7. Januar 1996. Tübingen: Niemeyer, 1998: 115–146.
Spence, Sarah. "The Polyvalence of Pallas in the Aeneid." Arethusa 32 (1999): 149-163.
Spreitzer, Brigitte. Die stumme Sünde. Homosexualität im Mittelalter. Göppingen: Kümmerle, 1988 (GAG 498).
Sproedt, Kriemhild. Gahmuret und Belakane. Verbindung von Heidentum und Christentum in einem menschlichen Schicksal. Diss. Hamburg 1964.
Steinberg, Leo. The Sexuality of Christ in Renaissance Art and in Modern Oblivion. Chicago und London: University of Chicago Press, [2]1996.
Stevens, Sylvia. Family in Wolfram von Eschenbach's Willehalm: mîner mâge triwe ist mir wol kuont. New York et al.: Peter Lang, 1997 (Studies on Themes and Motifs in Literature 18).
Stock, Lorraine K. "Past and Present in Chaucer's 'The Former Age' Boethian Translation or Late Medieval Primitivism?" Carmina Philosophiae 2 (1993): 1–37.
Syndikus, Anette. "Dido zwischen Herrschaft und Minne." PBB 114 (1992): 57–107.
Tax, Petrus W. "Gahmuret zwischen Äneas und Parzival: Zur Struktur der Vorgeschichte von Wolframs Parzival." ZfdPh 92 (1973): 24–37.
Taylor, Archer. "Riddles Dealing with Family Relationships." Journal of American Folklore 51 (1938): 25–37.
Thum, Bernd. "Politische Probleme der Stauferzeit im Werk Hartmanns von Aue: Landesherrschaft im 'Iwein' und 'Erec'. Mit einem Anhang: Hartmann von Aue, *Augia Minor* und die Altdorfer Welfen." In: Rüdiger Krohn et al., Hgg. Stauferzeit. Stuttgart: Klett-Cotta, 1979: 47–70.
Tomasek, Tomas. "Verantwortlichkeit und Schuld des Gregorius. Ein motiv- und strukturorientierter Beitrag zur Klärung eines alten Forschungsproblems im Gregorius Hartmanns von Aue." Literaturwissenschaftliches Jahrbuch 34 (1993): 33–47.

Tuczay, Christa. "'femina armata – armis feminae': Zum Amazonenmythos im Lichte der mittelhochdeutschen Literatur." In: Christa Tuczay, Ulrike Hirhager und Karin Lichtblau, Hgg. Ir sult sprechen willekomen: Grenzenlose Mediävistik. Festschrift für Helmut Birkhan zum 60. Geburtstag. Bern: Peter Lang; 1998: 307–329.

Wack, Mary F. Lovesickness in the Middle Ages: The Viaticum and Its Commentaries. Philadelphia: University of Pennsylvania Press, 1990.

Wailes, Stephen L. "Hartmann von Aue's Stories of Incest." JEGP 91 (1992): 65–78.

Walecka, Anna. "Incest and Death as Indices of the Female Hero in Romance." RLA 4 (1992): 159–165.

Walecka, Anna. "The Concept of Incest: Medieval French and Normative Writings in Latin." RLA 5 (1993): 117–123.

Wand, Christine. Wolfram von Eschenbach und Hartmann von Aue. Literarische Reaktionen auf Hartmann im Parzival. Herne: Verlag für Wissenschaft und Kunst, [2]1992.

Wapnewski, Peter. Hartmann von Aue. Stuttgart: Metzler, [7]1979.

Wehrli, Max. "Iweins Erwachen." In: Max Wehrli. Formen mittelalterlicher Erzählung. Zürich und Freiburg/Br.: Atlantis, 1969: 177–193.

Weise, Wilhelm. Die Sentenz bei Hartmann von Aue. Diss. Marburg 1910.

Wells, David A. "Die Ikonographie von Daniel IV und der Wahnsinn des Löwenritters." In: Kathryn Smits et al., Hgg. Interpretation und Edition deutscher Texte des Mittelalters. Festschrift für John Asher zum 60. Geburtstag. Berlin: Erich Schmidt, 1981: 39–57.

Wells, David A. "The Medieval Nebuchadnezzar. The Exegetical Tradition of Daniel IV and Its Significance for the Ywain Romances and for German Vernacular Literature." Frühma. Studien 16 (1982): 380–432.

West, Grace S. "Chloreus and Camilla." Vergilius 31 (1985): 22–29.

Westphal-Wihl, Sarah. "Smut and Armor." Discours Social/Social Discourse 1 (1988): 149–171.

Wetherbee, Winthrop. Platonism and Poetry in the Twelfth Century: The Literary Influence of the School of Chartres. Princeton: University Press, 1972.

Wheatley, Edward. "Blind Jews and Blind Christians: Metaphorics of Marginalization in Medieval Europe." Exemplaria 14 (2002): 351–382.

Wolfzettel, Friedrich. "Liebe als Krankheit in der altfranzösischen Literatur. Überlegungen zu einer Funktionalisierung des Topos." In: Theo Stemmler, Hg. Liebe als Krankheit. Tübingen: Narr, 1990: 151–186.

Worstbrock, Franz J. Elemente einer Poetik der Aeneis. Untersuchungen zum Gattungsstil vergilianischer Epik. Münster: Aschendorff, 1963.
Worstbrock, Franz J. "Der Zufall und das Ziel. Über die Handlungsstruktur in Gottfrieds 'Tristan'". In: Walter Haug und Burghart Wachinger, Hgg. Fortuna. Tübingen: Niemeyer, 1995 (Fortuna Vitrea 15): 34–51.
Yeandle, David. "Herzeloyde: Problems of Characterization in Book III of Wolfram's Parzival." Euphorion 75 (1981): 1–28.

7.3. Namen- und Werkregister

Abælardus, Petrus 166
Epistolae 105 A. 116
Alanus ab Insulis
Planctus Naturae 41
Albanuslegende 88 A. 41, 94f, 97 A. 80, 98 A. 83
Andreas Capellanus
De amore 123f
Arnold von Lübeck
Gesta Gregorii Peccatoris 78–80, 83 A. 18, 87–89, 91 A. 51, 95–97, 100 A. 91, 101, 165
Augustinus
Confessiones 145
Ausonius, Decimus Magnus
Epigrammata 39
Bamberger Beichte 65
Beaumanoir, Philippe de Remi
La Manekine 80f, 122 A. 68
Beda Venerabilis 99
Super Acta Apostolorum Expositio 103
Belle Hélène de Constantinople 81
Bernardus Clunacensis
Contemptus Mundi 39
Bernardus Silvestris
Commentum super sex libros Eneidos Virgilii 62 A. 146, 94
Berthold von Regensburg
Predigten 102f
Bona Fortuna
Kommentar zum *Viaticum* 93
Bussard 136f
Carmina Burana 67 A. 168
Chrétien de Troyes
Cligès 123 A. 70, 137, 140
Le Chevalier de la Charrette 166
Perceval 161f, 167
Yvain 62 A. 145, 63 A. 149, 93 A. 59, 107–125, 130–146, 171
Constantinus Africanus
De melancholia 93 A. 59, 133–136, 138f
Viaticum 86 A. 33, 123f, 134f
Dares Phrygius
Excidium Troiae 31 A. 27
De Albano [dominikanisches Exemplum] 79, 83f, 94
Donatus, Tiberius Claudius 23, 32–34, 36, 40
Eadmer
Historia Novorum 40f
Froissart, Jean 139 A. 144, 140f
Fuetrer, Ulrich
Iban 112, 135, 137, 141
Fulgentius, Fabius Planciades
Expositio Virgilianae Continentiae 37 A. 43
Gautier de Tournay
L'Histoire de Gille de Chyn 66 A. 160
Gerard de Berry 134
Gesta Romanorum
De mirabili divina dispensatione et ortu beati Gregorii pape 79, 80 A. 8
Gilbert von Hoyland 102
Gottfried von Straßburg
Tristan 15–21, 89 A. 47, 140, 156–159
Gregorius [Hexameter-Fassung] 79, 83, 98f, 106
Gregorius auf dem Stein 100 A. 91, 105 A. 114
Guillaume de Lorris, Jean de Meun
Roman de la Rose 63 A. 148

Hartmann von Aue
Der arme Heinrich 93 A. 59, 117 A. 45
Erec 147f
Gregorius 23f, 77–80, 96–106, 107, 110, 113, 145, 147, 165, 170f
Iwein 23f, 63 A. 149, 107–125, 131–146, 147, 171
Heinrich von Morungen 122 A. 69
Heinrich von dem Türlin
Diu Crône 140
Heinrich von Veldeke
Eneasroman 23f, 23–25, 47 A. 91, 51–75, 134 A. 113, 147f, 148 A. 16, 157, 169f
Hildegard von Bingen 65
Homer
Ilias 28, 33 A. 40, 36 A. 40, 60 A. 140, 70
Odyssee 31 A. 27
Horatius Flaccus, Quintus 39
Ishaq ibn 'Imran
Abhandlung über die Melancholie 134
Isidor von Sevilla
Etymologien 48 A. 96, 117
Ivens saga 109, 112, 115 A. 36, 122 A. 68, 125 A. 83, 138 A. 135 u. A. 136, 140 A. 145, 141 A. 154, 144 A. 166
Jacques de Vitry
Historia Occidentalis 66 A. 160
Jans Enikel
Weltchronik 81 A. 13
Jehan Maillart
Le Roman Du Comte d'Anjou 80f, 94, 141
Johannes von Salisbury
Policraticus 23, 40f, 55, 56
Juvenalis, Decimus Junius 39
Konrad von Würzburg
Trojanerkrieg 136
Die Kreuzfahrt Ludwigs des Frommen von Thüringen 42f
Lycophron 60 A. 140
Mabinogi 115 A. 36
Marie de France
Lanval 66 A. 160
Menecrates von Xanthus 60 A. 140
Mittelenglische Gregoriuslegende 79, 85, 92, 95 A. 67, 100, 106
Ordericus Vitalis
Historia Ecclesiastica 39–40, 157f
Ovidius Naso, Publius
Ars Amatoria 114
Heroiden 60f, 83 A. 18
Metamorphosen 28 A. 14, 37f, 49 A. 100
Persius Flaccus, Aulus 39
Petrus Damiani 166
Petrus de Eboli
Liber ad Honorem Augusti 39
Petrus Hispanus 123 A. 74
Physiologus 39 A. 51, 155 A. 37
Prosa-Lancelot 131 A. 100
Roman d'Eneas 23–25, 37, 43–51, 51–56, 56–63, 63–73, 77, 159, 169f
Roman de Thèbes 98 A. 83
Rufus von Ephesus 124
Seneca, Lucius Annaeus
Remedia Fortuitorum 114 A. 30
Servius Grammaticus
In Vergilii Carmina Commentarii 23, 28 A. 15, 30f, 38, 40
Simon Aurea Capra 23
Ylias 47–50
Stricker
Ditz ist von den menneleren 65
Vergilius Maro, Publius
Aeneis 23–25, 27–37, 37–43, 43–51, 51–66, 71, 94, 114 A. 30, 169
Vie du pape saint Grégoire 77–79, 86–88, 91f, 95, 100, 106, 170f
Walther von der Vogelweide 123 A. 72
Wilhelm von Malmesbury
Gesta Regum Anglorum 155f A. 42

Winsbecke 124
Wolfram von Eschenbach
Titurel 151, 156
Parzival 23f, 68, 116 A. 39, 121 A. 70, 147–168, 171f
Willehalm 42, 93 A. 60, 160f
Yde et Olive 81–83, 94
Ywain und Gawain 108, 111f, 115 A. 36, 122 A. 68, 125 A. 83, 137 A. 136, 141 A. 154, 143, 143 A. 166

HAMBURGER BEITRÄGE ZUR GERMANISTIK

Band 1 Jörg Schönert / Harro Segeberg (Hrsg.): Polyperspektivik in der literarischen Moderne. Studien zur Theorie, Geschichte und Wirkung der Literatur. Karl Robert Mandelkow gewidmet. 1988.

Band 2 Marie Franz: Die Darstellung von Faschismus und Antifaschismus in den Romanen von Anna Seghers 1933 bis 1949. 1987.

Band 3 Jan Christoph Meister: Hypostasierung - die Logik mythischen Denkens im Werk Gustav Meyrinks nach 1907. Eine Studie zur erkenntnistheoretischen Problematik eines phantastischen Oeuvres. 1987.

Band 4 Liane Dornheim: Vergleichende Rezeptionsgeschichte. Das literarische Frühwerk Ernst Jüngers in Deutschland, England und Frankreich. 1987.

Band 5 Uwe Laugwitz: Albert Ehrenstein. Studien zu Leben, Werk und Wirkung eines deutsch-jüdischen Schriftstellers. 1987.

Band 6 Hans-Harald Müller / Wilhelm Schernus (Hrsg.): Theodor Plievier. Eine Bibliographie. Bearbeitet von Hans-Harald Müller und Wilhelm Schernus. 1987.

Band 7 Rudolf Brandmeyer: Heroik und Gegenwart. Goethes klassische Dramen. 1987.

Band 8 Isabella Claßen: Darstellung von Kriminalität in der deutschen Literatur, Presse und Wissenschaft 1900 bis 1930. 1988.

Band 9 Irene Bayer: Juristen und Kriminalbeamte als Autoren des neuen deutschen Kriminalromans: Berufserfahrungen ohne Folgen? Ein Vergleich der Kriminalromane des Juristen Fred Breinersdorfer, des Juristen Stefan Murr und des Kriminalbeamten Dieter Schenk mit den Kriminalromanen der Autoren Richard Hey, Felix Huby, -ky und Friedhelm Werremeier. 1989.

Band 10 Andreas Schäfer: Rolle und Konfiguration. Studien zum Werk Max Frischs. 1989.

Band 11 Christa Hempel-Küter: Die kommunistische Presse und die Arbeiterkorrespondentenbewegung in der Weimarer Republik. Das Beispiel "Hamburger Volkszeitung". 1989.

Band 12 Klaus Jarchow: Bauern und Bürger. Die traditionale Inszenierung einer bäuerlichen Moderne im literarischen Werk Jeremias Gotthelfs. 1989.

Band 13 Hans-Jürgen Krug: Arbeitslosenliteratur. Eine Bibliographie. 1990.

Band 14 Corinna Dahlgrün: Hoc fac, et vives (Lk 10,28) - *vor allen dingen minne got.* Theologische Reflexionen eines Laien im *Gregorius* und in *Der arme Heinrich* Hartmanns von Aue. 1991.

Band 15 Hans-Harald Müller / Wilhelm Schernus (Hrsg.): Leo Perutz. Eine Bibliographie. 1991.

Band 16 Detlef Langer: Freud und "der Dichter". 1992.

Band 17 Christa Hempel-Küter: Die KPD-Presse in den Westzonen von 1945 bis 1956. Historische Einführung, Bibliographie und Standortverzeichnis. 1993.

Band 18 Ulrike Schupp: Ordnung und Bruch. Antinomien in Heimito von Doderers Roman *Die Dämonen.* 1994.

Band 19 Jonas Peters: "Dem Kosmos einen Tritt!" Die Entwicklung des Werks von Walter Serner und die Konzeption seiner dadaistischen Kulturkritik. 1995.

Band 20 Boshidara Deliivanova: Epos und Geschichte. Weltanschauliche, philosophische und gattungsästhetische Probleme in den Epen von Nikolaus Lenau. 1995.

Band 21 Armin Göbels: Das Verfahren der Einbildung. Ästhetische Erfahrung bei Schiller und Humboldt. 1994.

Band 22 Oliver Hallich: Poetologisches, Theologisches. Studien zum *Gregorius* Hartmanns von Aue. 1995.

Band 23 Jens-Peter Schröder: Arnolds von Lübeck *Gesta Gregorii Peccatoris*. Eine Interpretation, ausgehend von einem Vergleich mit Hartmanns von Aue *Gregorius*. 1997.

Band 24 Ingrid Maaß: Regression und Individuation. Alfred Döblins Naturphilosophie und späte Romane vor dem Hintergrund einer Affinität zu Freuds Metapsychologie. 1997.

Band 25 Michael Meyer: Willensverneinung und Lebensbejahung. Zur Bedeutung von Schopenhauer und Nietzsche im Werk Ricarda Huchs. 1998.

Band 26 Nicole Ahlers: Das deutsche Versepos zwischen 1848 und 1914. 1998.

Band 27 Brigitte Nestler: Bibliographie Willi Bredel. 1999.

Band 28 Miran Kwak: Identitätsprobleme in Werken Heinrich von Kleists. 2000.

Band 29 Bettina Ullmann: Fritz Mauthners Kunst- und Kulturvorstellungen. Zwischen Traditionalität und Modernität. 2000.

Band 30 Christopher M. Schmidt: Interpretation als literaturtheoretisches Problem. Die Möglichkeiten einer Neuorientierung in der Isotopie-Theorie, veranschaulicht anhand von Gregor Samsa in Franz Kafkas Erzählung *Die Verwandlung*. 2000.

Band 31 Günter Rinke: Sozialer Radikalismus und bündische Utopie. Der Fall Peter Martin Lampel. 2000.

Band 32 Joachim Gerdes: Die Schuld-Thematik in Hans Henny Jahnns *Fluß ohne Ufer*. 2000.

Band 33 Katja B. Zaich: "Ich bitte dringend um ein Happyend." Deutsche Bühnenkünstler im niederländischen Exil 1933-1945. 2001.

Band 34 Günter Meinhold: *Zauberflöte* und *Zauberflöten*-Rezeption. Studien zu Emanuel Schikaneders Libretto *Die Zauberflöte* und seiner literarischen Rezeption. 2001.

Band 35 Christine Arendt: Natur und Liebe in der frühen Lyrik Brechts. 2001.

Band 36 Nicole Suhl: Anna Seghers: *Grubetsch* und *Aufstand der Fischer von St. Barbara*. Literarische Konstrukte im Spannungsfeld von Phänomenologie und Existenzphilosophie. 2002.

Band 37 Hans-Jürgen Krug: Radiolandschaften. Beiträge zur Geschichte und Entwicklung des Hörfunks. 2002.

Band 38 Marcus Sander: Strukturwandel in den Dramen Georg Kaisers 1910-1945. 2003.

Band 39 Sigfrid Faerber: *Ich bin ein Chinese*. Der Wiener Literarhistoriker Jakob Minor und seine Briefe an August Sauer. 2004.

Band 40 Susanne Hafner: Maskulinität in der höfischen Erzählliteratur. 2004.

www.peterlang.de